Entstehung und Bedeutung des Landesverwaltungsgesetzes Schleswig-Holstein

Rechtshistorische Reihe

Band 469

Zur Qualitätssicherung und Peer Review der vorliegenden Publikation

Die Qualität der in dieser Reihe erscheinenden Arbeiten wird vor der Publikation durch einen der Herausgeber der Reihe geprüft.

Notes on the quality assurance and peer review of this publication

Prior to publication, the quality of the work published in this series is reviewed by one of the editors of the series.

Philipp Eckert

Entstehung und Bedeutung des Landesverwaltungsgesetzes Schleswig-Holstein

PL ACADEMIC RESEARCH

Bibliografische Information der Deutschen Nationalbibliothek
Die Deutsche Nationalbibliothek verzeichnet diese Publikation in der Deutschen Nationalbibliografie; detaillierte bibliografische Daten sind im Internet über http://dnb.d-nb.de abrufbar.

Zugl.: Kiel, Univ., Diss., 2016

Die vorliegende Arbeit wurde von Prof. Dr. Rudolf Meyer-Pritzl zur Aufnahme in die Reihe empfohlen.

Umschlagabbildung:
Justitia. Allegorie der Gerechtigkeit. Druck aus dem 17. Jahrhundert.

D 8
ISSN 0344-290X
ISBN 978-3-631-71959-6 (Print)
E-ISBN 978-3-631-71958-9 (E-PDF)
E-ISBN 978-3-631-71960-2 (EPUB)
E-ISBN 978-3-631-71961-9 (MOBI)
DOI 10.3726/b10928

PL Academic Research ist ein Imprint der Peter Lang GmbH.

Peter Lang – Frankfurt am Main · Bern · Bruxelles · New York · Oxford · Warszawa · Wien

Diese Publikation wurde begutachtet.

www.peterlang.com

Vorwort

Die vorliegende Untersuchung wurde von der Rechtswissenschaftlichen Fakultät der Christian-Albrechts-Universität zu Kiel im Mai 2016 als Dissertation angenommen.

Mein besonderer Dank gilt meinem Doktorvater, Herrn Prof. Dr. Rudolf Meyer-Pritzl. Er hat diese Arbeit durch regen Gedankenaustausch und wertvolle Ratschläge begleitet und gefördert. Gleichfalls herzlich bedanken möchte ich mich bei dem inzwischen leider verstorbenen Herrn Prof. Dr. Hans Hattenhauer, von dem die Anregung zu dieser Untersuchung stammt. Zudem gebührt Herrn Prof. Dr. Werner Schubert Dank für die zügige Erstellung des Zweitgutachtens.

Ferner sei den Mitarbeitern des Landesarchivs Schleswig-Holstein sowie des Innenministeriums Schleswig-Holstein gedankt. Außerdem möchte ich an dieser Stelle den Zeitzeugen Herrn Jost-Dietrich Busch, Herrn Wolfgang Clausen, Herrn Magnus G. W. Staak und Herrn Gustav Kuhn meinen Dank dafür aussprechen, dass ich in aufschlussreichen Gesprächen mit ihnen mehr über die Hintergründe der Entstehungsgeschichte des Landesverwaltungsgesetzes Schleswig-Holstein erfahren durfte.

Besonders dankbar bin ich schließlich meiner Frau, meinen Geschwistern und insbesondere meinen Eltern. Sie haben mir Studium und Promotion ermöglicht und mich in allen Lebenslagen unterstützt. Ihnen ist dieses Buch gewidmet.

Meinen Eltern

is

Abkürzungsverzeichnis

a.A.	andere Ansicht
a.F.	alte Fassung
Abt.	Abteilung
Amtsbl.	Amtsblatt
AnwBl.	Anwaltsblatt
AO	Abgabenordnung
AöR (N.F.)	Archiv des öffentlichen Rechts (Neue Folge)
Aufl.	Auflage
AVG	Allgemeines Verwaltungsverfahrensgesetz (Österreich)
Bay	Bayern, bayerisch
BayVBl.	Bayerische Verwaltungsblätter: Zeitschrift für öffentliches Recht und öffentliche Verwaltung
Bd.	Band
ber.	berichtigt
BGB	Bürgerliches Gesetzbuch
BGBl.	Bundesgesetzblatt
BGH	Bundesgerichtshof
BGHZ	Entscheidungen des Bundesgerichtshofs in Zivilsachen
BHE	Bund der Heimatvertriebenen und Entrechteten
Bl.	Blatt
BR	Deutscher Bundesrat
Brem	Bremen, bremisch
BT	Deutscher Bundestag
BVerfG	Bundesverfassungsgericht
BVerfGE	Entscheidungen des Bundesverfassungsgerichts
BVerwG	Bundesverwaltungsgericht
BVerwGE	Entscheidungen des Bundesverwaltungsgerichts
CDU	Christlich Demokratische Union Deutschlands
CSU	Christlich-Soziale Union
DAV	Deutscher Anwaltverein
Demokratische Gemeinde	Demokratische Gemeinde: Monatsschrift für Kommunalpolitik in Stadt und Land

Die Gemeinde	Die Gemeinde: Zeitschrift für die kommunale Selbstverwaltung in Schleswig-Holstein
Die Verwaltung	Die Verwaltung: Zeitschrift für Verwaltungsrecht und Verwaltungswissenschaften
Diss.	Dissertation
DJT	Deutscher Juristentag
DÖV	Die öffentliche Verwaltung: Zeitschrift für öffentliches Recht und Verwaltungswissenschaft
Drucks.	Drucksache
DVBl.	Deutsches Verwaltungsblatt
Einf.	Einführung
Einl.	Einleitung
EVwVerfG 1963	Musterentwurf eines Verwaltungsverfahrensgesetzes (EVwVerfG 1963)
EVwVerfG 1966	Musterentwurf eines Verwaltungsverfahrensgesetzes (EVwVerfG 1963), 2. Aufl. mit Anhang „Münchener Fassung“
FDP	Freie Demokratische Partei
Fn.	Fußnote
GB/BHE	Gesamtdeutscher Block/Bund der Heimatvertriebenen und Entrechteten
GBl.	Gesetzblatt
Ges.Bl.	Gesetzblatt
GG	Grundgesetz für die Bundesrepublik Deutschland
GS	Gesetzessammlung
GV. NW.	Gesetz- und Verordnungsblatt für das Land Nordrhein-Westfalen
GVBl.	Gesetz- und Verordnungsblatt
GVOBl.	Gesetz- und Verordnungsblatt
H	Hessen, hessisch
H.	Heft
Habil.-Schr.	Habilitationsschrift
Hmb	Hamburg, hamburgisch
Hrsg.	Herausgeber
JA	Juristische Arbeitsblätter: Zeitschrift für Studenten und Referendare
JBl.	Juristische Blätter (Österreich)
JöR	Jahrbuch des öffentlichen Rechts der Gegenwart
JR	Juristische Rundschau
Jura	Juristische Ausbildung

JW	Juristische Wochenschrift: Organ des Deutschen Anwaltvereins
JZ	Juristenzeitung
LAS	Landesarchiv Schleswig-Holstein
LKV	Landes- und Kommunalverwaltung: Verwaltungsrechts-Zeitschrift für die Länder Berlin, Brandenburg, Sachsen, Sachsen-Anhalt und Thüringen
LS	Landessatzung für Schleswig-Holstein
LT	Schleswig-Holsteinischer Landtag
LVG	Preußisches Gesetz über die allgemeine Landesverwaltung
LVO	Landesverwaltungsordnung
LVwG	Allgemeines Verwaltungsgesetz für das Land Schleswig-Holstein (Landesverwaltungsgesetz – LVwG –)
MDR	Monatsschrift für Deutsches Recht: Zeitschrift für die Zivilrechtspraxis
N	Niedersachsen, niedersächsisch
NJW	Neue Juristische Wochenschrift
NSDAP	Nationalsozialistische Deutsche Arbeiterpartei
NVwZ	Neue Zeitschrift für Verwaltungsrecht
NW	Nordrhein-Westfalen, nordrhein-westfälisch
o.O.	ohne Ort
Pommern	Pommern: Zeitschrift für Kultur und Geschichte
Pr.	Preußen, preußisch
PVG	Polizeiverwaltungsgesetz
Rn.	Randnummer
S	Saarland, saarländisch
S.	Seite
SA	Sturmabteilung
Schl.-H.	Schleswig-Holstein, schleswig-holsteinisch
SchlHA	Schleswig-Holsteinische Anzeigen: Justizministerialblatt für Schleswig-Holstein
SGB X	Sozialgesetzbuch Zehntes Buch – Verwaltungsverfahren –
SHB	Schleswig-Holstein-Block
SPD	Sozialdemokratische Partei Deutschlands
SSW	Südschleswigscher Wählerverband
Staats- und Kommunalverwaltung	Staats- und Kommunalverwaltung: Fachzeitschrift für die Dienstkräfte in der Staats- und Kommunalverwaltung und deren Aus- und Fortbildung

u.a.	und andere
Univ.	Universität
VerwArch	Verwaltungsarchiv: Zeitschrift für Verwaltungslehre, Verwaltungsrecht und Verwaltungspolitik
Vorb.	Vorbemerkungen
VVDStRL	Veröffentlichungen der Vereinigung der Deutschen Staatsrechtslehrer
VwGO	Verwaltungsgerichtsordnung
VwVfG	Verwaltungsverfahrensgesetz
ZG	Zeitschrift für Gesetzgebung: Vierteljahresschrift für staatliche, kommunale und europäische Rechtsetzung
ZÖR	Zeitschrift für öffentliches Recht (Österreich)
zugl.	zugleich

Literaturverzeichnis

Adamovich, Ludwig, Hans Spanner zum Gedenken, JBl. 1991, 439.

Adler, Heinz, Das neue Schleswig-Holsteinische Landesverwaltungsgesetz, Demokratische Gemeinde 1967, 950–953.

Albert, Klaus, Bartram, Walter, in: Biographisches Lexikon für Schleswig-Holstein und Lübeck, Bd. 8, Neumünster 1987, S. 28–31.

Bachof, Otto, Das Verwaltungsrecht im Spiegel der Rechtslehre, JZ 1951, 538–542.

Baring, Martin, Bloß kein Gesetz!, JR 1960, 241–245.

–, Zur Problematik eines Verwaltungsverfahrensgesetzes, DVBl. 1965, 180–189.

Barschel, Uwe (Hrsg.), Festschrift für Helmut Lemke zum 70. Geburtstag, Neumünster 1977.

–, (Hrsg.), Im Dienst für die Freiheit: Kai-Uwe von Hassel zum 70. Geburtstag, Neumünster 1983.

Barschel, Uwe / Jürgensen, Kurt / Wuttke, Horst (Hrsg.), Reden, Ansprachen, Gedanken 1954–1983: Festgabe für Helmut Lemke zum 80. Geburtstag, Neumünster 1987.

Bästlein, Klaus, Der Fall Hartwig Schlegelberger, Grenzfriedenshefte 2008, 289–304.

Becker, Hans Joachim, Fritz Werner – Präsident des Bundesverwaltungsgerichts von 1958 bis 1969: Erinnerungen an eine große Richterpersönlichkeit, JöR 36 (1987), 105–120.

Bender, Bernd, Der fehlerhafte Verwaltungsakt nach den §§ 34–36 des Musterentwurfs eines Verwaltungsverfahrensgesetzes, DÖV 1965, 446–449.

Bericht der Sachverständigenkommission für die Vereinfachung der Verwaltung beim Bundesministerium des Innern, Bonn 1960.

Bericht über die Stellungnahme des Verwaltungsrechtsausschusses des DAV zum Entwurf eines Verwaltungsverfahrensgesetzes – BT-Drucks. 7/910 –, AnwBl. 1974, 145–147.

Bericht über die Stellungnahme des Verwaltungsrechtsausschusses des DAV zum Entwurf eines Verwaltungsverfahrensgesetzes – BT-Drucks. VI/1173 –, AnwBl. 1971, 168–170.

Bettermann, Karl August, Das Verwaltungsverfahren, VVDStRL 17 (1959), 118–182.

Bischoff, Frank Michael / Nonn, Christoph / Reininghaus, Wilfried (Hrsg.), Die Kabinettsprotokolle der Landesregierung Nordrhein-Westfalen 1970 bis 1975, Teil 2: Dokumente, Verzeichnisse, Register, Düsseldorf 2009.

Böckenförde, Ernst-Wolfgang, Demokratie als Verfassungsprinzip, in: Isensee, Josef / Kirchhof, Paul (Hrsg.), Handbuch des Staatsrechts der Bundesrepublik Deutschland: Bd. II Verfassungsstaat, 3. Aufl., Heidelberg 2004, § 24, S. 429–496, zitiert als: HStR II.

Boese, Norbert, Verwaltungshandeln durch Verordnung, SchlHA 1967, 70–72.

Bredemeier, Barbara, Kommunikative Verfahrenshandlungen im deutschen und europäischen Verwaltungsrecht: Zugleich ein Beitrag zur Europäisierung des Verwaltungsverfahrensrechts, Diss. Freiburg, Tübingen 2007.

Brintzinger, Ottobert L., Das Allgemeine Verwaltungsgesetz für das Land Schleswig-Holstein, DÖV 1968, 16–28.

Bundesministerium der Finanzen (Hrsg.), Reform der Reichsabgabenordnung: Bericht des Arbeitskreises für die Reform der Reichsabgabenordnung und ihrer Nebengesetze über seine Tätigkeit, H. 13, Bonn 1970.

Busch, Jost-Dietrich, Änderung des Landesverwaltungsgesetzes, Die Gemeinde 1979, 66–72.

–, Das Landesverwaltungsgesetz als Mittelpunkt des schleswig-holsteinischen Landesrechts: Vortrag anläßlich des Forums „Verwaltungsrecht im Umbruch" – 30 Jahre Landesverwaltungsgesetz Schleswig-Holstein – in der Hermann-Ehlers-Akademie in Kiel am 16. April 1997, Kiel 1999.

–, Die Vollstreckung öffentlich-rechtlicher Geldforderungen, Informationsdienst der Landesregierung Schleswig-Holstein 1966, 187–188.

–, Entwicklung und gegenwärtiger Stand des Verwaltungsverfahrensrechts in Schleswig-Holstein, Die Gemeinde 1985, 281–287.

Clausen, Wolfgang, Die Regelung des Vollzugs von Verwaltungsakten und die Anwendung unmittelbaren Zwangs, Informationsdienst der Landesregierung Schleswig-Holstein 1966, 207–209.

Degenhart, Christoph, Verwaltungsverfahrensgesetz (VwVfG), LKV 1999, 501–502.

Denninger, Erhard / Hoffmann-Riem, Wolfgang / Schneider, Hans-Peter / Stein, Ekkehart (Hrsg.), Kommentar zum Grundgesetz für die Bundesrepublik Deutschland (Reihe Alternativkommentare), Bd. 2, Loseblattausgabe, 3. Aufl., Neuwied u.a., Stand 08/2002, zitiert als: AK-GG.

Der Präsident des Bundesrechnungshofes, Gutachten über die Organisation der Landesregierung und Landesverwaltung Schleswig-Holstein, Kiel 1950.

Der Präsident der Universität Regensburg (Hrsg.), Gedächtnisreden auf Franz Mayer: gehalten bei der akademischen Gedächtnisfeier am 2. Februar 1979 in der Universität Regensburg, München 1979.

Deutscher Bundestag (Hrsg.), Amtliches Handbuch des Deutschen Bundestages, 7. Wahlperiode, Loseblattausgabe, Rheinbreitbach, Stand 12/1976; 8. Wahlperiode, Loseblattausgabe, Rheinbreitbach, Stand 11/1980; 14. Wahlperiode, Loseblattausgabe, Rheinbreitbach, Stand 09/2001.

Doehring, Karl, Ernst Forsthoff, in: C. H. Beck'sche Verlagsbuchhandlung (Hrsg.), Juristen im Portrait: Verlag und Autoren in 4 Jahrzehnten – Festschrift zum 225jährigen Jubiläum des Verlages C. H. Beck, München 1988, S. 341–349.

von Dreising, Wolf, Zum Bericht der Sachverständigenkommission für die Vereinfachung der Verwaltung beim Bundesministerium des Innern, DÖV 1960, 241–244.

Drews, Bill, Rezension des Entwurfs einer Verwaltungsrechtsordnung für Württemberg, JW 1932, 3246–3247.

Erichsen, Hans-Uwe, Zum Entwurf eines Allgemeinen Verwaltungsgesetzes für das Land Schleswig-Holstein, SchlHA 1996, 121–129, 197–200.

Faber, Heiko / Frank, Götz (Hrsg.), Demokratie in Staat und Wirtschaft: Festschrift für Ekkehart Stein zum 70. Geburtstag am 24.9.2002, Tübingen 2002.

Fehling, Michael / Kastner, Berthold / Störmer, Rainer (Hrsg.), Verwaltungsrecht: VwVfG, VwGO, Nebengesetze – Handkommentar, 3. Aufl., Baden-Baden 2013, zitiert als: Hk-VerwR.

Feneberg, Hermann, Zum Musterentwurf eines Verwaltungsverfahrensgesetzes, DVBl. 1965, 177–180, 222–225.

Fischer, Norbert, Haarmann, Wennemar, in: Günther, Barbara (Hrsg.), Stormarn Lexikon, Neumünster 2003, S. 141.

Foerster, German, Allgemeines Verwaltungsgesetz für das Land Schleswig-Holstein: Kommentar, Wiesbaden 1968.

Foerster, German / Friedersen, Gerd-Harald / Rohde, Martin, Allgemeines Verwaltungsgesetz für das Land Schleswig-Holstein (Landesverwaltungsgesetz – LVwG –): Kommentar, Loseblattausgabe, Wiesbaden, Stand 07/2014.

Forsthoff, Ernst, Lehrbuch des Verwaltungsrechts, Bd. 1: Allgemeiner Teil, München u.a. 1950.

Frank, Götz / Stintzing, Heike, Ekkehart Stein †, JZ 2009, 252–254.

Friedrich, Günter, Walter Mentzel, Pommern 16 (1978), H. 2, 39.

Galette, Alfons, Die Neugestaltung des Verfassungsrechts der deutschen Landkreise in der britisch besetzten Zone: Eine vergleichende Untersuchung zum preußisch-deutschen Kreisverfassungsrecht und zum System der englischen Lokalverwaltung, Diss. Kiel 1948.

Galette, Alfons / Laux, Eberhard, Kommentare zur Gemeindeordnung, Kreisordnung, Amtsordnung für Schleswig-Holstein, Loseblattausgabe, Wiesbaden 1961.

Godau-Schüttke, Klaus-Detlev, Die Heyde/Sawade-Affäre: Wie Juristen und Mediziner den NS-Euthanasieprofessor Heyde nach 1945 deckten und straflos blieben, 3. Aufl., Baden-Baden 2010.

von der Groeben, Klaus, Empfiehlt es sich, den Allgemeinen Teil des Verwaltungsrechts zu kodifizieren?, Referat auf dem 43. Deutschen Juristentag, in: Verhandlungen des Dreiundvierzigsten Deutschen Juristentages, Bd. II (Sitzungsberichte), Tübingen 1962, S. D 5 – D 33.

–, Im Dienst für Staat und Gemeinschaft – Erinnerungen –, Kiel 1995.

–, Über die Notwendigkeit eines allgemeinen Verwaltungsgesetzes unter besonderer Berücksichtigung des Entwurfs eines Allgemeinen Verwaltungsgesetzes für das Land Schleswig-Holstein, DVBl. 1966, 289–291.

von der Groeben, Klaus / Knack, Hans Joachim, Allgemeines Verwaltungsgesetz für das Land Schleswig-Holstein (Landesverwaltungsgesetz): Kommentar, Loseblattausgabe, Köln u.a. 1968.

Gross, Werner, Wesen und Grenzen einer Verwaltungsreform, DVBl. 1951, 713–717.

Gützkow, Horst, Verwaltungsverfahren im Rechtsstaat, DÖV 1966, 554–555.

Häberle, Peter, Verfassungsprinzipien „im" Verwaltungsverfahrensgesetz, in: Schmitt Glaeser, Walter (Hrsg.), Verwaltungsverfahren: Festschrift zum 50-jährigen Bestehen des Richard Boorberg Verlags, Stuttgart u.a. 1977, S. 47–93.

Hansen, Hans, Ein Leben für unser Land: Helmut Lemke 1954–1983, o.O. circa 1983.

Haueisen, Fritz, Musterentwurf eines Verwaltungsverfahrensgesetzes, DÖV 1964, 574–575.

–, Unterschiede zwischen Verwaltungsverfahren und verwaltungsgerichtlichem Verfahren, DVBl. 1966, 773–779.

–, Verwaltungsverfahren und Verwaltungsakt, DÖV 1973, 653–657.

Hegelmaier, Leopold, Vorwort zur Verwaltungsrechtsordnung für Württemberg, in: Verwaltungsrechtsordnung für Württemberg: Entwurf eines Gesetzes mit Begründung, Stuttgart 1931, S. III – V.

Heise, Gerd / Riegel, Reinhard, Musterentwurf eines einheitlichen Polizeigesetzes mit Begründung und Anmerkungen, 2. Aufl., Stuttgart u.a. 1978.

Held, Hermann, Verfassungs- und Verwaltungsrecht in Schleswig-Holstein: Sammlung neuer Gesetze, Verordnungen, Erlasse und Anordnungen – Textausgabe mit Einführung, Hinweisen, Schrifttum und Sachverzeichnis, Neumünster 1951.

Held, Jürgen, Der Grundrechtsbezug des Verwaltungsverfahrens, Diss. Bonn, Berlin 1984.

Hill, Hermann, Das fehlerhafte Verfahren und seine Folgen im Verwaltungsrecht, Heidelberg 1986.

–, Einführung in die Gesetzgebungslehre, Heidelberg 1982.

Hochschule für Verwaltungswissenschaften Speyer, Zum Musterentwurf eines Verwaltungsverfahrensgesetzes, Speyer 1966.

Hoefer, Bernd, Gesetze des Landes Schleswig-Holstein: Textsammlung, 5. Aufl., Kiel 2014.

Hoffmann-Fölkersamb, Werner, Zum Entwurf eines Allgemeinen Verwaltungsgesetzes für das Land Schleswig-Holstein, SchlHA 1966, 157–159.

Hoffmann-Riem, Wolfgang, Ermöglichung von Flexibilität und Innovationsoffenheit im Verwaltungsrecht – Einleitende Problemskizze –, in: Hoffmann-Riem, Wolfgang / Schmidt-Aßmann, Eberhard (Hrsg.), Innovation und Flexibilität des Verwaltungshandelns, Bd. 2, Baden-Baden 1994, S. 9–66.

Hoppe, Werner, Carl Hermann Ule zur Vollendung des 90. Lebensjahres, DVBl. 1997, 201–204.

Hufen, Friedhelm / Siegel, Thorsten, Fehler im Verwaltungsverfahren, 5. Aufl., Baden-Baden 2013.

Hufnagl, Franz, Bemerkungen zum Entwurf der Verwaltungsgerichtsordnung, DVBl. 1950, 559–561.

Jahn, Ralf G., Lauritzen, Lauritz, in: Kempf, Udo / Merz, Hans-Georg (Hrsg.), Kanzler und Minister 1949–1998: Biografisches Lexikon der deutschen Bundesregierungen, Wiesbaden 2001, S. 409–413.

Jarass, Hans D., Die Widerspruchsfreiheit der Rechtsordnung als verfassungsrechtliche Vorgabe: Zugleich ein Beitrag zum Verhältnis von Sachgesetzgeber und Abgabengesetzgeber, AöR 126 (2001), 588–607.

Jarass, Hans D. / Pieroth, Bodo, Grundgesetz für die Bundesrepublik Deutschland: Kommentar, 13. Aufl., München 2014.

Jellinek, Walter, Zum Entwurf einer Verwaltungsrechtsordnung für Württemberg, AöR N.F. 21 (1932), 1–36.

Kaff, Brigitte, Pagel, Paul, in: Historische Kommission bei der Bayerischen Akademie der Wissenschaften (Hrsg.), Neue Deutsche Biographie, Bd. 19: Nauwach – Pagel, Berlin 1999, S. 760–761.

Kahl, Wolfgang, Das Verwaltungsverfahrensgesetz zwischen Kodifikationsidee und Sonderrechtsentwicklungen, in: Hoffmann-Riem, Wolfgang / Schmidt-Aßmann, Eberhard (Hrsg.), Verwaltungsverfahren und Verwaltungsverfahrensgesetz, Bd. 9, Baden-Baden 2002, S. 67–134.

Kahlenberg, Harald, Merk, Wilhelm, in: Historische Kommission bei der Bayerischen Akademie der Wissenschaften (Hrsg.), Neue Deutsche Biographie, Bd. 17: Melander – Moller, Berlin 1994, S. 142.

Klappstein, Walter, Rechtseinheit und Rechtsvielfalt im Verwaltungsrecht: Dargestellt am Beispiel der Bestandskraft von Verwaltungsakten nach dem Allgemeinen und dem Besonderen Verwaltungsrecht, Heidelberg 1994.

Klappstein, Walter / von Unruh, Georg-Christoph, Rechtsstaatliche Verwaltung durch Gesetzgebung: Entstehung und Bedeutung des schleswig-holsteinischen Landesverwaltungsgesetzes für das rechtsstaatliche Verwaltungsrecht, Heidelberg 1987.

Klee, Ernst, Das Personenlexikon zum Dritten Reich: Wer war was vor und nach 1945?, 2. Aufl., Frankfurt am Main 2003.

Kloepfer, Michael, Laudatio für Karl August Bettermann, in: Kloepfer, Michael / Merten, Detlef / Papier, Hans-Jürgen / Skouris, Wassilios (Hrsg.), Kontinuität und Diskontinuität in der deutschen Verfassungsgeschichte: Von der Reichsgründung zur Wiedervereinigung – Seminar zum 80. Geburtstag von Karl August Bettermann, Berlin 1994, S. 13–18.

–, Zur Kodifikation des Umweltrechts in einem Umweltgesetzbuch, DÖV 1995, 745–754.

Knack, Hans Joachim, Bemerkungen zur vorstehenden Abhandlung, SchlHA 1966, 130–133.

–, Der öffentlich-rechtliche Vertrag im Musterentwurf eines Verwaltungsverfahrensgesetzes, DVBl. 1965, 709–712.

–, Die Tarifkonkurrenz, Diss. Kiel 1952.

–, Verwaltungsverfahrensgesetz (VwVfG): Kommentar, Köln 1976.

Knack, Hans Joachim / Henneke, Hans-Günter, Verwaltungsverfahrensgesetz (VwVfG): Kommentar, 10. Aufl., Köln 2014.

Köbler, Gerhard / Peters, Butz, Who's who im deutschen Recht, München 2003.

Koehler, Alexander, Musterentwurf eines Verwaltungsverfahrensgesetzes, MDR 1964, 274–278.

König, Michael, Die Idee der Kodifikation – besonders in Deutschland und Frankreich, ZG 1999, 195–214.

Kopp, Ferdinand O., Verfassungsrecht und Verwaltungsverfahrensrecht: Eine Untersuchung über die verfassungsrechtlichen Voraussetzungen des Verwaltungsverfahrens in der Bundesrepublik und die Bedeutung der Grundentscheidungen der Verfassung für die Feststellung, Auslegung und Anwendung des geltenden Verwaltungsverfahrensrechts, Habil.-Schr. München 1971.

Kopp, Ferdinand O. / Ramsauer, Ulrich, Verwaltungsverfahrensgesetz: Kommentar, 15. Aufl., München 2014.

Korinek, Karl, Erwin Melichar zum 80. Geburtstag, AöR 118 (1993), 664–666.

Köttgen, Arnold, Die Organisation der Landesregierung und Landesverwaltung Schleswig-Holstein, DÖV 1951, 546–550.

Kratzer, Jakob, Nochmals zum Musterentwurf eines Verwaltungsverfahrensgesetzes, BayVBl. 1965, 15–17.

–, Zum Musterentwurf eines Verwaltungsverfahrensgesetzes, BayVBl. 1964, 273–277.

Kreis Plön (Hrsg.), Verabschiedung von Landrat Dr. Galette am 12. April 1979, Plön 1980.

Kubsch, Gerhard, Der Entwurf eines Verwaltungsverfahrensgesetzes, Staats- und Kommunalverwaltung 1971, 5–7.

Kuhn, Gustav, Landesverwaltungsgesetz mit Ordnungswidrigkeitengesetz, Zivilprozessordnung, Kostenordnung und sämtlichen anderen Nebengesetzen und Ausführungsvorschriften: Kommentar, Flensburg 1968.

Lagler, Wilfried, Lübke, Friedrich Wilhelm, in: Biographisches Lexikon für Schleswig-Holstein und Lübeck, Bd. 7, Neumünster 1985, S. 127–129.

Lagler, Wilfried, Lübke, Friedrich Wilhelm, in: Historische Kommission bei der Bayerischen Akademie der Wissenschaften (Hrsg.), Neue Deutsche Biographie, Bd. 15: Locherer – Maltza(h)n, Berlin 1987, S. 441–442.

Landau, Peter, Scheuner, Ulrich, in: Historische Kommission bei der Bayerischen Akademie der Wissenschaften (Hrsg.), Neue Deutsche Biographie, Bd. 22: Rohmer – Schinkel, Berlin 2005, S. 713–714.

Landesrechnungshof Schleswig-Holstein, Denkschrift für das Rechnungsjahr 1965, Kiel 1966.

Larenz, Karl / Canaris, Claus-Wilhelm, Methodenlehre der Rechtswissenschaft, 3. Aufl., Berlin u.a. 1995.

Laubinger, Hans-Werner, Carl Hermann Ule †, NJW 1999, 2237.

–, Carl Hermann Ule zum 90. Geburtstag, NJW 1997, 567–568.

–, Der Entwurf eines Verwaltungsverfahrensgesetzes des Bundes von 1973, JA 1975, 593–596.

–, Die Verwaltung als Helfer des Bürgers: Gedanken zur behördlichen Betreuungspflicht, in: Hochschule für Verwaltungswissenschaften Speyer, Demokratie und Verwaltung: 25 Jahre Hochschule für Verwaltungswissenschaften Speyer, Berlin 1972, S. 439–461.

–, Grundrechtsschutz durch Gestaltung des Verwaltungsverfahrens, VerwArch 73 (1982), 60–85.

–, Gutachten über eine künftige gesetzliche Regelung für Massenverfahren im Verwaltungsverfahrensrecht und im Verfahrensrecht für die Verwaltungsgerichte, Speyer 1975.

–, In memoriam Carl Hermann Ule, AöR 124 (1999), 503–506.

Lauritzen, Lauritz (Hrsg.), Die Selbstverwaltung in Schleswig-Holstein: Handkommentar zur Gemeindeordnung, Amtsordnung, Kreisordnung und Landessatzung, Kiel 1950.

Lehmann, Sebastian, Kreisleiter der NSDAP in Schleswig-Holstein: Lebensläufe und Herrschaftspraxis einer regionalen Machtelite, Diss. Flensburg, Bielefeld 2007.

Lemke, Helmut, Bericht über Maßnahmen und Möglichkeiten einer Verwaltungsreform im Lande Schleswig-Holstein vom 1. August 1958 an den Ausschuss für Innere Verwaltung des Schleswig-Holsteinischen Landtages, Kiel 1958.

–, Bericht über die Vorarbeiten zu einem Landesverwaltungsgesetz für Schleswig-Holstein vom 1. August 1962 an den Ausschuss für Innere Verwaltung des Schleswig-Holsteinischen Landtages, Kiel 1962.

–, Das preußisch-deutsche Problem in der Reichsreform, Diss. Heidelberg, München 1929.

Lubbe, August, Kodifikation der allgemeinen Lehren des Verwaltungsrechts und Anwaltschaft, DVBl. 1964, 390–393.

Lüdersen, Axel, Die Zulässigkeit polizeilicher Freiheitsentziehungen nach dem Entwurf eines Allgemeinen Verwaltungsgesetzes, SchlHA 1966, 216–218.

von Mangoldt, Hermann / Klein, Friedrich / Starck, Christian (Hrsg.), Kommentar zum Grundgesetz, Bd. 2: Artikel 20 bis 82, 6. Aufl., München 2010.

Maunz, Theodor / Dürig, Günter, Grundgesetz: Kommentar, Loseblattausgabe, München, Stand 03/2014.

Maurer, Hartmut, Allgemeines Verwaltungsrecht, 18. Aufl., München 2011.

–, Staatsrecht I: Grundlagen, Verfassungsorgane, Staatsfunktionen, 6. Aufl., München 2010.

Melichar, Erwin, Das Verwaltungsverfahren, VVDStRL 17 (1959), 183–212.

Merkl, Adolf, Allgemeines Verwaltungsrecht, Wien u.a. 1927.

Merten, Detlef, Prof. Dr. Dr. h.c. Carl Hermann Ule, DÖV 1999, 775–776.

–, Carl Hermann Ule †, NVwZ 1999, 1319.

Miecke, Susanne, Regelmäßigkeiten der Entstehung einer Kodifikation des Verwaltungsverfahrensrechts in Deutschland und Österreich mit einem Ausblick auf die Europäische Union, Diss. Hannover, Frankfurt am Main 2008.

Müller-Ibold, Till, Die Begründungspflicht im europäischen Gemeinschaftsrecht und im deutschen Recht: Eine rechtsvergleichende Untersuchung, Diss. Hamburg, Frankfurt am Main u.a. 1990.

Mußgnug, Dorothee / Mußgnug, Reinhard / Reinthal, Angela (Hrsg.), Briefwechsel Ernst Forsthoff – Carl Schmitt (1926–1974), Berlin 2007.

Musterentwurf eines Verwaltungsverfahrensgesetzes (EVwVerfG 1963), Köln 1964, zitiert als: EVwVerfG 1963.

Musterentwurf eines Verwaltungsverfahrensgesetzes (EVwVerfG 1963), 2. Aufl. mit Anhang „Münchener Fassung", Köln 1968, zitiert als: EVwVerfG 1966.

Nicolaysen, Gert, Hans Peter Ipsen, in: Albers, Jan / Asche, Klaus / Gündisch, Jürgen / Seeler, Hans-Joachim / Thieme, Werner (Hrsg.), Recht und Juristen in Hamburg, Bd. II, Köln u.a. 1999, S. 417–433.

Obermayer, Klaus / Fritz, Roland / Allesch, Erwin, Kommentar zum Verwaltungsverfahrensgesetz, 3. Aufl., Neuwied u.a. 1999.

Obermayer, Klaus / Funke-Kaiser, Michael, VwVfG: Kommentar zum Verwaltungsverfahrensgesetz, 4. Aufl., Köln 2014.

Oberndorfer, Peter / Schambeck, Herbert (Hrsg.), Verwaltung im Dienste von Wirtschaft und Gesellschaft: Festschrift für Ludwig Fröhler zum 60. Geburtstag, Berlin 1980.

Oppermann, Thomas, Gerhard Wacke †, JZ 1976, 793.

Ossenbühl, Fritz, Der Musterentwurf eines Verwaltungsverfahrensgesetzes, Staats- und Kommunalverwaltung 1966, 297–303.

–, Zum Problem der Rücknahme fehlerhafter begünstigender Verwaltungsakte, DÖV 1964, 511–521.

Peschel-Gutzeit, Lore Maria (Hrsg.), Das Nürnberger Juristen-Urteil von 1947: Historischer Zusammenhang und aktuelle Bezüge, Baden-Baden 1996.

Pommerscher Zentralverband e.V., Kulturabteilung (Hrsg.), Walter Mentzel, Pommern 9 (1971), H. 4, 36–37.

Possehl, Willi, Vereinheitlichung des allgemeinen Verwaltungsverfahrens in Bund und Ländern, Staats- und Kommunalverwaltung 1964, 228–235.

Pünder, Hermann, Verwaltungsverfahren, in: Erichsen, Hans-Uwe / Ehlers, Dirk (Hrsg.), Allgemeines Verwaltungsrecht, 14. Aufl., Berlin u.a. 2010, §§ 13–16, S. 415–583.

Raberg, Frank, Biographisches Handbuch der württembergischen Landtagsabgeordneten 1815–1933, Stuttgart 2001.

Raudszus, Helmut, Der Entwurf eines Allgemeinen Verwaltungsgesetzes für das Land Schleswig-Holstein und das Notariat, SchlHA 1966, 193–197.

Redeker, Konrad, Die Regelung des öffentlich-rechtlichen Vertrages im Musterentwurf, DÖV 1966, 543–549.

–, Zum neuen Entwurf eines Verwaltungsverfahrensgesetzes, DVBl. 1973, 744–748.

Rietdorf, Fritz, Zum Musterentwurf eines Verwaltungsverfahrensgesetzes – Einführung und leitende Gesichtspunkte –, DVBl. 1964, 293–302, 333–337.

von Rosen-von Hoewel, Harry, Zur Frage der Kodifikation des allgemeinen Verwaltungsrechts, DÖV 1952, 101–103.

Rüfner, Wolfgang, Ulrich Scheuner zum Gedenken, DVBl. 1981, 444–445.

Rupp, Hans Heinrich, Zum Tod von Otto Bachof (1914 bis 2006), AöR 132 (2007), 114–116.

Sachs, Michael (Hrsg.), Grundgesetz: Kommentar, 7. Aufl., München 2014.

Scepanik, Klaus, Kommunale Selbstverwaltung und Landesverwaltungsgesetz, SchlHA 1966, 177–180.

Schäfer, Herwig, Juristische Lehre und Forschung an der Reichsuniversität Straßburg 1941–1944, Diss. Freiburg, Tübingen 1999.

Schäfer, Thomas, Die Schleswig-Holsteinische Gemeinschaft 1950–1958: Mit einem Beitrag zur Entstehung des „Blocks der Heimatvertriebenen und Entrechteten", Diss. Kiel, Neumünster 1987.

Schäffer, Heinz, Erwin Melichar, ZÖR 55 (2000), 425–431.

Schäffer, Heinz / König, Klaus / Ringhofer, Kurt (Hrsg.), Im Dienst an Staat und Recht: Internationale Festschrift Erwin Melichar zum 70. Geburtstag, Wien 1983.

Schambeck, Herbert, Adolf Merkl (1890–1970), in: Häberle, Peter / Kilian, Michael / Wolff, Heinrich Amadeus (Hrsg.), Staatsrechtslehrer des 20. Jahrhunderts: Deutschland – Österreich – Schweiz, Berlin u.a. 2015, S. 353–368.

Schambeck, Herbert, Merkl, Adolf Julius, in: Historische Kommission bei der Bayerischen Akademie der Wissenschaften (Hrsg.), Neue Deutsche Biographie, Bd. 17: Melander – Moller, Berlin 1994, S. 157–158.

Scheerbarth, Walter, Gedanken zum Musterentwurf eines Verwaltungsverfahrensgesetzes, DVBl. 1966, 780–784.

Schiffner, Alfred, Kai-Uwe von Hassel, in: Bernecker, Walther L. / Dotterweich, Volker (Hrsg.), Persönlichkeit und Politik in der Bundesrepublik Deutschland: Politische Porträts, Bd. 1, Göttingen 1982, S. 176–185.

Schlegelberger, Hartwig, Die Rechtsgrundlage des Vertrauensschutzes im Handelsrecht, Diss. Tübingen, o.O. 1941.

Schleswig-Holsteinischer Landkreistag (Hrsg.), Landrat Dr. Galette im Ruhestand, Mitteilungen des Schleswig-Holsteinischen Landkreistages 2/1979, 1–2.

Schmidt, Karsten, Karl August Bettermann zum 90. Geburtstag, JZ 2003, 786–787.

Schmidt-Aßmann, Eberhard, Der Rechtsstaat, in: Isensee, Josef / Kirchhof, Paul (Hrsg.), Handbuch des Staatsrechts der Bundesrepublik Deutschland: Bd. II Verfassungsstaat, 3. Aufl., Heidelberg 2004, § 26, S. 541–612, zitiert als: HStR II.

–, Die Grundgedanken des Verwaltungsverfahrens und das neue Verwaltungsverfahrensrecht, Jura 1979, 505–520.

–, Verwaltungsverfahren, in: Isensee, Josef / Kirchhof, Paul (Hrsg.), Handbuch des Staatsrechts der Bundesrepublik Deutschland: Bd. V Rechtsquellen, Organisation, Finanzen, 3. Aufl., Heidelberg 2007, § 109, S. 521–557, zitiert als: HStR V.

Schmidt-Bleibtreu, Bruno / Hofmann, Hans / Henneke, Hans-Günter, GG: Kommentar zum Grundgesetz, 13. Aufl., Köln 2014.

Schmitt-Lermann, Hans, Der Musterentwurf eines Verwaltungsverfahrensgesetzes, JZ 1964, 402–409.

Schneider, Hans, Ernst Forsthoff †, DÖV 1974, 596–597.

Schneider, Hans / Götz, Volkmar (Hrsg.), Im Dienst an Recht und Staat: Festschrift für Werner Weber zum 70. Geburtstag – dargebracht von Freunden, Schülern und Kollegen, Berlin 1974.

Schubert, Klaus / Klein, Martina, Das Politiklexikon: Begriffe, Fakten, Zusammenhänge, 5. Aufl., Bonn 2011.

Schwarz, Henning, 20 Jahre Landesverwaltungsgesetz – Bilanz aus der Sicht der Regierung und der öffentlichen Verwaltung, in: Lorenz-von-Stein-Institut für Verwaltungswissenschaften (Hrsg.), 20 Jahre Landesverwaltungsgesetz Schleswig-Holstein: Dokumentation der Vortragsveranstaltung vom 30. März 1987 im Schleswig-Holsteinischen Landtag, Kiel 1987, S. 17–30.

Schwarze, Karl-Robert, Landesverwaltungsgesetz für Schleswig-Holstein: Textausgabe mit Verweisungen und ausführlichem Sachregister, Kiel 1967

–, Neuordnung des Polizei- und Ordnungsrechts, Informationsdienst der Landesregierung Schleswig-Holstein 1966, 186–187.

–, Zielsetzung und Konzeption, Informationsdienst der Landesregierung Schleswig-Holstein 1966, 184–186.

Seeliger, Rolf, Braune Universität: Deutsche Hochschullehrer gestern und heute – Dokumentation mit Stellungnahmen, H. 3, München 1965.

Sendler, Horst, Das Verfahren der Berliner Verwaltung: Zum Gesetz über das Verfahren der Berliner Verwaltung, DÖV 1959, 439–450.

–, Fritz Werner zur Erinnerung, NVwZ 1986, 366–367.

–, Zum Stand der Erörterungen über ein Verwaltungsverfahrensgesetz, AöR 94 (1969), 130–158.

Spanner, Hans, Der Regierungsentwurf eines Bundes-Verwaltungsverfahrensgesetzes, JZ 1970, 671–675.

–, Ein Entwurf eines Verwaltungsverfahrensgesetzes, DVBl. 1964, 845–849.

–, Empfiehlt es sich, den Allgemeinen Teil des Verwaltungsrechts zu kodifizieren?, Gutachten für den 43. Deutschen Juristentag, in: Verhandlungen des Dreiundvierzigsten Deutschen Juristentages, Bd. I (Gutachten), 2. Teil A, Tübingen 1960.

Staak, Magnus G. W., Die Kodifikation des Allgemeinen Verwaltungs- und des Verwaltungsverfahrensrechts – Zum Allgemeinen Verwaltungsgesetz für das Land Schleswig-Holstein, Der Städtebund 1967, 208–210.

–, Landesverwaltungsgesetz Schleswig-Holstein: Textausgabe, Kiel 1967.

Starck, Christian, Erinnerung an Werner Weber (geb. 1904), DÖV 2004, 996–1000.

Stelkens, Paul / Bonk, Heinz Joachim / Sachs, Michael (Hrsg.), Verwaltungsverfahrensgesetz: Kommentar, 8. Aufl., München 2014.

Stephan, Michael, Ausgewählte Dokumente zur Geschichte der Verwaltungsgerichtsbarkeit in Bayern: Kleine Ausstellung zum 125jährigen Bestehen des Bayerischen Verwaltungsgerichtshofs, München 2004.

Stödter, Rolf, Hans Peter Ipsen – Leben und Leistung, in: Stödter, Rolf / Thieme, Werner (Hrsg.), Hamburg, Deutschland, Europa: Beiträge zum deutschen und europäischen Verfassungs-, Verwaltungs- und Wirtschaftsrecht – Festschrift für Hans Peter Ipsen zum siebzigsten Geburtstag, Tübingen 1977, S. 1–8.

Stüer, Bernhard, Rechtsdisziplin durch höchstrichterliche Rechtsprechung: Festvortrag von Prof. Dr. Walter Krebs (Berlin) aus Anlaß des 80. Geburtstags von Prof. Dr. Christian-Friedrich Menger (Münster), DVBl. 1995, 1344–1345.

Suhr, Reto, Möglichkeiten und Grenzen der Kodifizierung des allgemeinen Teils des schweizerischen Verwaltungsrechts, Diss. Zürich 1975.

Syaßen, Inga, Das Recht der Gefahrenabwehr im Entwurf eines Allgemeinen Verwaltungsgesetzes für das Land Schleswig-Holstein, SchlHA 1966, 180–181.

Thiem, Hans, Das Allgemeine Verwaltungsgesetz für das Land Schleswig-Holstein, Die Gemeinde 1968, 5–13, 48–56, 83–91.

Thomas, Werner, Musterentwurf für ein Verwaltungsverfahrensgesetz, DÖV 1964, 361–365.

Ule, Carl Hermann, Beiträge zur Rechtswirklichkeit im Dritten Reich, Berlin 1987.

–, Die Kodifizierung des Verwaltungsverfahrensrechts, in: Jeserich, Kurt G. A. (Hrsg.), Deutsche Verwaltungsgeschichte, Bd. 5: Die Bundesrepublik Deutschland, Stuttgart 1987, S. 1162–1177.

–, Hat sich der Entwurf einer Verwaltungsrechtsordnung für Württemberg bewährt?, DVBl. 1960, 609–617.

–, Herrschaft und Führung im nationalsozialistischen Reich, VerwArch 45 (1940), 193–260, VerwArch 46 (1941), 1–53, Habil.-Schr. München 1940.

–, Probleme des Verwaltungsverfahrensrechts in der Bundesrepublik Deutschland: Vortrag gehalten am 22. April 1974 in der Panteios Hochschule für politische Wissenschaften, Athen 1974.

–, Über die Auslegung der Grundrechte, AöR N.F. 21 (1932), 37–123, Diss. Jena 1930.

Ule, Carl Hermann / Becker, Franz, Verwaltungsverfahren im Rechtsstaat: Bemerkungen zum Musterentwurf eines Verwaltungsverfahrensgesetzes, Köln, Berlin 1964.

Ule, Carl Hermann / Laubinger, Hans-Werner, Verwaltungsverfahrensrecht: Ein Lehrbuch für Studium und Praxis, 4. Aufl., Köln u.a. 1995.

Ule, Carl Hermann / Sellmann, Klaus-Albrecht, Zum Stand der Vereinheitlichung des Verwaltungsverfahrensrechts – Ein Beitrag zu neuen Vorschlägen des Bund-Länder-Ausschusses und zum schlesw.-holst. Landesverwaltungsgesetz, DVBl. 1967, 837–842.

Umbach, Dieter / Clemens, Thomas (Hrsg.), Grundgesetz: Mitarbeiterkommentar und Handbuch, Bd. I, Heidelberg 2002.

von Unruh, Georg-Christoph, Klaus von der Groeben 1902–2002, Die Verwaltung 2002, 289–292.

Varain, Heinz Josef, Parteien und Verbände: Eine Studie über ihren Aufbau, ihre Verflechtung und ihr Wirken in Schleswig-Holstein 1945–1958, Habil.-Schr. Kiel, Köln u.a. 1964.

Vierhaus, Rudolf / Herbst, Ludolf (Hrsg.), Biographisches Handbuch der Mitglieder des Deutschen Bundestages 1949–2002, Bd. 1: A-M, München 2002.

Vogel, Klaus, Gerhard Wacke †, NJW 1976, 612.

–, Gerhard Wacke zum 70. Geburtstag, AöR 97 (1972), 418–420.

–, Grundrechtsverständnis und Normenkontrolle: Eine Vergleichung der Rechtslage in Österreich und in Deutschland – Kolloquium zum 70. Geburtstag von Hans Spanner, Wien u.a. 1979.

Volbehr, Friedrich / Weyl, Richard, Professoren und Dozenten der Christian-Albrechts-Universität zu Kiel 1665–1954: Mit Angaben über die sonstigen Lehrkräfte und die Universitäts-Bibliothekare und einem Verzeichnis der Rektoren, 4. Aufl., Kiel 1956.

Wacke, Andreas, Gerhard Wacke: Vita et opus, in: Vogel, Klaus / Tipke, Klaus (Hrsg.), Verfassung, Verwaltung, Finanzen: Festschrift für Gerhard Wacke zum 70. Geburtstag, Köln-Marienburg 1972, S. 1–9.

Wahl, Rainer, Verwaltungsverfahren zwischen Verwaltungseffizienz und Rechtsschutzauftrag, VVDStRL 41 (1983), 151–192.

Weber, Hermann, Otto Bachof, in: C. H. Beck'sche Verlagsbuchhandlung (Hrsg.), Juristen im Portrait: Verlag und Autoren in 4 Jahrzehnten – Festschrift zum 225jährigen Jubiläum des Verlages C. H. Beck, München 1988, S. 109–125.

Weber, Werner, Empfiehlt es sich, den Allgemeinen Teil des Verwaltungsrechts zu kodifizieren?, Referat auf dem 43. Deutschen Juristentag, in: Verhandlungen des Dreiundvierzigsten Deutschen Juristentages, Bd. II (Sitzungsberichte), Tübingen 1962, S. D 37 – D 59.

Welke, Britta, Die integrierte Vorhabengenehmigung, Diss. Heidelberg, Tübingen 2010.

Werner, Fritz, „Verwaltungsrecht als konkretisiertes Verfassungsrecht", DVBl. 1959, 527–533.

–, Empfiehlt es sich, den Allgemeinen Teil des Verwaltungsrechts zu kodifizieren?, Gutachten für den 43. Deutschen Juristentag, in: Verhandlungen des Dreiundvierzigsten Deutschen Juristentages, Bd. I (Gutachten), 2. Teil B, Tübingen 1960.

Wulff, Arne, Staatssekretär Prof. Dr. Dr. h.c. Franz Schlegelberger: 1876–1970, Diss. Kiel, Frankfurt am Main u.a. 1991.

Zacher, Hans F., Das soziale Staatsziel, in: Isensee, Josef / Kirchhof, Paul (Hrsg.), Handbuch des Staatsrechts der Bundesrepublik Deutschland: Bd. II Verfassungsstaat, 3. Aufl., Heidelberg 2004, § 28, S. 659–784, zitiert als: HStR II.

Quellenverzeichnis

Innenministerium des Landes Schleswig-Holstein

- Kabinettsvorlage Nr. 122/65 vom 30.11.1965.
- Kabinettsvorlage Nr. 234/77 vom 17.12.1977.
- Mitteilung Nr. 82/65 der Pressestelle der Landesregierung Schleswig-Holstein vom 17.03.1965.
- Niederschrift über die 2. Sitzung des Sonderausschusses Verwaltungsgesetz des Schleswig-Holsteinischen Landtages am 31.05.1966.
- Niederschrift über die 4. Sitzung des Sonderausschusses Verwaltungsgesetz des Schleswig-Holsteinischen Landtages am 23.08.1966.
- Niederschrift über die 7. Sitzung des Sonderausschusses Verwaltungsgesetz des Schleswig-Holsteinischen Landtages am 08.09.1966.
- Niederschrift über die 10. (öffentliche) Sitzung des Sonderausschusses Verwaltungsgesetz des Schleswig-Holsteinischen Landtages am 27.09.1966.
- Niederschrift über die 12. Sitzung des Sonderausschusses Verwaltungsgesetz des Schleswig-Holsteinischen Landtages am 12.10.1966.
- Niederschrift über die 15. Sitzung des Sonderausschusses Verwaltungsgesetz des Schleswig-Holsteinischen Landtages am 28.10.1966.
- Niederschrift über die 16. Sitzung des Sonderausschusses Verwaltungsgesetz des Schleswig-Holsteinischen Landtages am 03.11.1966.
- Niederschrift über die 19. Sitzung des Sonderausschusses Verwaltungsgesetz des Schleswig-Holsteinischen Landtages am 02.12.1966.
- Niederschrift über die 20. Sitzung des Sonderausschusses Verwaltungsgesetz des Schleswig-Holsteinischen Landtages am 21.12.1966.
- Niederschrift über die 21. Sitzung des Sonderausschusses Verwaltungsgesetz des Schleswig-Holsteinischen Landtages am 21.01.1967.
- Niederschrift über die 24. Sitzung des Sonderausschusses Verwaltungsgesetz des Schleswig-Holsteinischen Landtages am 27.01.1967.
- Niederschrift über die 25. Sitzung des Sonderausschusses Verwaltungsgesetz des Schleswig-Holsteinischen Landtages am 30.01.1967.
- Niederschrift über die 36. Sitzung des Rechtsausschusses des Schleswig-Holsteinischen Landtages am 03.11.1978.
- Niederschrift über die 55. (öffentliche) Sitzung des Innenausschusses des Schleswig-Holsteinischen Landtages am 01.06.1978.

- Niederschrift über die 57. Sitzung des Innenausschusses des Schleswig-Holsteinischen Landtages am 15.06.1978.
- Niederschrift über die 64. Sitzung des Innenausschusses des Schleswig-Holsteinischen Landtages am 19.10.1978.
- Niederschrift über die 67. Sitzung des Innenausschusses des Schleswig-Holsteinischen Landtages am 02.11.1978.
- Niederschrift über die 68. Sitzung des Innenausschusses des Schleswig-Holsteinischen Landtages am 09.11.1978.
- Niederschrift über die Kabinettssitzung am 17.01.1978.
- Protokoll über die Klausurtagung am 18./19.02.1966 in Tremsbüttel.
- Schreiben der Arbeitsgemeinschaft der kommunalen Landesverbände des Landes Schleswig-Holstein an den Innenminister des Landes Schleswig-Holstein vom 21.09.1977.
- Schreiben des Innenministers des Landes Schleswig-Holstein vom 11.05.1965 – I 28 –.
- Schreiben des Ministerialdirigenten Hans Joachim Knack vom 31.12.1976.
- Schreiben des Präsidenten des Landesrechnungshofs Schleswig-Holstein vom 26.08.1966.
- Schreiben des Staatssekretärs Hans Joachim Knack an die Arbeitsgemeinschaft der kommunalen Landesverbände des Landes Schleswig-Holstein vom 21.06.1977.
- Schreiben des Staatssekretärs Klaus von der Groeben an Professor Franz Mayer vom 20.05.1966.
- Schreiben des Vorsitzenden der Arbeitsgemeinschaft der kommunalen Landesverbände des Landes Schleswig-Holstein vom 16.12.1965.
- Umdruck 8/2729 vom 18.10.1978.
- Umdruck 8/2765 vom 25.10.1978.
- Umdruck 8/2783 vom 06.11.1978.

Landesarchiv Schleswig-Holstein (LAS)

- Abt. 605 Nr. 4308: Personalakte Helmut Lemke.
- Abt. 605 Nr. 13634: Ordensakte Klaus von der Groeben.
- Abt. 605 Nr. 15067: Ordensakte Karl Marbach.
- Abt. 605 Nr. 15385: Ordensakte Hartwig Schlegelberger.
- Abt. 611 Nr. 3447: Personalakte Klaus von der Groeben.
- Abt. 611 Nr. 3450: Personalakte Emil Guilleaume.
- Abt. 611 Nr. 4692, 4693, 4694: Personalakte Alfons Galette.

- Abt. 611 Nr. 11258, 11259: Personalakte Hartwig Schlegelberger.
- Abt. 786 Nr. 2734: Allgemeine Landesverwaltung – Landesverwaltungsgesetz, Bd. 1.
- Abt. 786 Nr. 2737: Allgemeine Landesverwaltung – Landesverwaltungsgesetz, Bd. 4.
- Abt. 786 Nr. 6609: Personalakte Hans Joachim Knack.
- Abt. 786 Nr. 11409: Personalakte Helmut Lemke.
- Abt. 786 Nr. 11766: Personalakte Hartwig Schlegelberger.

A. Einleitung

I. Problemstellung

Die Kodifizierung des Verwaltungsverfahrensrechts war das Ergebnis einer mehrere Jahre währenden Rechtsentwicklung. Den Vorreiter eines Verwaltungsverfahrensgesetzes des Bundes bildete das am 01.01.1968 in Kraft getretene Allgemeine Verwaltungsgesetz für das Land Schleswig-Holstein, das den von einem Bund-Länder-Ausschuss erarbeiteten Musterentwurf eines Verwaltungsverfahrensgesetzes in der „Münchener Fassung" von 1966 bereits berücksichtigte. Das Verwaltungsverfahrensgesetz des Bundes trat zusammen mit den meisten Verwaltungsverfahrensgesetzen der übrigen Länder erst neun Jahre später am 01.01.1977 in Kraft.

Dabei beruht das Landesverwaltungsgesetz Schleswig-Holstein auf tragenden Grundsätzen des Verfassungsrechts des Bundes und des Landes, so dass nicht nur der in die Landessatzung aufgenommene Gesetzgebungsauftrag des Schleswig-Holsteinischen Verfassungsgesetzgebers erfüllt, sondern auch die Charakterisierung des Verwaltungsrechts als konkretisiertes Verfassungsrecht bestätigt werden konnte.

Das Ziel der vorliegenden Arbeit besteht darin, ausgehend von der Entstehungsgeschichte des Landesverwaltungsgesetzes Schleswig-Holstein dessen wesentliche Bedeutung sowohl für das Land an sich als auch für die Verwaltungsverfahrensgesetze des Bundes und der anderen Länder aufzuzeigen. Die Grundlage der Entstehung beider Gesetze bildete deren besondere Wechselwirkung. Die Übernahme der auf Bundesebene ausgearbeiteten Bestimmungen des Musterentwurfs mit lediglich geringfügigen Abweichungen sowie die Berücksichtigung von dessen Weiterentwicklung aufgrund der „Münchener Fassung" diente der Wahrung der Rechtseinheit. Das Landesverwaltungsgesetz Schleswig-Holstein wiederum förderte durch die in der Praxis gewonnenen Erfahrungen mit den bisher lediglich einen theoretischen Entwicklungsstand aufweisenden Verfahrensregelungen das Gesetzgebungsverfahren auf Bundesebene.

Einen aktuellen Bezug weist diese Wechselwirkung nach wie vor dadurch auf, dass sie als Anwendungs- und Auslegungshilfe der entsprechenden Normen herangezogen wird. Weiterhin kann die Erarbeitung des Verwaltungsverfahrensgesetzes durch das Zusammenwirken von Bund und Ländern im Rahmen dieses Gesetzgebungsverfahrens als Vorbild für künftige Verfahren dienen.

II. Gegenstand der Untersuchung

Die vorliegende Arbeit widmet sich der Entstehung und Bedeutung des Allgemeinen Verwaltungsgesetzes für das Land Schleswig-Holstein und damit der ersten umfassenden Kodifikation des Verwaltungsrechts und des Verwaltungsverfahrensrechts in einem Land der Bundesrepublik Deutschland. Dies setzt einige begriffliche Erklärungen voraus. Zum einen bedarf der Begriff der Kodifikation einer Bestimmung, zum anderen ist eine nähere Ausführung zum Begriff des Verwaltungsverfahrensrechts erforderlich.

1. Der Begriff der Kodifikation

Eine Kodifikation ist eine vollständige und widerspruchsfreie, systematische Zusammenfassung eines Rechtsgebiets in einem einheitlichen Gesetzbuch.[1] Dabei unterscheiden sich die Anforderungen, die an die Vollständigkeit der Zusammenfassung gestellt werden, um von dem Bestehen einer Kodifikation ausgehen zu können.[2] In der vorliegenden Arbeit werden keine allzu hohen Anforderungen an die Vollständigkeit der Zusammenfassung gestellt. Denn nicht die Vollständigkeit der Zusammenfassung ist das entscheidende Kriterium, sondern der Wille und das Ziel, eine vollständige Kodifikation zu erarbeiten.

Zunächst erfolgt eine Einteilung der Kodifikationen in General- und Bereichskodifikationen, die sich dadurch unterscheiden, dass die Generalkodifikationen im Gegensatz zu den Bereichskodifikationen eine fachgebietsübergreifende Normierung enthalten. Sie erheben den Anspruch, das Verwaltungshandeln umfassend zu regeln, und stehen deshalb auf der ersten Regulierungsstufe.[3] Demgegenüber konzentrieren sich die auf der zweiten Regulierungsstufe anzusiedelnden Bereichskodifikationen lediglich auf ein bestimmtes Rechtsgebiet, indem sie dessen verallgemeinerungsfähige Regeln, Prinzipien und Begriffe in einer Gesamtregelung verbinden.[4] Bei den Verwaltungsverfahrensgesetzen des Bundes und der Länder handelt es sich um Generalkodifikationen, weil sie das gesamte Allgemeine

1 *Hill*, Einführung in die Gesetzgebungslehre, S. 26; *Ule*, Die Kodifizierung des Verwaltungsverfahrensrechts, in: Jeserich, Deutsche Verwaltungsgeschichte, Bd. 5, S. 1163.

2 *König*, ZG 1999, 196; *Bredemeier*, Kommunikative Verfahrenshandlungen, S. 25.

3 *Kahl*, Das Verwaltungsverfahrensgesetz zwischen Kodifikationsidee und Sonderrechtsentwicklungen, in: Hoffmann-Riem/Schmidt-Aßmann, Verwaltungsverfahren und Verwaltungsverfahrensgesetz, S. 84.

4 *Kahl*, ebenda, S. 86.

Verwaltungsrecht betreffen und im Grunde für alle Bereiche des Besonderen Verwaltungsrechts gelten.[5]

In Bezug auf die in der Kodifikation geregelten Materien lässt sich eine Unterteilung in Gesamt- und Teilkodifikationen vornehmen. Dabei normiert eine Gesamtkodifikation nahezu alle oder zumindest die wesentlichen Gegenstände einer Materie, während bei einer Teilkodifikation nur bestimmte Teile eines Rechtsgebiets vor die Klammer gezogen werden.[6] Verwaltungsverfahrensgesetze stellen Generalkodifikationen in Form von Teilkodifikationen dar, weil die Selbstbeschränkungen so umfassend sind und so erhebliche Bereiche betreffen, dass eine Beurteilung als Gesamtkodifikation ausscheiden muss.[7]

2. Der Begriff des Verwaltungsverfahrensrechts

Ein einheitlicher Begriff des Verwaltungsverfahrens besteht nicht. Allgemein ist das Verwaltungsverfahren als ein „planvoll geordneter Vorgang der Informationsgewinnung und -verarbeitung, der in der Verantwortung eines Trägers öffentlicher Verwaltung abläuft und die Verwaltung befähigen soll, auf rationale Weise zu handeln", aufzufassen.[8]

Dieser weite Rechtsbegriff wird durch die gesetzliche Definition in § 9 VwVfG eingeschränkt. Danach ist ein Verwaltungsverfahren im Sinne des Verwaltungsverfahrensgesetzes die nach außen wirkende Tätigkeit der Behörden, die auf die Prüfung der Voraussetzungen, die Vorbereitung und den Erlass eines Verwaltungsaktes oder auf den Abschluss eines öffentlich-rechtlichen Vertrages gerichtet ist; es schließt den Erlass des Verwaltungsaktes oder den Abschluss des öffentlich-rechtlichen Vertrages ein.

---

5 *Kahl*, ebenda, S. 84; *Welke*, Die integrierte Vorhabengenehmigung, S. 62 f.

6 *Kahl*, Das Verwaltungsverfahrensgesetz zwischen Kodifikationsidee und Sonderrechtsentwicklungen, in: Hoffmann-Riem/Schmidt-Aßmann, Verwaltungsverfahren und Verwaltungsverfahrensgesetz, S. 84; *Welke*, Die integrierte Vorhabengenehmigung, S. 63.

7 *Kopp/Ramsauer*, VwVfG, Einf. I Rn. 1; *Kahl*, Das Verwaltungsverfahrensgesetz zwischen Kodifikationsidee und Sonderrechtsentwicklungen, in: Hoffmann-Riem/Schmidt-Aßmann, Verwaltungsverfahren und Verwaltungsverfahrensgesetz, S. 84; *Miecke*, Regelmäßigkeiten der Entstehung einer Kodifikation, S. 27; a.A. *Schmitz*, in: Stelkens/Bonk/Sachs, VwVfG, § 1 Rn. 75.

8 *Schmidt-Aßmann*, Verwaltungsverfahren, in: Isensee/Kirchhof, HStR V, § 109 Rn. 1; *Hill*, Das fehlerhafte Verfahren, S. 193 ff.; *Hufen/Siegel*, Fehler im Verwaltungsverfahren, S. 55 ff.

Bisher bestehen keine genauen Kriterien für eine Abgrenzung des Verwaltungsverfahrensrechts als formelles Verwaltungsrecht vom materiellen Verwaltungsrecht, obwohl eine solche vor allem wegen der Gesetzgebungskompetenzen und der unterschiedlichen Rechtsfolgen von Verfahrensfehlern und materiellen Fehlern erforderlich ist.[9] Um eine Zuweisung einer Norm zu einem der beiden Rechtsbereiche vorzunehmen, kann allerdings die auf Adolf Merkl zurückgehende Unterscheidung vom Verfahrensrecht als dem Weg und dem materiellen Recht als dem Ziel herangezogen werden.[10] Demnach fallen unter das formelle Verwaltungsrecht diejenigen Vorschriften, die die Art und Weise des Zustandekommens einer Verwaltungsentscheidung betreffen. Dagegen regelt das materielle Verwaltungsrecht die inhaltlichen Anforderungen und das Ziel einer entsprechenden Entscheidung.[11] Im Übrigen ist eine Ermittlung des Verwaltungsverfahrensbegriffes aus dem konkreten gesetzlichen Zusammenhang geboten.[12]

III. Gang der Untersuchung

Mit dem Ziel, die Entstehung und Bedeutung des Landesverwaltungsgesetzes Schleswig-Holstein zu untersuchen, behandelt der erste Teil der Arbeit die für beide Gesetze wesentliche Grundlage, den Musterentwurf eines Verwaltungsverfahrensgesetzes. Dabei werden zunächst die Vorarbeiten dieses Musterentwurfes ausgewertet. Daneben erfolgt auch eine Untersuchung der Vor- und Nachteile einer Kodifikation des Verwaltungsverfahrensgesetzes. Anschließend befasst sich dieser Teil mit der eigentlichen Entstehung des Musterentwurfes.

Im zweiten Teil wird auf der Grundlage des Musterentwurfes die Entstehung des Verwaltungsverfahrensgesetzes des Bundes untersucht, während sich der dritte Teil mit der Entstehung des Landesverwaltungsgesetzes Schleswig-Holstein auseinandersetzt. Dessen Anpassung an das Verwaltungsverfahrensgesetz des Bundes durch das Gesetz zur Änderung des Landesverwaltungsgesetzes wird im vierten Teil beleuchtet.

Der fünfte Teil der Arbeit beschäftigt sich mit den Wegbereitern des Landesverwaltungsgesetzes Schleswig-Holstein, die dessen Verabschiedung durch ihre Initiative und Mitwirkung erst ermöglichten. Im Anschluss an die entsprechenden

---

9 *Schmidt-Aßmann*, Verwaltungsverfahren, in: Isensee/Kirchhof, HStR V, § 109 Rn. 5; *Hill*, Das fehlerhafte Verfahren, S. 220 ff.

10 *Merkl*, Allgemeines Verwaltungsrecht, S. 313; *Hill*, Das fehlerhafte Verfahren, S. 224.

11 *Hill*, Das fehlerhafte Verfahren, S. 226.

12 *Schmidt-Aßmann*, Verwaltungsverfahren, in: Isensee/Kirchhof, HStR V, § 109 Rn. 5.

Biographien werden jeweils ihre Verdienste im Zusammenhang mit der Entstehung des Landesverwaltungsgesetzes gewürdigt.

Schließlich werden in einem sechsten Teil die verfassungsrechtlichen Anforderungen an eine Kodifikation des Verwaltungsverfahrensrechts aufgezeigt und wird deren Verwirklichung im Landesverwaltungsgesetz Schleswig-Holstein anhand bestimmter, einer Kodifikation immanenten Funktionen eingehend beurteilt.

Im Anhang finden sich darüber hinaus Gespräche mit den Verwaltungsjuristen Jost-Dietrich Busch, Wolfgang Clausen, Magnus G. W. Staak sowie Gustav Kuhn, die einen erheblichen Anteil an der Erarbeitung des Landesverwaltungsgesetzes hatten.

B. Verwaltungsreform durch den Musterentwurf eines Verwaltungsverfahrensgesetzes

Die Kodifikation des Verwaltungsverfahrensrechts wurde nach dem Inkrafttreten des Grundgesetzes am 23.05.1949 zunächst im Schrifttum eingehend diskutiert.[13] Dabei vertrat Ernst Forsthoff[14] als Gegner einer Kodifikation die Auffassung, dass ein Verwaltungsverfahrensgesetz zu einer Einschränkung der Anpassungsfähigkeit des Verwaltungsrechts führe.[15] Demgegenüber äußerte sich Franz Hufnagl dahingehend, dass eine allgemeine gesetzliche Regelung in Form einer Verwaltungsverfahrensordnung eine unbedingte Notwendigkeit sei. Denn eine Verwaltungsverfahrensordnung bewirke eine Vereinfachung und Beschleunigung der Verwaltung.[16] Otto Bachof[17] entgegnete der Argumentation von Ernst

---

13 *Kopp/Ramsauer*, VwVfG, Einf. I Rn. 25.

14 Ernst Forsthoff (13.09.1902 – 13.08.1974) habilitierte sich 1930 an der Universität Freiburg und wurde 1933 auf einen Lehrstuhl an die Universität Frankfurt am Main berufen. Anschließend wechselte er 1935 an die Universität Hamburg und 1936 an die Universität Königsberg. 1941 folgte er einem Ruf an die Universität Wien, konnte jedoch aufgrund eines Lehrverbots sein Lehramt nicht wahrnehmen. Stattdessen erhielt er 1943 den Lehrstuhl für Öffentliches Recht an der Heidelberger Universität. Nach Kriegsende wurde Ernst Forsthoff 1946 auf Anordnung der Militärregierung aus dem Lehramt entlassen, kehrte aber nach einer Zwischentätigkeit in der schleswig-holsteinischen Landesverwaltung 1952 auf seinen alten Lehrstuhl zurück, wo er bis zu seiner Emeritierung 1967 wirkte (*Doehring*, Ernst Forsthoff, in: C. H. Beck'sche Verlagsbuchhandlung, Juristen im Portrait, S. 341 ff.; *D. Mußgnug/R. Mußgnug/Reinthal*, Briefwechsel Ernst Forsthoff – Carl Schmitt, S. 4 ff.; *Schneider*, DÖV 1974, 596 f.).

15 *Forsthoff*, Lehrbuch des Verwaltungsrechts, § 9, S. 130 ff.; *Bredemeier*, Kommunikative Verfahrenshandlungen, S. 26.

16 *Hufnagl*, DVBl. 1950, 559 f.

17 Otto Bachof (06.03.1914 – 21.01.2006) wurde 1947 – nach seinem Kriegsdienst – zum Ministerialrat im Staatsministerium in Stuttgart ernannt und im selben Jahr zum Richter am Verwaltungsgericht Stuttgart berufen. Ein Jahr später übernahm er das Amt des Verwaltungsgerichtsdirektors. 1949 folgte seine Ernennung zum Oberverwaltungsgerichtsrat am damaligen Württembergisch-Badischen Verwaltungsgerichtshof in Stuttgart, dessen amtierender Senatsvorsitzender er bis 1952 war. Otto Bachof habilitierte sich 1950 an der Universität Heidelberg bei Walter Jellinek und lehrte dort als Privatdozent. 1952 folgte er einem Ruf als ordentlicher Professor für Öffentliches Recht an die Universität Erlangen. Schließlich wechselte er 1955 an die Universität

Forsthoff, dass sich der Mangel einer gesetzlichen Regelung über grundlegende Fragen insbesondere in der Praxis zeige und ein übereinstimmendes Ergebnis im Sinne der Rechtssicherheit vor dem Hintergrund entgegengesetzter Standpunkte sowohl in der Literatur als auch in der Rechtsprechung nur durch ein einheitliches Gesetz erzielt werden könne.[18] Nach Meinung von Harry von Rosen-von Hoewel werde ein allgemeines Verwaltungsverfahrensgesetz aufgrund der bereits fortgeschrittenen Entwicklung einfacher zu verwirklichen sein als ein das allgemeine materielle Verwaltungsrecht normierendes Gesetz.[19]

Schließlich stand Martin Baring der Forderung nach einer Kodifizierung des allgemeinen Teils des Verwaltungsrechts einschließlich des Verwaltungsverfahrensrechts ablehnend gegenüber.[20] Zum einen bestehe keine Einigkeit über den Begriff „Allgemeiner Teil", zum anderen fehle dem aktuellen Gesetzesvorhaben der die Erarbeitung des Bürgerlichen Gesetzbuches fördernde „nationale Schwung". Die „Verlustliste der Rechtseinheit" werde durch den Verzicht auf bestimmte Rechtsgebiete nur noch verlängert und stehe der Entwicklung des Kodifikationsgedankens infolge der dadurch bewirkten Beschränkung auf einzelne Teilgebiete entgegen. Die Übertragung der bisher für die Eingriffsverwaltung geltenden Grundsätze auf die noch nicht untersuchte Leistungsverwaltung und Daseinsvorsorge obliege der Verwaltungspraxis, der Verwaltungswissenschaft sowie der Verwaltungsrechtsprechung und nicht dem Gesetzgeber, für den zunächst eine entsprechende Grundlage geschaffen werden müsse. Insgesamt lasse sich der gegenwärtige Zustand mit demjenigen zur Zeit des Kodifikationsstreites zwischen Thibaut und Savigny in Bezug auf die Notwendigkeit eines Bürgerlichen Gesetzbuches vergleichen.

Tübingen, deren Rektor er von 1959 bis 1961 war und an der er bis zu seiner Emeritierung 1979 blieb. Daneben gehörte er von 1958 bis 1985 dem Staatsgerichtshof für das Land Baden-Württemberg an (*Rupp*, AöR 132 (2007), 114 f.; *Weber*, Otto Bachof, in: C. H. Beck'sche Verlagsbuchhandlung, Juristen im Portrait, S. 109 ff.).

18 *Bachof*, JZ 1951, 540; *Riedl*, in: Obermayer/Fritz/Allesch, VwVfG, Einl. Rn. 19.

19 *Von Rosen-von Hoewel*, DÖV 1952, 103; *Klappstein/von Unruh*, Rechtsstaatliche Verwaltung durch Gesetzgebung, S. 60; *Riedl*, in: Obermayer/Fritz/Allesch, VwVfG, Einl. Rn. 19; *Ule*, Die Kodifizierung des Verwaltungsverfahrensrechts, in: Jeserich, Deutsche Verwaltungsgeschichte, Bd. 5, S. 1167; *Bredemeier*, Kommunikative Verfahrenshandlungen, S. 26.

20 Hierzu und zum Folgenden: *Baring*, JR 1960, 241 ff.

I. Vorarbeiten für den Musterentwurf eines Verwaltungsverfahrensgesetzes

Als Vorarbeiten für den Musterentwurf eines Verwaltungsverfahrensgesetzes dienten neben Gesetzen und Gesetzentwürfen vor allem wissenschaftliche Diskussionen, Stellungnahmen von Sachverständigen sowie bundesrechtliche Regelungen wichtiger Teilbereiche des Verwaltungsverfahrens.

1. Vorkonstitutionelle Gesetze und Gesetzentwürfe

Bereits vor Inkrafttreten des Grundgesetzes existierten im deutschen Sprachraum etliche Regelungen des Verwaltungsverfahrens. Diese vorkonstitutionellen Gesetze und Gesetzentwürfe fanden jedoch nur eine geringe Berücksichtigung bei der Erarbeitung des Musterentwurfs. Das lag zum einen daran, dass in der Zwischenzeit eine wesentliche Änderung des materiellen Rechts stattgefunden hatte, so dass die zweckmäßige Durchsetzung des materiellen Rechts durch das Verfahrensrecht nicht mehr gewährleistet werden konnte. Zum anderen wirkte sich die geänderte Verfassungsgrundlage erheblich auf das Verwaltungsrecht aus, da dieses das Verfassungsrecht konkretisiert.[21] Weiterhin traten in den vorkonstitutionellen Gesetzen und Gesetzentwürfen teilweise Regelungen über die Organisation der Landesbehörden, das verwaltungsgerichtliche Verfahren, das Polizei- und Ordnungsrecht sowie die Verwaltungsvollstreckung auf. Eine Regelung dieser Materien in einem für Bund und Länder einheitlich geltenden Verwaltungsverfahrensgesetz kam jedoch nicht in Betracht, da in Bezug auf das verwaltungsgerichtliche Verfahren und das Verwaltungsvollstreckungsverfahren bereits abschließende Regelungen bestanden und in Bezug auf die Organisation der Landesbehörden und das Polizei- und Ordnungsrecht eine zu enge Bindung an den unterschiedlichen Behördenaufbau der Länder vorlag. Trotz der aufgezeigten Schwächen der vorkonstitutionellen Gesetze schufen diese eine Grundlage für den Musterentwurf, weil sich die Lösungen bestimmter Probleme auch zu diesem Zeitpunkt noch für eine Verwertung eigneten.[22]

a) Das Allgemeine Verwaltungsverfahrensgesetz in Österreich (1925)

In Österreich wurde bereits am 21.07.1925 das Bundesgesetz über das allgemeine Verwaltungsverfahren (Allgemeines Verwaltungsverfahrensgesetz – AVG)

---

21 *Werner*, DVBl. 1959, 527 ff.

22 EVwVerfG 1963, S. 56; *Miecke*, Regelmäßigkeiten der Entstehung einer Kodifikation, S. 173 f.

erlassen, das am 01.01.1926 in Kraft trat.[23] Dieses Gesetz gilt als Vorläufer aller deutschen Gesetze sowie Gesetzentwürfe auf dem Gebiet des allgemeinen Verwaltungsrechts und entwickelte sich aus Standpunkten, die bereits um die Jahrhundertwende erörtert worden waren, allerdings erst nach dem Ersten Weltkrieg aufgrund der prekären finanziellen Situation Österreichs umgesetzt wurden. Der seine Tätigkeit am 02.07.1876 aufnehmende österreichische Verwaltungsgerichtshof leistete durch die im Rahmen einer 50-jährigen Rechtsprechung entstandenen Grundsätze für das Verwaltungsverfahren eine wesentliche Vorarbeit für das AVG.[24]

Nach dem Anschluss Österreichs an das Deutsche Reich am 12.03.1938 stellten österreichische Juristen den richtungsweisenden Charakter des AVG heraus und regten seine Umsetzung im gesamten Reichsgebiet an. Mehrere deutsche Juristen stimmten dieser Anregung zu, die jedoch wegen des Ausbruchs des Zweiten Weltkriegs nicht verwirklicht werden konnte.[25]

Bei der Verwertung des AVG für den Musterentwurf war zu beachten, dass das österreichische Verfassungs- und Verwaltungsprozessrecht erheblich von dem in der Bundesrepublik Deutschland geltenden Recht abwich, so dass das AVG auf den Musterentwurf lediglich geringe Auswirkungen hatte.[26]

b) Die Landesverwaltungsordnung für Thüringen (1926)

Thüringen regelte als erstes Land des Deutschen Reiches Organisation, Verfahren und Teile des Allgemeinen Verwaltungsrechts in der Landesverwaltungsordnung (LVO) vom 10.06.1926.[27] Das Gesetz unterteilte sich in die Abschnitte „Einrichtung der Landesverwaltung“ und „Verfahren“. Im ersten Teil wurden im Anschluss an die Grundlagen und die Träger der Staatsverwaltung Aufgaben, Träger und Zuständigkeit der Polizei (§§ 32–56 LVO) bestimmt. In diesem Zusammenhang erfolgte erstmals eine Unterscheidung zwischen polizeilichen Verordnungen (§ 40 LVO) und Polizeiverfügungen (§ 48 LVO). Anschließend fanden sich Vorschriften zum Rechtsschutz in Form von Feststellungsklage und Schadensersatz.

---

23 Österreichisches Bundesgesetz über das allgemeine Verwaltungsverfahren – AVG – vom 21.07.1925 in der Fassung der Kundmachung der Bundesregierung vom 23.05.1950 (BGBl. Nr. 172).

24 *Ule*, Die Kodifizierung des Verwaltungsverfahrensrechts, in: Jeserich, Deutsche Verwaltungsgeschichte, Bd. 5, S. 1165.

25 *Ule*, Die Kodifizierung des Verwaltungsverfahrensrechts, in: Jeserich, Deutsche Verwaltungsgeschichte, Bd. 5, S. 1165 f.

26 EVwVerfG 1963, S. 56.

27 Landesverwaltungsordnung für Thüringen vom 10.06.1926 (GS S. 177).

Der zweite Abschnitt „Verfahren" gliederte sich in Regelungen über allgemeines Verwaltungsverfahren (§§ 57–69 LVO), Verwaltungsgerichtsverfahren (§§ 70–112 LVO), Rechtsmittel (§§ 113–146 LVO) sowie das Zwangsverfahren (§§ 147–186 LVO). Bereits zu diesem frühen Zeitpunkt wurde ein Beschleunigungs- und Effektivitätsgebot in § 59 LVO normiert. Danach war das Verfahren einfach, zweckmäßig und mit Beschleunigung durchzuführen. Eine entsprechende Vorschrift enthält auch das heutige VwVfG in § 10 Satz 2.

Weiterhin beinhaltete § 67 LVO das Erfordernis eines Hinweises auf Rechtsmittel und deren Fristen in Verfügungen. Eine Verfügung, die die Behörde nach freiem Ermessen getroffen hatte, war im Gegensatz zu einer gebundenen Entscheidung nicht anfechtbar (§§ 126 ff. LVO). Zudem regelten die §§ 142 ff. LVO den Vertrauensschutz auf die Bestandskraft eines Verwaltungsaktes.[28] Nach der gerichtlichen Generalklausel in § 113 LVO konnte gegen jeden belastenden Verwaltungsakt nach Durchführung eines Vorverfahrens Klage vor dem Verwaltungsgericht erhoben werden.

Die thüringische Landesverwaltungsordnung von 1926 bewirkte somit die erste „politische" Verwaltungsreform im Deutschen Reich.[29]

c) *Der Entwurf eines Verwaltungsverfahrensgesetzes für Württemberg (1931)*

Gegenüber der umfassenden thüringischen Landesverwaltungsordnung von 1926 wurde in Württemberg lediglich der Entwurf eines Verwaltungsverfahrensgesetzes zusammen mit dem Entwurf für eine Verwaltungsrechtsordnung nach sechsjähriger Arbeit 1931 veröffentlicht.[30] Die Aufgabe der am 03.01.1925 vom Württembergischen Staatsministerium auf Anregung des damaligen Staatspräsidenten Wilhelm Bazille[31] eingesetzten Kommission zur Vorbereitung und

---

28 *Klappstein/von Unruh*, Rechtsstaatliche Verwaltung durch Gesetzgebung, S. 37; *Miecke*, Regelmäßigkeiten der Entstehung einer Kodifikation, S. 175.

29 *Klappstein/von Unruh*, Rechtsstaatliche Verwaltung durch Gesetzgebung, S. 38; *Miecke*, Regelmäßigkeiten der Entstehung einer Kodifikation, S. 175.

30 Entwurf eines Verwaltungsverfahrensgesetzes für Württemberg, herausgegeben von der Kommission für die Landesordnung des Allgemeinen öffentlichen Rechts als Anhang zur Verwaltungsrechtsordnung für Württemberg – Entwurf eines Gesetzes mit Begründung – 1931, mit Ergänzungsband 1936.

31 Wilhelm Bazille (25.02.1874 - 01.02.1934) trat 1899 als Amtmann in Mergentheim in den Staatsdienst ein und wechselte ein Jahr später nach Stuttgart, wo er 1911 zum Regierungsrat ernannt wurde. Während des Ersten Weltkriegs bekleidete er von 1914 bis 1918 das Amt des Präsidenten der deutschen Zivilverwaltung in der belgischen Provinz Limburg. Anschließend gründete er 1919 die Württembergische Bürgerpartei

Ausarbeitung des Entwurfs einer Landesordnung des Allgemeinen öffentlichen Rechts bestand darin, die in der württembergischen Staatsverwaltung Anwendung findenden allgemeinen Rechtsgrundsätze und Rechtssätze, einschließlich der Vorschriften für das Verfahren vor den Verwaltungsbehörden und Verwaltungsgerichten, festzustellen und einen einheitlichen Gesetzentwurf zu erarbeiten.[32] Dieser Gesetzentwurf setzte sich schließlich aus vier Büchern zusammen. Dabei behandelte er im ersten Buch – dem Allgemeinen Teil – das Recht (Art. 1–9), die öffentlichen Rechtsverhältnisse im Allgemeinen (Art. 10–19), die Willenserklärungen (Art. 20–60), die Verwaltungsakte (Art. 61–94), die Fristen und Termine (Art. 95), die Verjährung (Art. 96–111) und die Sicherheitsleistung (Art. 112–116), im zweiten Buch die Körperschaften des öffentlichen Rechts (Art. 117–137), die öffentlichen Anstalten (Art. 138–158) und die Stiftungen (Art. 159–173), im dritten Buch die öffentlichen Sachen (Art. 174–187) und im vierten Buch die Schuldverhältnisse des öffentlichen Rechts (Art. 188–220).[33] Es wurde vor allem eine Übereinstimmung mit den betreffenden Normen des Bürgerlichen Gesetzbuchs angestrebt. Der Grundsatz der Gesetzmäßigkeit der Verwaltung (Art. 64) und die inhaltliche Prüfung von Gesetzen auf Verfassungsmäßigkeit (Art. 9) wurden erstmals gesetzlich geregelt. Artikel 10 wies eine Begriffsbestimmung des subjektiven öffentlichen Rechts auf.

Bill Drews kritisierte die den Belangen der Verwaltung nicht gerecht werdende Regelung des behördlichen Ermessens in Art. 65. Einem nach dem Entwurf verabschiedeten Gesetz werde jedenfalls kaum praktische Bedeutung zukommen, weil „der Entwurf trotz seiner tiefschürfenden Gründlichkeit infolge seiner großen Selbstbeschränkung eine gewisse Ängstlichkeit“ im Hinblick auf das Problem der Verwaltungsreform erkennen lasse. Aus diesem Grund sei der Entwurf lediglich als Anregung aufzufassen.[34]

Walter Jellinek äußerte dahingehend Bedenken, dass sich das Verwaltungsrecht in einem relativ frühen Stadium seiner Entwicklung befinde, so dass die

und gehörte von 1920 bis 1930 als Mitglied der DNVP-Fraktion dem Reichstag an. 1924 wurde er zum württembergischen Staatspräsidenten gewählt und übte von 1928 bis 1933 das Amt des Kultusministers aus (*Raberg*, Biographisches Handbuch der württembergischen Landtagsabgeordneten 1815–1933, S. 40 f.).

32 *Hegelmaier*, Vorwort zur Verwaltungsrechtsordnung für Württemberg, S. III.

33 *Jellinek*, AöR N.F. 21 (1932), 3.

34 *Drews*, JW 1932, 3247; *Klappstein/von Unruh*, Rechtsstaatliche Verwaltung durch Gesetzgebung, S. 40.

Kodifizierung gewisser, durch die Rechtsprechung erarbeiteter Lösungen zu einer Hemmung dieser Entwicklung führen werde.[35]

Demgegenüber vertrat Carl Hermann Ule[36] eine grundsätzlich zustimmende Einstellung gegenüber dem württembergischen Entwurf. Ein entsprechendes Gesetz hätte eine Reihe von Diskussionen in Rechtswissenschaft und Rechtsprechung abgewendet und zu einer eindeutigen Lösung bestehender Streitfragen geführt. Weiterhin sei eine gesetzliche Regelung des allgemeinen Verwaltungsrechts aufgrund der „fortschreitenden Entwicklung zum Wohlfahrts- und Leistungsstaat" inzwischen unumgänglich.[37]

2. Nachkonstitutionelle Gesetze und Gesetzentwürfe

Im Gegensatz zu den vorkonstitutionellen Gesetzen und Gesetzentwürfen enthielten die nachkonstitutionellen Gesetze und Gesetzentwürfe erheblich mehr Anregungen für den Musterentwurf. Dabei fanden sowohl bundesrechtliche als auch landesrechtliche Teilregelungen des Verwaltungsverfahrens Berücksichtigung.

a) Bundesrechtliche Teilregelungen des Verwaltungsverfahrens

Auf bundesrechtlicher Ebene wurden zunächst nur Teilbereiche des Verwaltungsverfahrensrechts geregelt, die aber den Musterentwurf in Bezug auf dessen Inhalt beschränkten. Dies traf vor allem auf das Ordnungswidrigkeitengesetz[38], das Verwaltungszustellungsgesetz[39], das Verwaltungsvollstreckungsgesetz[40] sowie die Verwaltungsgerichtsordnung[41] zu. Das Ordnungswidrigkeitengesetz, das Verwaltungszustellungsgesetz und das Verwaltungsvollstreckungsgesetz fanden zwar keine unmittelbare Anwendung auf die Landesbehörden. Allerdings wirkten sie sich mittelbar aus, weil die entsprechenden Verfahrensvorschriften von mehreren Ländern entweder insgesamt oder zumindest ohne erhebliche Abweichungen als Landesrecht übernommen wurden.[42] Daneben wurden allerdings auch Gesetze für das gesamte Verfahren eines verwaltungsrechtlichen Teilbereiches erlassen,

35 *Jellinek*, AöR N.F. 21 (1932), 9 f.
36 F. IV., S. 150 f.
37 *Ule*, DVBl. 1960, 616.
38 Gesetz über Ordnungswidrigkeiten (OWiG) vom 25.03.1952 (BGBl. I S. 177).
39 Verwaltungszustellungsgesetz (VwZG) vom 03.07.1952 (BGBl. I S. 379).
40 Verwaltungsvollstreckungsgesetz (VwVG) vom 27.04.1953 (BGBl. I S. 157).
41 Verwaltungsgerichtsordnung (VwGO) vom 21.01.1960 (BGBl. I S. 17).
42 EVwVerfG 1963, S. 57.

wie zum Beispiel das Gesetz über das Verwaltungsverfahren der Kriegsopferversorgung.[43] Dieses Gesetz setzte auf dem Gebiet der Kriegsopferversorgung verfahrensrechtliche Grundsätze um, die bei der Erarbeitung des Musterentwurfs als Anregungen für mehrere Bestimmungen herangezogen wurden.[44]

b) Landesrechtliche Teilregelungen des Verwaltungsverfahrens

Nur in den Ländern Bremen, Baden-Württemberg, Nordrhein-Westfalen und Berlin erfolgten Teilregelungen des allgemeinen Verwaltungsverfahrens. Dabei enthielt das Verwaltungsverfahrensgesetz für Bremen[45] Vorschriften über die Vorladung und die Bekanntgabe von Verwaltungsakten.[46] Demgegenüber umfasste das Landesverwaltungsgesetz für Baden-Württemberg[47] nur noch Vorschriften über die Organisation der Landesverwaltung, nachdem die Bestimmungen über die Verwaltungsbeschwerde gegen Verwaltungsakte durch § 16 Abs. 1 des Gesetzes zur Ausführung der Verwaltungsgerichtsordnung für Baden-Württemberg[48] gegenstandslos geworden waren.[49] Das Erste Vereinfachungsgesetz für Nordrhein-Westfalen[50] legte das Beschlussverfahren vor den kommunalen Beschlussausschüssen fest.[51]

---

43 Gesetz über das Verwaltungsverfahren der Kriegsopferversorgung (KOVVfG) vom 02.05.1955 (BGBl. I S. 202) in der Fassung des Art. II des Ersten Neuordnungsgesetzes vom 27.06.1960 (BGBl. I S. 453, 474).

44 EVwVerfG 1963, S. 59; *Ule*, Die Kodifizierung des Verwaltungsverfahrensrechts, in: Jeserich, Deutsche Verwaltungsgeschichte, Bd. 5, S. 1166.

45 Verwaltungsverfahrensgesetz für Bremen vom 11.04.1934 in der Fassung der Bekanntmachung vom 01.04.1960 (Brem. Ges.Bl. S. 37).

46 *Klappstein/von Unruh*, Rechtsstaatliche Verwaltung durch Gesetzgebung, S. 57; *Wittinger*, in: Obermayer/Funke-Kaiser, VwVfG, Einl. Rn. 16; *Ule*, Die Kodifizierung des Verwaltungsverfahrensrechts, in: Jeserich, Deutsche Verwaltungsgeschichte, Bd. 5, S. 1166.

47 Landesverwaltungsgesetz für Baden-Württemberg vom 07.11.1955 (Ges.Bl. S. 225).

48 Gesetz zur Ausführung der Verwaltungsgerichtsordnung für Baden-Württemberg vom 22.03.1960 (Ges.Bl. S. 94).

49 *Klappstein/von Unruh*, Rechtsstaatliche Verwaltung durch Gesetzgebung, S. 54 f.; *Wittinger*, in: Obermayer/Funke-Kaiser, VwVfG, Einl. Rn. 16; *Ule*, Die Kodifizierung des Verwaltungsverfahrensrechts, in: Jeserich, Deutsche Verwaltungsgeschichte, Bd. 5, S. 1166.

50 Erstes Gesetz zur Neuordnung und Vereinfachung der Verwaltung für Nordrhein-Westfalen (Erstes Vereinfachungsgesetz) vom 23.07.1957 (GV. NW. S. 189).

51 *Wittinger*, in: Obermayer/Funke-Kaiser, VwVfG, Einl. Rn. 16; *Ule*, Die Kodifizierung des Verwaltungsverfahrensrechts, in: Jeserich, Deutsche Verwaltungsgeschichte, Bd. 5, S. 1166 f.; *Bredemeier*, Kommunikative Verfahrenshandlungen, S. 24.

Das Gesetz über das Verfahren der Berliner Verwaltung[52] beruhte auf dem Bericht des von der Konferenz der Innenminister und Senatoren für Inneres eingesetzten Unterausschusses[53] und stellte einen ersten Versuch einer umfassenden Regelung des allgemeinen Verwaltungsverfahrensrechts dar.[54] Allerdings beschränkte sich dieses Gesetz auf die Regelung einiger weniger Verfahrensgrundsätze einschließlich der Bestimmung von Inhalt und Form der Verwaltungsakte in § 14 und normierte weder den öffentlich-rechtlichen Vertrag noch das Planfeststellungsverfahren oder die Bestandskraft der Verwaltungsakte.[55] Das Gesetz gliederte sich in vier Abschnitte. Im ersten Abschnitt (§§ 1–5) – den Allgemeinen Vorschriften – wurden Anwendungsbereich, örtliche Zuständigkeit, Begriffsbestimmung des Verwaltungsaktes und Amtshilfe, im zweiten Abschnitt (§§ 6–19) Allgemeine Verfahrensgrundsätze, im dritten Abschnitt (§§ 20–31) das Förmliche Verfahren und im vierten Abschnitt (§§ 32–37) das Widerspruchsverfahren behandelt.[56]

Die nachkonstitutionellen Gesetze und Gesetzentwürfe setzten sich bereits mit den gegenwärtigen Problemen des Verwaltungsverfahrens auseinander. Aus ihrer selbstständigen Erarbeitung folgten unterschiedliche Ergebnisse, so dass eine breite Diskussionsgrundlage zur Verfügung stand. Die Verwertbarkeit der Gesetze und Gesetzentwürfe für den Musterentwurf eines Verwaltungsverfahrensgesetzes unterschied sich jedoch aufgrund ihrer voneinander abweichenden Zielsetzungen.[57] Nach preußischem Vorbild umfasste das Landesverwaltungsgesetz für Baden-Württemberg, zum Teil auch das Verwaltungsverfahrensgesetz für Bremen und das Erste Vereinfachungsgesetz für Nordrhein-Westfalen sowie der Entwurf eines Gesetzes zur Regelung des Verwaltungsverfahrens im Lande Niedersachsen[58] Regelungen über die Landesorganisation, das verwaltungsgerichtliche Vorverfahren,

---

52 Gesetz über das Verfahren der Berliner Verwaltung vom 02.10.1958 (GVBl. S. 951).

53 B. I. 3., S. 16.

54 *Sendler*, DÖV 1959, 439; *Klappstein/von Unruh*, Rechtsstaatliche Verwaltung durch Gesetzgebung, S. 57; *Ule*, Die Kodifizierung des Verwaltungsverfahrensrechts, in: Jeserich, Deutsche Verwaltungsgeschichte, Bd. 5, S. 1166.

55 *Sendler*, DÖV 1959, 439 ff.; *Wittinger*, in: Obermayer/Funke-Kaiser, VwVfG, Einl. Rn. 15; *Ule*, Die Kodifizierung des Verwaltungsverfahrensrechts, in: Jeserich, Deutsche Verwaltungsgeschichte, Bd. 5, S. 1166, 1169.

56 *Sendler*, DÖV 1959, 441; *Ule*, Die Kodifizierung des Verwaltungsverfahrensrechts, in: Jeserich, Deutsche Verwaltungsgeschichte, Bd. 5, S. 1170.

57 EVwVerfG 1963, S. 57; *Miecke*, Regelmäßigkeiten der Entstehung einer Kodifikation, S. 185.

58 Entwurf eines Gesetzes zur Regelung des Verwaltungsverfahrens im Lande Niedersachsen (Landtagsdrucksache Nr. 1572 vom 28.09.1954).

die Verwaltungsvollstreckung sowie über das Bußgeldverfahren. Deshalb wurden vorwiegend das Gesetz über das Verfahren der Berliner Verwaltung, der Entwurf eines Verwaltungsverfahrensgesetzes für Nordrhein-Westfalen[59] und der Entwurf eines hamburgischen Verwaltungsgesetzes[60] bei der Ausarbeitung des Musterentwurfs eines Verwaltungsverfahrensgesetzes herangezogen.[61]

3. Der Bericht des von der Konferenz der Innenminister und Senatoren für Inneres eingesetzten Unterausschusses (1957)

Am 05./06.04.1956 beschloss die Innenministerkonferenz, einen Unterausschuss mit dem Auftrag einzusetzen, die Grundsätze für ein allgemeines Verfahrensrecht zu erarbeiten. Unter dem Vorsitz des Ministerialdirigenten Hermann Feneberg[62] fertigte dieser Unterausschuss nach zwei Sitzungen eine Gliederung für ein allgemeines Landesverfahrensgesetz, die mit stichwortartigen Angaben zur Abgrenzung des Inhalts der Einzelvorschriften ergänzt wurde. Der Unterausschuss war der Überzeugung, möglichst in allen Ländern weitgehend übereinstimmende Verwaltungsverfahrensvorschriften zu erlassen, um bundesrechtliche Regelungen auszuschließen und die vielen unterschiedlichen landesrechtlichen Bestimmungen dadurch einzuschränken. Dieses Konzept wurde von der Innenministerkonferenz am 20.02.1957 übernommen und trug zur Verwirklichung des Berliner Verwaltungsverfahrensgesetzes vom 02.10.1958 bei.[63]

---

59 Referentenentwurf eines Verwaltungsverfahrensgesetzes für das Land Nordrhein-Westfalen (Stand 1960).

60 Referentenentwurf eines hamburgischen Verwaltungsgesetzes (Stand 1960).

61 EVwVerfG 1963, S. 57; *Ule*, Die Kodifizierung des Verwaltungsverfahrensrechts, in: Jeserich, Deutsche Verwaltungsgeschichte, Bd. 5, S. 1167.

62 Hermann Feneberg (18.08.1903 – 03.04.1977) trat 1930 in den bayerischen Staatsdienst ein. 1945 wurde er durch die amerikanische Militärregierung entlassen und ein Jahr später wegen seiner seit 1937 bestehenden NSDAP-Mitgliedschaft in die Gruppe der Mitläufer, 1950 in die Gruppe der Entlasteten eingereiht. Seit 1947 erfolgte seine Wiederverwendung beim Innenministerium, wo er 1950 zum Ministerialrat und 1955 zum Ministerialdirigenten befördert wurde. Von 1958 bis zu seinem Eintritt in den Ruhestand 1968 bekleidete er das Amt des Präsidenten des Bayerischen Verwaltungsgerichtshofs. In dieser Funktion war er auch Mitglied der Sachverständigenkommission für die Vereinfachung der Verwaltung und der Unterkommission II „Verwaltungsaufbau, Verwaltungsverfahren, Verwaltungsgerichtsbarkeit" (*Stephan*, Ausgewählte Dokumente zur Geschichte der Verwaltungsgerichtsbarkeit in Bayern, S. 26 f.; Bericht der Sachverständigenkommission für die Vereinfachung der Verwaltung, S. 141 f.).

63 B. I. 2. b), S. 14 ff.; *Klappstein/von Unruh*, Rechtsstaatliche Verwaltung durch Gesetzgebung, S. 60 f., 204 ff.

4. Die Staatsrechtslehrerkonferenz in Wien (1958)

Am 09./10.10.1958 fand die Konferenz der Deutschen Staatsrechtslehrer in Wien statt. Der zweite Beratungsgegenstand beinhaltete das Verwaltungsverfahren und unterteilte sich in einen Bericht von Karl August Bettermann[64], einen Mitbericht von Erwin Melichar[65] und eine anschließende Aussprache.

a) Berichte

Zunächst machte Karl August Bettermann im ersten Teil seines Berichts Ausführungen in Bezug auf Begriff und Arten des Verwaltungsverfahrens.[66] Im zweiten Teil seines Referats sprach er dann über die Notwendigkeit und Nützlichkeit sowie über die Möglichkeiten und Rechtsformen einer Regelung des

---

64 Karl August Bettermann (04.08.1913 - 11.12.2005) wurde 1945 zum Richter am Landgericht Hagen ernannt. 1948 habilitierte er sich an der Universität Münster, an der er bis 1956 als Privatdozent und später als außerplanmäßiger Professor lehrte. Von 1950 bis 1954 war er als Richter am Oberverwaltungsgericht Münster tätig, bevor er für zwei Jahre zum Richter am Bundesverwaltungsgericht berufen wurde. Seit 1956 wirkte Karl August Bettermann als ordentlicher Professor für Staats- und Verwaltungsrecht an der Freien Universität Berlin. Schließlich folgte er 1970 einem Ruf als ordentlicher Professor für Zivilprozessrecht und Allgemeine Prozessrechtslehre an die Universität Hamburg, wo er bis zu seiner Emeritierung 1979 arbeitete. Daneben blieb er weiterhin dem Richteramt verbunden, und zwar von 1962 bis 1968 als ehrenamtlicher Vorsitzender am Verwaltungsgerichtshof der Evangelischen Kirche der Union in Berlin, von 1970 bis 1976 als nebenamtlicher Richter am Hanseatischen Oberlandesgericht und von 1971 bis 1986 als Mitglied des Hamburgischen Verfassungsgerichts (*Kloepfer*, Laudatio für Karl August Bettermann, in: Kloepfer/Merten/Papier/Skouris, Kontinuität und Diskontinuität in der deutschen Verfassungsgeschichte, S. 13 ff.; *Schmidt*, JZ 2003, 786 f.).

65 Erwin Melichar (26.09.1913 - 16.02.2000) trat 1937 in den Finanzdienst der Republik Österreich ein. Nach Rückkehr aus der Kriegsgefangenschaft war er von 1946 bis 1956 wiederum im Finanzministerium tätig. 1947 habilitierte er sich an der Universität Wien für Kirchenrecht, ein Jahr später wurde seine Lehrbefugnis auf Allgemeine Verwaltungslehre und Finanzrecht und 1953 auch auf Österreichisches Verwaltungsrecht ausgeweitet. 1956 folgte er einem Ruf als ordentlicher Professor für öffentliches Recht an die Universität Graz, wo er 1961/62 Rektor war. Als Nachfolger Adolf Julius Merkls wirkte er schließlich von 1963 bis zu seiner Emeritierung an der Universität Wien. Bereits 1958 erfolgte seine Ernennung zum Mitglied des Verfassungsgerichtshofs, dem er insgesamt 25 Jahre angehörte - 12 Jahre als ständiger Referent und von 1977 bis 1983 als Präsident (*Schäffer/König/Ringhofer*, Im Dienst an Staat und Recht, S. XI ff.; *Korinek*, AöR 118 (1993), 664 ff.; *Schäffer*, ZÖR 2000, 425 ff.).

66 *Bettermann*, VVDStRL 17 (1959), 118 ff.

Verwaltungsverfahrens.[67] Bei einer derartigen Regelung stelle sich zuerst die Frage, ob ein von den einzelnen Verwaltungsgebieten und dem speziell für sie geltenden Verwaltungsrecht unabhängiges allgemeines Verfahrensgesetz oder eine spezialgesetzliche Regelung im engen Zusammenhang mit dem jeweiligen materiellen Verwaltungsrecht angestrebt werde.[68] Die Möglichkeit der Angleichung und Vereinheitlichung des Verfahrensrechts sei aufgrund der Bindung zum materiellen Recht begrenzt und somit ein Einheitsverfahren für alle Verwaltungsgebiete unmöglich. Mithin ergebe sich das Problem, in welchem Umfang eine Spezialisierung oder eine Generalisierung vorgenommen werden könne. Die Schwierigkeit liege in der richtigen Kombination beider Methoden.[69] Bei der Vereinheitlichung sei ein stufenweises Vorgehen durch Gruppenbildung geboten. In Betracht komme dabei einerseits die Aufteilung nach Verwaltungsgebieten (Reichsabgabenordnung, Reichsversicherungsordnung), andererseits nach Verfahrensarten (Verwaltungsvollstreckungsgesetz, Verwaltungszustellungsgesetz und Ordnungswidrigkeitengesetz).[70] Neben der Eignung zur generellen Regelung müsse das Bedürfnis nach einer Vereinheitlichung gegeben sein.[71] Bei der Vereinheitlichung des Verwaltungsverfahrensrechts komme es auf die Gleichheit und nicht auf die Einheit an, so dass zunächst die Form der Angleichung ausreiche.[72] Eine weitere Form sukzessiven Vorgehens zur Untersuchung künftiger Regelungen durch Gesetz oder Rechtsverordnung sei auch die Verwaltungsvorschrift.[73] Schließlich bestünden auch bundesstaatsrechtliche Hindernisse und Schwierigkeiten einer Kodifizierung des Verwaltungsverfahrensrechts.[74]

Als Mitberichterstatter referierte Erwin Melichar über das österreichische Allgemeine Verwaltungsverfahrensgesetz von 1925 (AVG).[75] Eine gesetzliche Regelung des Verwaltungsverfahrens sei je nach Art der Ausgestaltung der Verwaltungsgerichtsbarkeit von entscheidender Bedeutung.[76] In Österreich setze die einstufige gerichtliche Kontrolle erst nach Erschöpfung eines mehrstufigen

---

67 *Bettermann*, ebenda, 141 ff.

68 *Bettermann*, ebenda, 142.

69 *Bettermann*, ebenda, 143, 178 (Nr. 22 der Leitsätze).

70 *Bettermann*, ebenda, 147 f., 178 (Nr. 23 der Leitsätze).

71 *Bettermann*, ebenda, 149 f., 178 (Nr. 25 der Leitsätze).

72 *Bettermann*, ebenda, 150 f., 178 (Nr. 27 der Leitsätze).

73 *Bettermann*, ebenda, 153, 179 (Nr. 29 der Leitsätze).

74 *Bettermann*, ebenda, 154 ff., 179 f. (Nr. 30–40 der Leitsätze).

75 B. I. 1. a), S. 9 f.

76 *Melichar*, VVDStRL 17 (1959), 183 ff.

Verwaltungsverfahrens ein und übernehme überwiegend die Funktion einer Rechtmäßigkeits- und nicht einer Sachverhaltskontrolle.[77] Diese Rechtmäßigkeitskontrolle der Verwaltungsgerichtsbarkeit beschränke sich im Rahmen des Ermessens auf die Überprüfung von Ermessensüberschreitung, Ermessensmissbrauch sowie Verfahrensfehlern.[78] Aber auch in anderen Systemen erübrige sich eine gesetzliche Regelung des Verwaltungsverfahrens nicht.[79] Dies gelte vor allem für die Fälle, in denen kein gerichtliches Verfahren erfolge. Des Weiteren könne sich eine Rechtsverzögerung wegen einer Überlastung der Verwaltungsgerichte als Rechtsverweigerung auswirken. Außerdem hindere eine einheitliche verfahrensrechtliche Regelung die Nichtjuristen in den Verwaltungsbehörden an einer Verkennung ihrer fachlichen Aufgaben und der Verwaltungsnachwuchs erhalte eine wichtige Richtlinie auf diesem Gebiet.[80] Eine Vereinheitlichung sei jedoch nur innerhalb gewisser Grenzen möglich, so dass etwa das Abgabenverfahren einer Sonderregelung bedürfe.[81]

b) *Aussprache*

Die anschließende Diskussion behandelte auf Empfehlung des Vorstandes unter anderem den Themenbereich „Nützlichkeit und Möglichkeiten einer gesetzlichen Regelung des Verwaltungsverfahrens".[82] Nach Ansicht von Werner Weber[83] bestehe kein Bedürfnis einer Regelung über das bereits bestehende Verwaltungsverfahren hinaus, da eine entsprechende Regelung eine unangemessene Beschränkung der Verwaltung zur Folge haben könne und die Entwicklung der Prinzipien des Verwaltungsverfahrens besser von der Wissenschaft und der Rechtsprechung

---

77 *Melichar*, ebenda, 186 f.

78 *Melichar*, ebenda, 188 f.

79 *Melichar*, ebenda, 185 f.

80 *Melichar*, ebenda, 187 f.

81 *Melichar*, ebenda, 190 ff.

82 VVDStRL 17 (1959), 216, 222 ff.

83 Werner Weber (31.08.1904 – 29.11.1976) promovierte 1930 bei Carl Schmitt an der Universität Bonn. Ein Jahr später trat er in das Preußische Ministerium für Wissenschaft, Kunst und Volksbildung ein. 1935 wurde er – mittlerweile Oberregierungsrat – zum ordentlichen Professor für Staats- und Verwaltungsrecht an der Handelshochschule Berlin berufen und wechselte 1942 an die Universität Leipzig. Nach dem Zweiten Weltkrieg wurde er dort wegen seiner Mitgliedschaften in SA und NSDAP entlassen und folgte schließlich 1949 einem Ruf an die Universität Göttingen. Dort wirkte er 23 Jahre bis zu seiner Emeritierung und übernahm zudem von 1956 bis 1958 das Amt des Rektors (*Klee*, Das Personenlexikon zum Dritten Reich, S. 658; *Starck*, DÖV 2004, 996 ff.; *Schneider*, Im Dienst an Recht und Staat, S. 5 ff.).

fortgeführt werde „als von einem Zufallsgesetzgeber, der sich möglicherweise noch auf Bund und 10 oder 11 Länder aufsplittere, und der dabei alles Mögliche und Verschiedenartige zusammenkomponiere".[84] Otto Bachof[85] trug vor, dass die für den Bürger bedeutende Verwaltungseffizienz durch eine Formalisierung des Verwaltungsverfahrens nicht gewährleistet sei.[86] Nach Auffassung von Hans Peter Ipsen[87] falle die Beurteilung der Zweckmäßigkeit einer gesetzlichen Regelung des Verwaltungsverfahrens unter Einbeziehung der gegenwärtigen Legislatur, des Rechtsschutzsystems, der Grundrechtsordnung usw. nachteilig aus.[88] Zusammenfassend erläuterte Ulrich Scheuner[89] die Bedenken gegen eine gesetzliche Regelung des Verwaltungsverfahrens. Zum einen fehle es gegenwärtig an der Berufung zur Gesetzgebung, zum anderen könne die Verwaltung gehemmt werden. Das eigentliche Problem ergebe sich jedoch aus der Entstehung vieler unterschiedlicher

---

84 *Weber*, VVDStRL 17 (1959), 223.

85 S. 7, Fn. 17.

86 *Bachof*, VVDStRL 17 (1959), 225 f.

87 Hans Peter Ipsen (11.12.1907 – 02.02.1998) trat 1934 in den hamburgischen Verwaltungsdienst ein, wurde 1936 als Regierungsassessor zum Leiter der Rechtsabteilung im Hamburgischen Staatsamt berufen und ein Jahr später zum Regierungsrat befördert. Der bereits 1933 der SA beigetretene Hans Peter Ipsen gehörte seit 1937 auch der NSDAP an. Im selben Jahr habilitierte er sich bei Rudolf Laun an der Universität Hamburg und erhielt dort 1940 einen Lehrstuhl für Öffentliches Recht. 1943 folgte seine Ernennung zum Oberlandesgerichtsrat am Hanseatischen Oberlandesgericht. Zusätzlich war er im Nebenamt als Richter am Hamburgischen Oberverwaltungsgericht und als Mitglied des Justizprüfungsamtes beim Hanseatischen Oberlandesgericht tätig. Schließlich wurde er 1973 emeritiert (*Klee*, Das Personenlexikon zum Dritten Reich, S. 278 f.; *Nicolaysen*, Hans Peter Ipsen, in: Albers/Asche/Gündisch/Seeler/Thieme, Recht und Juristen in Hamburg, S. 417 ff.; *Stödter*, Hans Peter Ipsen – Leben und Leistung, in: Stödter/Thieme, Hamburg, Deutschland, Europa, S. 1 ff.).

88 *Ipsen*, VVDStRL 17 (1959), 230.

89 Ulrich Scheuner (24.12.1903 – 25.02.1981) habilitierte sich 1928 an der Universität Berlin und war daraufhin Referent am Kaiser-Wilhelm-Institut für Ausländisches Öffentliches Recht und Völkerrecht. 1933 folgte er einem Ruf als ordentlicher Professor für Öffentliches Recht an die Universität Jena. 1937 trat er der NSDAP bei. Nach einem Wechsel an die Universität Göttingen 1940 erhielt er 1941 einen Lehrstuhl an der neu gegründeten Reichsuniversität Straßburg. Nach Kriegsende lehrte er schließlich von 1950 bis zu seiner Emeritierung 1972 an der Universität Bonn (*Landau*, Scheuner, Ulrich, in: Historische Kommission bei der Bayerischen Akademie der Wissenschaften, Neue Deutsche Biographie, Bd. 22, S. 713 f.; *Rüfner*, DVBl. 1981, 444 f.; *Schäfer*, Juristische Lehre und Forschung an der Reichsuniversität Straßburg 1941 – 1944, S. 80 f.).

Landesverwaltungsgesetze aufgrund der verfassungsrechtlichen Konstellation.[90] Demgegenüber hielt Carl Hermann Ule[91] eine Bestandsaufnahme der geltenden Verfahrensregelungen für notwendig, um die vorhandenen Gesetze als Grundlage einer Kodifikation einzuordnen. Weiterhin fordere der Rechtsstaatsgedanke zwingend eine solche verfahrensrechtliche Regelung.[92] Ebenso befürwortete Wilhelm Merk[93] eine einheitliche Regelung sowohl für das Verfahren der Bundesbehörden als auch für die Durchführung der Bundesgesetze durch die Länder. Diese sollen für das Landesrecht das bundesrechtlich geregelte Verfahren übernehmen, zumindest aber eine gesetzliche Mindestregelung zum Schutz des Bürgers, insbesondere den Anspruch auf rechtliches Gehör, aufnehmen.[94] Adolf Julius Merkl[95] hielt es für eine notwendige Konsequenz des Rechtsstaates, bestimmte Verfahrensfragen gesetzgeberisch zu regeln, und verwies dabei auf den Entwurf

90 *Scheuner*, VVDStRL 17 (1959), 237.

91 F. IV., S. 150 f.

92 *Ule*, VVDStRL 17 (1959), 224 f.

93 Wilhelm Merk (11.04.1887 – 05.05.1970) trat 1913 in den badischen Verwaltungsdienst ein. 1922 promovierte er an der Universität Freiburg, wirkte von 1924 bis 1928 als Lehrbeauftragter für Arbeitsrecht und Sozialgesetzgebung an der TH Karlsruhe und habilitierte sich 1928 an der Universität Tübingen. Dort lehrte er zunächst als Privatdozent, wurde jedoch 1932 zum außerordentlichen, 1936 zum planmäßigen außerordentlichen und 1945 zum persönlichen ordentlichen Professor für Staats- und Verwaltungsrecht berufen (*Kahlenberg*, Merk, Wilhelm, in: Historische Kommission bei der Bayerischen Akademie der Wissenschaften, Neue Deutsche Biographie, Bd. 17, S. 142).

94 *Merk*, ebenda, 227.

95 Adolf Julius Merkl (23.03.1890 – 22.08.1970) trat nach der Gerichtspraxis 1915 in den Verwaltungsdienst der Stadt Wien ein. 1917 wurde er in das Handelsministerium, 1918 in das Sozialministerium und noch im selben Jahr in das staatsrechtliche Büro des Ministerratspräsidiums sowie in den Verfassungsdienst der Staatskanzlei berufen. 1919 habilitierte er sich für allgemeines und österreichisches Staatsrecht, Verwaltungslehre und österreichisches Verwaltungsrecht an der Universität Wien. Dort wurde er 1920 zum außerordentlichen Professor und 1932 zum ordentlichen Professor bestellt. Nach dem „Anschluss" Österreichs 1938 wurde er zunächst beurlaubt und 1939 in den dauernden Ruhestand versetzt. 1941 nahm er vertretungsweise eine öffentlich-rechtliche Professur an der Universität Tübingen wahr, bevor er 1943 zum Professor ernannt wurde. Schließlich kehrte er 1950 wieder auf seinen früheren Lehrstuhl an der Universität Wien zurück, wo er noch bis vier Jahre nach seiner Emeritierung 1961 wirkte (*Schambeck*, Adolf Merkl (1890–1970), in: Häberle/Kilian/Wolff, Staatsrechtslehrer des 20. Jahrhunderts, S. 353 ff.; *Schambeck*, Merkl, Adolf Julius, in: Historische Kommission bei der Bayerischen Akademie der Wissenschaften, Neue Deutsche Biographie, Bd. 17, S. 157 f.).

der Verwaltungsrechtsordnung für Baden-Württemberg.[96] Hans Spanner[97] führte aus, dass ein gesetzlich geregeltes Verfahren nicht in Widerspruch zu Aufgabe und Zweck der Verwaltung in Form von Sachverhaltsfeststellung und Parteiengehör stehe und auch nicht die Wirksamkeit der Verwaltung hemme.[98]

Die Mehrheit der deutschen Staatsrechtslehrer lehnte eine Kodifikation ab und schloss sich deshalb in den Diskussionsbeiträgen dem Votum von Karl August Bettermann an.[99] Dagegen stimmten die sich für eine Kodifikation aussprechenden deutschen Staatsrechtslehrer[100] in ihrer Auffassung mit den österreichischen Staatsrechtslehrern überein.[101]

5. Der Bericht der Sachverständigenkommission für die Vereinfachung der Verwaltung beim Bundesministerium des Innern (1960)

Auf der Grundlage eines Beschlusses der Bundesregierung vom 29.02.1956 wurde eine Sachverständigenkommission vom Bundesinnenminister zur Untersuchung von Vereinfachungsmöglichkeiten der Verwaltung eingesetzt.[102] Die Sachverständigenkommission setzte sich aus 13 Sachverständigen verschiedener Zweige der öffentlichen Verwaltung zusammen. Der Bericht der Sachverständigenkommission wurde im Oktober 1959 abgeschlossen, dem Bundesinnenminister im

---

96 *Merkl*, ebenda, 227 f.

97 Hans Spanner (03.08.1908 – 26.01.1991) habilitierte sich 1934 an der Universität Graz, an der er 1937 als Nachfolger von Ludwig Adamovich zum außerordentlichen Professor für Staats- und Verwaltungsrecht bestellt wurde. 1940 trat er der NSDAP bei. Nach seiner Ernennung zum ordentlichen Professor 1951 nahm er 1956 den Ruf in die Bundesrepublik Deutschland an die Universität Erlangen an und lehrte schließlich von 1960 bis zu seiner Emeritierung an der Universität München. Sein 1960 für den 43. Deutschen Juristentag erstattetes Gutachten zur Kodifizierung des Allgemeinen Verwaltungsrechts erwies sich als zukunftsweisend für die spätere verfahrensrechtliche Gesetzgebung (*Vogel*, Grundrechtsverständnis und Normenkontrolle, S. VII; *Adamovich*, JBl. 1991, 439).

98 *Spanner*, VVDStRL 17 (1959), 232.

99 *Krüger*, ebenda, 221 f., 226; *Forsthoff*, ebenda, 222; *Weber*, ebenda, 222 ff.; *Bachof*, ebenda, 225 f.; *Ipsen*, ebenda, 230; *Partsch*, ebenda, 236 f.

100 *Ule*, ebenda, 224 ff.; *Merk*, ebenda, 226 f.; *Spanner*, ebenda, 231 f.; *Scheuner*, ebenda, 237 f.; *Apelt*, ebenda, 240 f.

101 *Merkl*, ebenda, 227 f.; *Pfeifer*, ebenda, 231; *Schima*, ebenda, 231; *Antoniolli*, ebenda, 234 ff.

102 *Von Dreising*, DÖV 1960, 241.

Dezember 1959 vorgelegt und am 15.02.1960 veröffentlicht.[103] Er enthält einen umfangreichen Abschnitt in Bezug auf das Verwaltungsverfahren, in dem die Sachverständigenkommission zu dem Ergebnis kommt, dass eine weitgehende Vereinheitlichung der Verfahrensvorschriften einen wesentlichen Beitrag zur Vereinfachung der Verwaltung darstelle.[104] Eine solche Verwaltungsvereinfachung sei jedoch auf Dauer nur dann möglich, wenn die Verfahrensvorschriften überwiegend vom materiellen Verwaltungsrecht getrennt und in eigenen Gesetzen zusammengefasst werden.[105] Jedoch fehle dem Bund die Gesetzgebungskompetenz zu einer einheitlichen Regelung des Verwaltungsverfahrens in Bund und Ländern. Dem Bund stehe lediglich die Gesetzgebungskompetenz in Bezug auf das Verfahren der Bundesauftragsverwaltung nach Art. 85 GG und der bundeseigenen Verwaltung nach Art. 86 GG zu. Somit sei er gemäß Art. 84 Abs. 1 GG darauf beschränkt, nur in den jeweiligen materiell-rechtlichen Gesetzen Verfahrensvorschriften aufzunehmen.[106] Die Sachverständigenkommission ist deshalb der Ansicht, dass das Ziel der Verwaltungsvereinfachung nur erreicht werden könne, „wenn Bund und Länder weitgehend übereinstimmende Verwaltungsverfahrensgesetze erlassen".[107] Durch eine entsprechende Vereinheitlichung des Verwaltungsverfahrens in den Ländern bedürfe der Bund keiner Sonderregelung der Verfahrensvorschriften mehr, so dass die Ausführung der Bundesgesetze durch die Länder ausschließlich landesrechtlichen Vorschriften unterliege.[108] Die von Bund und Ländern auszuführenden Gesetze, wie zum Beispiel die Reichsabgabenordnung oder die Reichsversicherungsordnung, sollen nach dem Erlass des Verwaltungsverfahrensgesetzes des Bundes diesem angepasst werden.[109] Dieser Gedanke der Sachverständigenkommission wurde im späteren Gesetzgebungsverfahren für die Bereiche des Verwaltungsverfahrensgesetzes, der Abgabenordnung (AO 1977) und des Sozialgesetzbuches (SGB X 1980) aufgegriffen und in grundlegenden Zügen umgesetzt. Die Sachverständigenkommission verzichtete

---

103 Bericht der Sachverständigenkommission für die Vereinfachung der Verwaltung beim Bundesminister des Innern; *von Dreising*, DÖV 1960, 241; *Klappstein/von Unruh*, Rechtsstaatliche Verwaltung durch Gesetzgebung, S. 61.

104 Bericht der Sachverständigenkommission, S. 56.

105 Bericht der Sachverständigenkommission, S. 57.

106 Bericht der Sachverständigenkommission, S. 57.

107 Bericht der Sachverständigenkommission, S. 57; *von Dreising*, DÖV 1960, S. 243; *Klappstein/von Unruh*, Rechtsstaatliche Verwaltung durch Gesetzgebung, S. 62.

108 Bericht der Sachverständigenkommission, S. 58.

109 Bericht der Sachverständigenkommission, S. 58, 64; *Klappstein/von Unruh*, Rechtsstaatliche Verwaltung durch Gesetzgebung, S. 62.

jedoch aufgrund ihrer lediglich beratenden Tätigkeit auf die Vorlage eines formulierten Gesetzentwurfes.[110] Allerdings wurde dem Bericht ein 84 Seiten umfassender Anhang mit den einzelnen im Verwaltungsverfahrensgesetz des Bundes zu regelnden Fragen beigefügt.[111] Die Vorschläge der Sachverständigenkommission beziehen sich lediglich auf das Verwaltungsverfahren im engeren Sinne. Eine Regelung der materiellen Rechtskraft sei wegen des Zusammenhangs mit den nicht ausschließlich verfahrensrechtlich einzuordnenden Formen des Widerrufs und der Rücknahme nicht gewollt. Auch auf das Recht der Dienst- und Fachaufsicht als Regelung von Innenverhältnissen werde verzichtet.[112] Ein entsprechendes Verwaltungsverfahrensgesetz bezwecke dabei vor allem den Schutz des Bürgers, aber auch das Bedürfnis nach Vereinheitlichung und die Beachtung der besonderen Verhältnisse des materiellen Rechts.[113] In den Vorschlägen der Sachverständigenkommission ist als Ausnahme vom allgemeinen – grundsätzlich formlosen – Verfahren zur Einhaltung rechtsstaatlicher Grundsätze ein förmliches Verfahren vorgesehen. Eine besondere Art dieses Verfahrens stellt dabei die Entscheidung durch Ausschüsse über den Erlass von Verwaltungsakten dar.[114]

6. Der 43. Deutsche Juristentag (1960)

Die öffentlich-rechtliche Abteilung des 43. Deutschen Juristentages in München behandelte vom 14.-17.09.1960 das Thema: „Empfiehlt es sich, den Allgemeinen Teil des Verwaltungsrechts zu kodifizieren?“. Die diesbezüglichen Gutachten verfassten Hans Spanner[115] als Befürworter und Fritz Werner[116] als Gegner eines

---

110 Bericht der Sachverständigenkommission, S. 59; *von Dreising*, DÖV 1960, S. 243; *Klappstein/von Unruh*, Rechtsstaatliche Verwaltung durch Gesetzgebung, S. 62.

111 Bericht der Sachverständigenkommission, S. 177 ff.; *von Dreising*, DÖV 1960, S. 243; *Klappstein/von Unruh*, Rechtsstaatliche Verwaltung durch Gesetzgebung, S. 207 f.

112 Bericht der Sachverständigenkommission, S. 60; *Klappstein/von Unruh*, Rechtsstaatliche Verwaltung durch Gesetzgebung, S. 62.

113 Bericht der Sachverständigenkommission, S. 61.

114 Bericht der Sachverständigenkommission, S. 63.

115 S. 22, Fn. 97.

116 Fritz Werner (04.05.1906 – 26.12.1969) gehörte seit 1933 der SA an („Der Spiegel“ 51/1962, 30). Er wurde 1939 zum Amtsgerichtsrat und 1949 zum Landgerichtsrat berufen. 1950 folgte die Ernennung zum Oberverwaltungsgerichtsrat am gemeinsamen Oberverwaltungsgericht für die Länder Niedersachsen und Schleswig-Holstein in Lüneburg. Dort wurde er 1952 zum Senatspräsidenten und 1955 zum Vizepräsidenten befördert. Von 1958 bis zu seinem Tod nahm Fritz Werner das Amt als Präsident des Bundesverwaltungsgerichts wahr. Neben seiner richterlichen Tätigkeit lehrte er seit 1956 als Honorarprofessor an der Universität Göttingen und wurde

Allgemeinen Verwaltungsverfahrensrechts. Dieser Gegensatz zeigte sich auch bei den Referaten des zustimmenden Praktikers Klaus von der Groeben[117] und des ablehnenden Theoretikers Werner Weber[118].[119] Durch die Gutachten, Referate und Diskussionsbeiträge auf dem Deutschen Juristentag wurden die Pro- und Contra-Argumente in Bezug auf eine Kodifikation erörtert.

a) Gutachten

Hans Spanner befürwortete in seinem Gutachten eine Kodifikation des Verwaltungsverfahrensrechts. Der Einwand gegen eine gesetzliche Regelung, dass die Gesamtlage für eine Kodifizierung nicht passend sei, werde fortlaufend geäußert.[120] Durch eine entsprechende Regelung könne jedoch eine Entlastung der Gesetzgebung auf den einzelnen Verwaltungsgebieten herbeigeführt werden, da der Gesetzgeber gesonderte Verfahrensbestimmungen in materiell-rechtlichen Gesetzen nur noch in Ausnahmefällen treffen müsste.[121] Dabei seien die Vertreter der Verwaltungspraxis gegenüber einer Kodifikation des Verwaltungsverfahrensrechts grundsätzlich aufgeschlossener als die Vertreter der Theorie des Verwaltungsrechts.[122] Eine nachträgliche Kontrolle der Verwaltung durch die Verwaltungsgerichtsbarkeit sei nicht ausreichend, um einen effektiven Rechtsschutz zu gewährleisten.[123] Weiterhin könne ein bisher aufgrund seiner Eigenart von der allgemeinen Regelung ausgenommenes Gebiet dieser Regelung später angepasst werden.[124] Zusammenfassend ist nach Auffassung von Hans Spanner eine Kodifikation des Verwaltungsverfahrensrechts notwendig und zweckmäßig. Demgegenüber bestünden wesentliche Bedenken gegen eine Kodifikation des materiell-rechtlichen Teils des allgemeinen Verwaltungsrechts.[125]

Dagegen sprach sich Fritz Werner in seinem Gutachten gegen eine gesetzliche Regelung des Verwaltungsverfahrensrechts aus. Aufgrund der noch nicht gefestigten Materie des allgemeinen Verwaltungsrechts sei der Zeitpunkt für eine

---

1964 zum ordentlichen Professor für Staatsrecht und Politik an der Freien Universität Berlin ernannt (*Sendler*, NVwZ 1986, 366; *Becker*, JöR 1987, 105 f.).

117 F. I., S. 145 ff.

118 S. 19, Fn. 83.

119 *Klappstein*, Rechtseinheit und Rechtsvielfalt im Verwaltungsrecht, S. 27.

120 *Spanner*, Gutachten für den 43. Deutschen Juristentag, S. 30 f.

121 *Spanner*, ebenda, S. 31.

122 *Spanner*, ebenda, S. 31 f., 51 (Nr. 5 der Leitsätze).

123 *Spanner*, ebenda, S. 33.

124 *Spanner*, ebenda, S. 39.

125 *Spanner*, ebenda, S. 50 f. (Nr. 4 und 5 der Leitsätze).

entsprechende Kodifikation unpassend.[126] Zudem habe diese einen Wandel des Stils der Verwaltungswissenschaft in Richtung einer Kommentarwissenschaft zur Folge, so dass die Bedeutung des Lehrbuchs durch den Kommentar und die Gesetzesbegründung gemindert werde.[127] Auch eine Entlastung der Verwaltungsgerichtsbarkeit trete nicht ein, da diese bestimmte Normen trotz genauer Formulierung einer Rechtsauslegung unterziehen müsse.[128]

b) Referate

Im Gegensatz dazu setzte sich der Referent Klaus von der Groeben in seinem Referat sowohl für eine Kodifizierung des verfahrensrechtlichen als auch des materiell-rechtlichen Teils des Verwaltungsrechts ein.[129] Eine einheitliche Zusammenfassung des allgemeinen Verwaltungsrechts werde zu einer Erhöhung der Wirksamkeit sowie der Rechtsstaatlichkeit der Verwaltung führen.[130] Weiterhin diene sie aufgrund ihrer anschaulichen und übersichtlichen Darstellung des geltenden Rechts mittelbar einem wirksamen Rechtsschutz des Bürgers.[131] Schließlich zeigte Klaus von der Groeben einen Rahmen für eine gesetzliche Regelung auf, deren Zielsetzung nicht eine vollständige Regelung, sondern die Zusammenfassung und Vereinheitlichung sein sollte.[132]

Der Referent Werner Weber stimmte zwar dem Erlass eines Verwaltungsverfahrensgesetzes zu.[133] Einer Kodifizierung des allgemeinen materiellen Verwaltungsrechts stand er jedoch kritisch gegenüber, weil sie nur als bundeseinheitliche Regelung von Nutzen sei, dem Bund jedoch die entsprechende Kompetenz fehle.[134]

c) Diskussion und Beschlussfassung

Die Diskussionsteilnehmer befürworteten in ihren zwischen dem Verwaltungsverfahrensrecht und dem materiellen Verwaltungsrecht unterscheidenden Diskussionsbeiträgen überwiegend eine Kodifikation des Verwaltungsverfahrens in

---

126 *Werner*, Gutachten für den 43. Deutschen Juristentag, S. 35 ff.
127 *Werner*, ebenda, S. 32.
128 *Werner*, ebenda, S. 32 ff.
129 *Von der Groeben*, Referat auf dem 43. Deutschen Juristentag, S. D 32.
130 *Von der Groeben*, ebenda, S. D 6, D 31 (Nr. 3 der Leitsätze).
131 *Von der Groeben*, ebenda, S. D 15 f., D 31 (Nr. 3 der Leitsätze).
132 *Von der Groeben*, ebenda, S. D 19 ff., D 32 (Nr. 7 der Leitsätze).
133 *Weber*, Referat auf dem 43. Deutschen Juristentag, S. D 59 (Nr. II der Leitsätze).
134 *Weber*, ebenda, S. D 52, D 59 (Nr. III der Leitsätze).

einem einheitlichen Gesetz, während sie die gesetzliche Regelung des materiellen Verwaltungsrechts ablehnten.[135] Während der Diskussion entwickelte sich jedoch eine pragmatische Lösung, die eine Regelung gewisser Gebiete und Einzelfragen des materiellen Verwaltungsrechts über das Verfahrensrecht hinaus beinhaltete.[136] Helmut Külz hielt sogar eine umfassende Kodifikation für möglich und auch für erforderlich.[137] Zur Begründung der Kodifikation wurde ein entsprechendes Bedürfnis der Verwaltung angeführt.[138] Weiterhin sei eine gesetzliche Regelung zur Erweiterung des Rechtsschutzes dringend notwendig.[139] Als Lösung des Problems der fehlenden Bundeskompetenz schlug Carl Hermann Ule vor, das Grundgesetz dahingehend zu ändern, dass für den Bundesgesetzgeber eine Kompetenz für den Allgemeinen Teil des Verwaltungsrechts einschließlich des Verwaltungsverfahrensrechts geschaffen werde.[140] Anschließend wurden die entsprechenden Anträge jedoch abgelehnt.[141] Hans Schäfer sprach sich für die Mitwirkung der Länder in einem Gesetzgebungsverfahren mit dem Ziel einer Simultangesetzgebung aus.[142]

Demgegenüber sah Hans Peter Ipsen kein rechtsstaatliches Bedürfnis für eine Kodifikation des Allgemeinen Verwaltungsrechts.[143] Wesentliche Bestandteile des Allgemeinen Verwaltungsrechts seien konkretisiertes Verfassungsrecht und das Verwaltungsrecht befinde sich gegenwärtig nicht in dem für eine Kodifikation erforderlichen Reifezustand.[144] Wilhelm Geffers lehnte eine Kodifikation wegen der vorhandenen landesrechtlichen Unterschiede in Bezug auf Rechtstradition und Verwaltungskörperschaften ab.[145]

Der Antrag einer weitergehenden Regelung des allgemeinen materiellen Verwaltungsrechts von Helmut Külz wurde genauso abgelehnt wie der Antrag von

---

135 *Kollmann*, Verhandlungen des 43. DJT, Bd. II (Sitzungsberichte), S. D 62 f.; *Schäfer*, ebenda, S. D 63 ff.; *Floerke*, ebenda, S. D 103 ff.; *Grabendorff*, ebenda, S. D 125 ff.

136 *Galette*, ebenda, S. D 82 ff.; *Henrichs*, ebenda, S. D 105 ff.; *Vogel*, ebenda, S. D 111 ff.; *Kniesch*, ebenda, S. D 116 ff.; *Wagner*, ebenda, S. D 122 ff.

137 *Külz*, ebenda, S. D 118 ff.

138 *Galette*, ebenda, S. D 85 f.; *Vogel*, ebenda, S. D 112 ff.; a.A. *Grabendorff*, ebenda, S. D 127.

139 *Floerke*, ebenda, S. D 104 f.; *Lubbe*, ebenda, S. D 124.

140 *Ule*, ebenda, S. D 69 f.; a.A. *Henrichs*, ebenda, S. D 108; *Schmitt-Lermann*, ebenda, S. D 108 f.; *Kniesch*, ebenda, S. D 117 f.; *Spanner*, ebenda, S. D 134.

141 Verhandlungen des 43. DJT, Bd. II (Sitzungsberichte), S. D 144.

142 *Schäfer*, ebenda, S. D 65 f.

143 *Ipsen*, ebenda, S. D 81.

144 *Ipsen*, ebenda, S. D 78, D 80.

145 *Geffers*, ebenda, S. D 89; a.A. *Schmitt-Lermann*, ebenda, S. D 109 f.

Carl Hermann Ule, eine (Rahmen-)Kompetenz des Bundes für ein Allgemeines Verwaltungsrecht einschließlich des Verwaltungsverfahrensrechts durch Änderung des Grundgesetzes zu schaffen.[146] Letztlich fasste die öffentlich-rechtliche Abteilung des 43. Deutschen Juristentages 1960 in München folgenden Beschluss:

1. *„Jede gesetzliche Regelung im Bereich des Allgemeinen Verwaltungsrechts muss dem Ziel der Rechtseinheit und Rechtssicherheit dienen. Daher sollte die darauf bezügliche Gesetzgebung des Bundes und der Länder und sollten die allgemeinen Bestimmungen in Spezialgesetzen möglichst übereinstimmen.*
2. *Eine einheitliche Regelung des Verwaltungsverfahrens in dem durch das Berliner Verwaltungsverfahrensgesetz vom 2. Oktober 1958 und den Bericht der Sachverständigenkommission für die Vereinfachung der Verwaltung beim Bundesministerium des Innern gezogenen Rahmen ist wünschenswert und notwendig.*
3. *In diese Regelung sollten konnexe Materien des Allgemeinen Verwaltungsrechts, insbesondere die Frage der Bestandskraft der Verwaltungsakte, einbezogen werden“.*[147]

Dieser Beschluss förderte maßgeblich die Zusammenarbeit zwischen Bund und Ländern zur Erarbeitung eines Musterentwurfs.[148]

II. Zweckmäßigkeit einer Kodifikation

Im Folgenden werden die für und gegen eine Kodifikation sprechenden Gründe aufgeführt und erörtert.

1. Motive für eine Kodifikation

Die Motive für eine Kodifikation sind vielfältiger Natur. Dabei ist vor allem auf die unterschiedlichen Interessengruppen abzustellen. Die Interessen der Betroffenen stehen in enger Verbindung zu deren jeweiliger beruflicher Situation. Infolgedessen lassen sich das Verhalten und die Einwirkung der entsprechenden Berufsgruppen im Rahmen der Entstehung des Entwurfes eines Verwaltungsverfahrensgesetzes erklären. Auf die Einzelinteressen des Bundes, der Länder, der Verwaltung, des Bürgers sowie der Rechtsprechung wird nachfolgend näher eingegangen.

---

146 Verhandlungen des 43. DJT, Bd. II (Sitzungsberichte), S. D 146, D 144.
147 Verhandlungen des 43. DJT, Bd. II (Sitzungsberichte), S. D 149.
148 EVwVerfG 1963, S. 58.

a) Interesse des Bundes

Das Interesse des Bundes liegt zunächst in einem Vollzug des Bundesrechts nach einheitlichen Regeln.[149] Dieser wird durch die Anwendung eines einheitlichen Verfahrensrechts in Bund und Ländern aufgrund übereinstimmender bundes- und landesrechtlicher Regelungen gewährleistet. Die Rechtseinheit im Bereich des Verfahrensrechts hängt somit nicht mehr von der Erteilung der Zustimmung des Bundesrates nach Art. 84 Abs. 1 GG im Gesetzgebungsverfahren ab.

Weiterhin folgt aus einem einheitlichen Verfahrensrecht in Bund und Ländern eine übersichtliche Gestaltung des Bundesrechts. Bisher bewirkt die Regelung neuen materiellen Rechts stets die Normierung neuen Verfahrensrechts, so dass auch auf dem Gebiet der bundeseigenen Verwaltung ein unübersichtlicher Rechtszustand besteht. Verschiedene landesrechtliche Vorschriften beeinträchtigen außerdem die landes- und bundesrechtliche Verwaltungsbereiche betreffende Bundesauftragsverwaltung.

Zudem führt eine Vereinheitlichung des Verfahrensrechts zu einem wesentlichen Fortschritt im Gesetzgebungsverfahren. Bisher herrscht im Gesetzgebungsverfahren oft Uneinigkeit über verfahrensrechtliche Vorschriften, die erst im Vermittlungsausschuss beseitigt werden kann. Der Vermittlungsausschuss stellt zwar eine wichtige Institution im Gesetzgebungsverfahren des Bundes dar, allerdings ist seine Anrufung in der Regel nicht notwendig und die aus politischer Sicht erarbeitete Lösung der verfahrensrechtlichen Probleme nicht überzeugend. Die Einschränkung der Auseinandersetzungen durch übereinstimmende Verfahrensgesetze wirkt sich dahingehend aus, dass „nicht mehr eine verfassungspolitische Grundsatzfrage, sondern nur noch eine verfahrensmäßige Zweckmäßigkeitsfrage" zu beurteilen ist.[150]

b) Interesse der Länder

Eine einheitliche Kodifikation liegt auch im Interesse der Länder, da die Ausführung von Bundes- und Landesrecht durch die gleiche Landesbehörde wegen der Verwendung gleicher Verfahrensvorschriften zu einer Erleichterung führt.[151] Bisher sind die Landesbehörden für unterschiedliche Verwaltungsbereiche zuständig, so dass sie aufgrund verschiedener Gesetzgebungskompetenzen nicht nur eine Beurteilung voneinander abweichenden materiellen Rechts, sondern

149 *Sachs*, in: Stelkens/Bonk/Sachs, VwVfG, Einl. Rn. 11.

150 EVwVerfG 1963, S. 60.

151 *Sachs*, in: Stelkens/Bonk/Sachs, VwVfG, Einl. Rn. 11.

auch eine Bewertung unterschiedlichen Verfahrensrechts vorzunehmen haben. Insbesondere wird die Bündelungsfunktion der allgemeinen Landesmittelbehörde (Bezirksregierung, Regierungspräsident) durch die notwendige Berücksichtigung verschiedener Verfahrensbestimmungen im jeweiligen Rechtsgebiet eingeschränkt. Diese Bündelungsfunktion trägt allerdings entscheidend zur Verwaltungsvereinfachung bei, da die allgemeine Landesmittelbehörde Aufgaben schneller und effizienter bearbeiten kann als mehrere Behörden nebeneinander. Demzufolge führt eine Beeinträchtigung der Bündelungsfunktion zu Problemen bei der Koordinierung zwischen den einzelnen Dienststellen, Ämtern, Dezernaten oder Abteilungen der Gemeinden, Landkreise oder Bezirksregierungen und hemmt des Weiteren einen ordnungsgemäßen Aufgabenvollzug. Somit beeinflusst die Vereinheitlichung des Verwaltungsverfahrens auch die Verwaltungsorganisation der Länder.

Zudem wird der Rechtszustand für die Landesbehörden dadurch verbessert, dass der Einfluss des bisher übergeordneten Bundesverfahrensrechts einen Rückgang erfährt. Denn durch den Erlass verfahrensrechtlicher Bestimmungen in Bundesgesetzen kommt es oft zu Verstößen des Bundesgesetzgebers gegen die eigentlich dem Landesgesetzgeber zustehende verfassungsrechtliche Kompetenz zur Regelung des Verwaltungsverfahrens.[152]

c) *Interesse der Verwaltung*

Aufgrund der größeren Rechtsklarheit erleichtert die Kodifikation bisher ungeschriebener Rechtsgrundsätze den Verwaltungsablauf für die Verwaltungsbehörden und garantiert des Weiteren ein effektiveres Verwaltungshandeln.[153] Die in einem Gesetz zusammengeführten Bestimmungen gewährleisten im Gegensatz zu Verfahrensvorschriften, die entweder in mehreren Gesetzen geregelt sind oder nur als ungeschriebenes Gewohnheitsrecht bestehen, eine zuverlässige Ermittlung des tatsächlichen Sachverhalts und eine darauf beruhende fehlerfreie Entscheidung. Die bindende Wirkung des Verfahrensrechts für alle Behörden führt zu einer Anpassung und Zusammenfassung der in etliche Dienststellen zersplitterten Verwaltung. Außerdem besteht nunmehr eine gemeinsame Ausbildungs- und Arbeitsgrundlage für alle Verwaltungsbeamten. Die den bereits durch Rechtsprechung und Literatur geklärten Rechtszustand erläuternden Vorschriften kommen grundsätzlich dem Verwaltungspraktiker und dabei vor allem dem nichtjuristischen Sachbearbeiter zugute, der dadurch seine Entscheidung

---

152 EVwVerfG 1963, S. 60 f.; *Riedl*, in: Obermayer/Fritz/Allesch, VwVfG, Einl. Rn. 45.

153 *Sachs*, in: Stelkens/Bonk/Sachs, VwVfG, Einl. Rn. 11.

wesentlich schneller und effektiver treffen kann. Weiterhin wird durch ein einheitliches Verfahrensgesetz die Verbindung zwischen den einzelnen Verwaltungsbereichen und den Verwaltungsbeamten vertieft. So kann ein Austausch von Verwaltungsbeamten zwischen den unterschiedlichen Bundes- und Landesbehörden erfolgen, was eine flexiblere Personalpolitik mit sich bringt. Schließlich wird durch die Regelung eines einheitlichen Verfahrensrechts bei der Zuweisung neuer Aufgabenbereiche die Einarbeitung in neues materielles Recht für den Verwaltungsbeamten vereinfacht. Dadurch wird ebenfalls die Ausbildung des Nachwuchses erleichtert.[154]

d) Interesse des Bürgers

Die Interessen des Bürgers bestehen einerseits in einer Verbesserung der Rechtsklarheit und Rechtssicherheit. Andererseits fördert ein einheitliches Verfahrensrecht in Bund und Ländern das demokratische Bedürfnis des Bürgers an Partizipation.[155] Der gesetzlich bestimmte Verfahrenszwang räumt dem Bürger subjektiv-öffentliche Rechte, wie zum Beispiel die Anhörung nach § 28 VwVfG und die Akteneinsicht nach § 29 VwVfG, ein und beschränkt das Ermessen der Behörde bei der Verfahrensgestaltung, so dass der tatsächliche Sachverhalt ermittelt und dadurch Fehlentscheidungen vorgebeugt werden kann. Für den Bürger werden zudem die ihn betreffenden Verwaltungsentscheidungen aufgrund der Transparenz der Verwaltungstätigkeit voraussehbarer. Des Weiteren vereinfacht ein einheitliches Verfahrensrecht den Umgang des Bürgers mit den Behörden, da entsprechende Probleme in Form von für den Bürger nicht verständlichen Unterschieden des Verfahrens verschiedener Behörden behoben werden. Jedoch war eine allgemeine Zunahme der Akzeptanz behördlicher Entscheidungen nicht zu erkennen.[156]

e) Interesse der Rechtsprechung

Der Vorteil einer einheitlichen Kodifikation des Verwaltungsverfahrens für die Rechtsprechung besteht ebenfalls in einer größeren Rechtsklarheit, aber auch in der Möglichkeit zu einer vereinheitlichenden Weiterentwicklung des Verwaltungsrechts.[157] Die Rechtsprechung trägt zu einer Erhöhung der Rechtssicherheit auf dem Gebiet des Verwaltungsverfahrens bei. Die Gerichte brauchen sich nicht

---

154 EVwVerfG 1963, S. 61; *Riedl*, in: Obermayer/Fritz/Allesch, VwVfG, Einl. Rn. 44.
155 *Sachs*, in: Stelkens/Bonk/Sachs, VwVfG, Einl. Rn. 10.
156 EVwVerfG 1963, S. 61 f.; *Riedl*, in: Obermayer/Fritz/Allesch, VwVfG, Einl. Rn. 47.
157 *Sachs*, in: Stelkens/Bonk/Sachs, VwVfG, Einl. Rn. 12.

mehr zur Geltung von ungeschriebenem Verwaltungsverfahrensrecht zu äußern. Zudem treffen sie ihre Entscheidungen nicht mehr auf der Grundlage einer Reihe unterschiedlicher Verfahrensvorschriften, sondern eines einheitlichen Verfahrensgesetzes. Dadurch wird die Rechtsprechung zunehmend an Bedeutung gewinnen, so dass ihre Entscheidungen auch für andere Rechtsgebiete und andere Bundesländer maßgeblich sein werden. Zu einer Abnahme der verwaltungsgerichtlichen Inanspruchnahme durch das Inkrafttreten eines Verwaltungsverfahrensgesetzes kam es jedoch nicht, da eine entsprechende Auswirkung durch die erhöhte Prozessbereitschaft der Bürger ausgeglichen wurde.[158]

2. Bedenken gegen eine Kodifikation

Die grundlegenden Bedenken gegen eine Kodifikation bestehen vor allem in einer Hemmung der Rechtsentwicklung, einer geringen Geltungsdauer der Kodifikation, der Gefahr einer Rechtszersplitterung sowie einer fehlenden Gesetzgebungskompetenz des Bundes.

a) Hemmung der Rechtsentwicklung

Mehrere Äußerungen gehen in die Richtung, dass eine Kodifikation die Fortentwicklung des Verwaltungsverfahrensrechts hemme. Dabei handelt es sich um einen allgemein gegen Kodifikationen vorgebrachten Einwand. Dahinter steht unter anderem die von Fritz Werner vertretene Auffassung, dass das Gebiet des Verwaltungsverfahrensrechts für eine Kodifikation noch nicht reif genug und zu wenig gefestigt sei, so dass die wissenschaftliche Weiterentwicklung beeinträchtigt werde.[159] Die Entwicklung der Grundsätze des Verwaltungsverfahrens werde durch die Wissenschaft und die Rechtsprechung über Jahre hinweg besser gefördert als von einem unter Umständen auf Bund und mehrere Länder aufgespaltenen Gesetzgeber.[160] Nach Auffassung von Hans Peter Ipsen sei die Frage der Zweckmäßigkeit einer gesetzlichen Regelung in einen Gesamtzusammenhang einzuordnen, der die gegenwärtige Gesetzgebung, das Rechtsschutzsystem, die Grundrechtsordnung usw. umfasse. Die Beantwortung dieser Frage zum jetzigen Zeitpunkt falle dergestalt aus, dass die Gesamtlage für ein Unternehmen

158 EVwVerfG 1963, S. 62; *Riedl*, in: Obermayer/Fritz/Allesch, VwVfG, Einl. Rn. 46.
159 *Werner*, Gutachten für den 43. Deutschen Juristentag, S. 28 f., 35 ff.
160 *Weber*, VVDStRL 17 (1959), 223.

dieser Art nicht günstig sei.[161] Weiterhin bestehen Bedenken dahingehend, dass die Effizienz der Verwaltung durch eine Kodifikation begrenzt werde.[162]

Durch eine gesetzliche Regelung wird zwar die Möglichkeit eingeschränkt, eine nachträgliche Abänderung in Form einer Anpassung durch die Rechtsprechung vorzunehmen, so dass unter Umständen ein längerer Zeitraum vergeht, bis diese Erkenntnisse auch in die Kodifikation aufgenommen werden.[163] Allerdings stellt das Verwaltungsverfahren eine zu komplexe Materie dar, als dass es ausschließlich durch Rechtsprechung und Wissenschaft in einer den Anforderungen der Rechtswirklichkeit genügenden Art und Weise umfassend geklärt werden könnte. Vielmehr besteht auch in Zukunft die Möglichkeit umstrittener Gerichtsentscheidungen und Theorien. Eine Hemmung der Verwaltung wird eher durch Zweifel in Bezug auf das anzuwendende Verfahrensrecht als durch eine kodifizierte Zusammenfassung der entsprechenden Normen herbeigeführt.

b) Geringe Geltungsdauer

Nach Ansicht von Fritz Werner habe eine Kodifikation nur dann Sinn, wenn sie nicht ständig unter dem Druck der Abänderung stehe. Niemand könne aber zum jetzigen Zeitpunkt die Entwicklung des allgemeinen Verwaltungsrechts vorhersehen. Eine nach fünf oder zehn Jahren zu berichtigende Kodifikation belaste den Gesetzgeber hingegen nur.[164] Demgegenüber geht Klaus von der Groeben von einer Kodifikation mit einer Geltungsdauer aus, die mit früheren Kodifikationen allgemeinen Rechts vergleichbar sei.[165]

Die mutmaßliche Geltungsdauer eines Gesetzes richtet sich grundsätzlich danach, ob das Verhalten des Gesetzgebers bei der Erfassung neuer beziehungsweise noch kaum erforschter Thematiken eher zurückhaltend ist und ob eine im Verwaltungsrecht nicht denkbare Vollständigkeit angestrebt wird. Für eine lange Geltungsdauer einer Kodifikation des allgemeinen Verwaltungsrechts spricht, dass die ständige Änderung tatsächlicher Verhältnisse vor allem ein Merkmal des besonderen Verwaltungsrechts ist. Weiterhin werden auch die Zivil- und Strafrechtsgesetze in regelmäßigen Abständen berichtigt, ohne dass ihre Gültigkeit in Frage gestellt wird.[166]

---

161 *Ipsen*, ebenda, 230.
162 *Krüger*, ebenda, 234; *Scheuner*, ebenda, 237.
163 *Suhr*, Möglichkeiten und Grenzen der Kodifizierung, S. 59.
164 *Werner*, Gutachten für den 43. Deutschen Juristentag, S. 28 f., 35 ff.
165 *Von der Groeben*, Referat auf dem 43. Deutschen Juristentag, S. D 20.
166 *Suhr*, Möglichkeiten und Grenzen der Kodifizierung, S. 59 f.

c) *Gefahr einer Rechtszersplitterung*

Nach Auffassung von Ulrich Scheuner bestehen die wesentlichen Bedenken gegen eine gesetzliche Regelung des Verwaltungsverfahrens darin, dass eine Kodifikation „bei der deutschen verfassungsrechtlichen Situation eine große Zahl unterschiedlicher, das materielle Verwaltungsrecht auseinanderreißender Landesverwaltungsgesetze“ zur Folge habe.[167]

Das Problem einer Rechtszersplitterung wurde jedoch dadurch gelöst, dass zum einen jedes Bundesland ein nach Inhalt und Wortlaut mit dem Verwaltungsverfahrensgesetz des Bundes weitgehend übereinstimmendes Landesverwaltungsverfahrensgesetz erließ und zum anderen nach § 137 Abs. 1 Nr. 2 VwGO eine Sicherung der Revisibilität der ihrem Wortlaut nach mit dem Verwaltungsverfahrensgesetz des Bundes übereinstimmenden Vorschriften der Landesverwaltungsverfahrensgesetze gewährleistet wurde.[168]

d) *Fehlende Gesetzgebungskompetenz des Bundes*

Schließlich wird als weiterer Gesichtspunkt gegen eine Kodifikation angeführt, dass dem Bund die Gesetzgebungskompetenz zu einer einheitlichen Regelung des Verwaltungsverfahrens in Bund und Ländern fehle.

Im Gegensatz zur Gesetzgebungszuständigkeit für das gerichtliche Verfahren nach Art. 74 Abs. 1 Nr. 1 GG ist die Kompetenz zur Regelung des Verwaltungsverfahrens nicht in dem die Gesetzgebung des Bundes behandelnden VII. Abschnitt des GG geregelt. Sie ergibt sich jedoch als Annexkompetenz zur sachlichen Regelungskompetenz der Art. 70 ff. GG.[169] Demgegenüber gewährt Art. 84 Abs. 1 GG den Ländern die Verwaltungskompetenz für das Verwaltungsverfahren, wenn sie die Bundesgesetze als eigene Angelegenheit ausführen. Infolgedessen besteht eine gespaltene Gesetzgebungs- und Verwaltungskompetenz im Verwaltungsverfahrensrecht zwischen Bund und Ländern, so dass eine uneingeschränkte Gesetzgebungszuständigkeit des Bundes für das Verwaltungsverfahren der Bundes- und Landesbehörden aufgrund der im Grundgesetz vorhandenen Kompetenzverteilung unmöglich ist.[170]

---

167 *Scheuner*, VVDStRL 17 (1959), 237.

168 *Riedl*, in: Obermayer/Fritz/Allesch, VwVfG, Einl. Rn. 49.

169 *Schmitz*, in: Stelkens/Bonk/Sachs, VwVfG, § 1 Rn. 32; *Wittinger*, in: Obermayer/Funke-Kaiser, VwVfG, Einl. Rn. 23; *Schwarz*, in: Fehling, Kastner, Störmer, Hk-VerwR, Einl. Rn. 37.

170 *Schmitz*, in: Stelkens/Bonk/Sachs, VwVfG, § 1 Rn. 32; *Schwarz*, in: Fehling, Kastner, Störmer, Hk-VerwR, Einl. Rn. 37.

Die Zuweisung der Gesetzgebungszuständigkeiten an den Bund und die Länder wurde deshalb folgendermaßen umgesetzt:

Eine uneingeschränkte Gesetzgebungskompetenz des Bundes gilt nach Art. 70 ff. i.V.m. Art. 86 ff. GG lediglich für die Regelung des Verfahrens der Bundesbehörden im Sinne von Art. 86 ff. GG.[171] Des Weiteren besteht eine Gesetzgebungszuständigkeit des Bundes gemäß Art. 70 ff. i.V.m. Art. 85 Abs. 1 GG und den Grundsätzen über die Kompetenz kraft Sachzusammenhangs für das Verfahren von Landesbehörden im Bereich der Bundesauftragsverwaltung gemäß Art. 85 GG.[172] Schließlich ergibt sich eine Gesetzgebungszuständigkeit des Bundes aus Art. 70 ff. i.V.m. Art. 84 Abs. 1 GG und aus den Grundsätzen der Kompetenz kraft Sachzusammenhangs für das Verfahren von Landesbehörden beim Vollzug von Bundesgesetzen durch die Länder als eigene Angelegenheit nach Art. 84 Abs. 1 GG. Der Erlass eines entsprechenden Bundesgesetzes ist allerdings von der Zustimmung des Bundesrates abhängig.[173]

Im Übrigen steht die Gesetzgebungskompetenz für das Verfahren von Landesbehörden grundsätzlich den Ländern zu. Dies gilt zum einen für die Ausführung von Landesrecht, zum anderen für die Ausführung von Bundesrecht als eigene Angelegenheit gemäß Art. 84 Abs. 1 GG, sofern der Bund von seiner Annexkompetenz keinen Gebrauch macht.[174]

Die vorgenannte Einteilung der Gesetzgebungszuständigkeiten findet in § 1 VwVfG Berücksichtigung. Danach wird für den Anwendungsbereich des VwVfG eine Abgrenzung zwischen bundeseigener Verwaltung gemäß Art. 86 GG in § 1 Abs. 1 Nr. 1 VwVfG, Bundesauftragsverwaltung nach Art. 85 GG in § 1 Abs. 1 Nr. 2 VwVfG und Ausführung durch die Länder als eigene Angelegenheit gemäß

---

171 *Schmitz,* in: Stelkens/Bonk/Sachs, VwVfG, § 1 Rn. 34; *Kopp/Ramsauer,* VwVfG, Einf. I Rn. 15; *Ibler,* in: Maunz/Dürig, GG, Art. 86 Rn. 18; *Wittinger,* in: Obermayer/Funke-Kaiser, VwVfG, Einl. Rn. 24; *Schwarz,* in: Fehling, Kastner, Störmer, Hk-VerwR, Einl. Rn. 38.

172 *Schmitz,* in: Stelkens/Bonk/Sachs, VwVfG, § 1 Rn. 35; *Kopp/Ramsauer,* VwVfG, Einf. I Rn. 15; *F. Kirchhof,* in: Maunz/Dürig, GG, Art. 85 Rn. 41 ff.; *Wittinger,* in: Obermayer/Funke-Kaiser, VwVfG, Einl. Rn. 26; *Schwarz,* in: Fehling, Kastner, Störmer, Hk-VerwR, Einl. Rn. 38.

173 *Schmitz,* in: Stelkens/Bonk/Sachs, VwVfG, § 1 Rn. 36; *Kopp/Ramsauer,* VwVfG, Einf. I Rn. 15; *Wittinger,* in: Obermayer/Funke-Kaiser, VwVfG, Einl. Rn. 25; *Schwarz,* in: Fehling, Kastner, Störmer, Hk-VerwR, Einl. Rn. 38.

174 Die Föderalismusreform 2006 führte eine Abweichungskompetenz der Länder in Art. 84 Abs. 1 Satz 2 GG ein, nach der die Länder abweichende Regelungen treffen können, wenn die Bundesgesetze nicht mit ihrer Regelung des Verwaltungsverfahrens übereinstimmen.

Art. 84 GG in § 1 Abs. 2 VwVfG vorgenommen. Obwohl die Gesetzgebungszuständigkeit des Bundes für das Verwaltungsverfahren eingeschränkt ist und der Forderung nach einer Erweiterung der Bundeskompetenz im Gesetzgebungsverfahren nicht entsprochen wurde, kann in § 1 Abs. 3 VwVfG eine vertretbare Lösung des Problems der gespaltenen Gesetzgebungs- und Verwaltungskompetenz gesehen werden: Das VwVfG des Bundes findet ausschließlich für Bundesbehörden Anwendung. Dagegen gelten die Verwaltungsverfahrensgesetze der Länder für die Länder- und Kommunalbehörden bei der Ausführung von Bundes- und Landesrecht, und zwar unabhängig davon, ob die Länder die Bundesgesetze als eigene Angelegenheit gemäß Art. 84 GG oder als Bundesauftragsverwaltung gemäß Art. 85 GG ausführen.[175]

III. Musterentwurf eines Verwaltungsverfahrensgesetzes

Der Musterentwurf eines Verwaltungsverfahrensgesetzes wurde von einem entsprechenden Bund-Länder-Ausschuss entwickelt.

1. Bildung und Tätigkeit des Bund-Länder-Ausschusses (1960–1966)

Aufgrund der Vorschläge der Sachverständigenkommission für die Vereinfachung der Verwaltung beim Bundesministerium des Innern[176] empfahl der Bundesinnenminister mit Rundschreiben vom 07.05.1960 an die Innenminister (Senatoren für Inneres) der Länder den Erlass weitgehend übereinstimmender Verwaltungsverfahrensgesetze in Bund und Ländern und die Erarbeitung eines entsprechenden Musterentwurfes.[177] Die Länder befürworteten die Anregung des Bundesministers des Innern, einen Ausschuss von Vertretern des Bundesinnenministeriums und der Länderinnenministerien zu bilden. Daraufhin fand bereits am 13.12.1960 in Bonn die konstituierende Sitzung dieses Bund-Länder-Ausschusses statt. Als Vertreter des Bundes und der Länder wirkten die für das Verwaltungsverfahren zuständigen Referenten der Innenministerien mit.[178] Den Vorsitz des Ausschusses übernahm Ministerialdirigent Fritz Rietdorf[179] und die Geschäftsführung wurde

175 *Schmitz*, in: Stelkens/Bonk/Sachs, VwVfG, § 1 Rn. 38.

176 B. I. 5., S. 22 ff.

177 EVwVerfG 1963, S. 53.

178 EVwVerfG 1963, S. 53.

179 Fritz Rietdorf (11.04.1915 – 23.07.1988) wurde 1941 zum Regierungsassessor und 1943 zum Regierungsrat im Badischen Ministerium des Innern ernannt. Von 1944 bis 1945 bekleidete er das Amt des kommissarischen Landrats im Kreis Süderdithmarschen (*Lehmann*, Kreisleiter der NSDAP in Schleswig-Holstein, S. 260, 269). Seit

Oberregierungsrat Rump – ab November 1962 Oberregierungsrat Sigulla – und Regierungsamtmann Voss übertragen. Diese gehörten alle dem Innenministerium des Landes Nordrhein-Westfalen an.[180] Während der folgenden annähernd drei Jahre dauernden Tätigkeit des Ausschusses veränderte sich dessen ursprüngliche Besetzung nur unwesentlich.[181]

Die Aufgabe des Bund-Länder-Ausschusses bestand darin, einen für Bund und Länder weitgehend übereinstimmenden Musterentwurf eines Verwaltungsverfahrensgesetzes zu erarbeiten. Demgegenüber fand eine Erörterung des in den Verhandlungen des 43. Deutschen Juristentages diskutierten Themas, eine (Rahmen-)Kompetenz des Bundes für ein Allgemeines Verwaltungsrecht einschließlich des Verwaltungsverfahrensrechts durch Änderung des Grundgesetzes zu schaffen, nicht statt. Denn der Bund-Länder-Ausschuss vertrat die Auffassung, dass auch ohne Änderung der Verfassung das Ziel möglichst einheitlicher Verwaltungsverfahrensgesetze in Bund und Ländern auf der Grundlage eines gemeinsam erarbeiteten Musterentwurfs erreicht werden könne.[182]

Vom 13.12.1960 bis zum 07.12.1963 tauschte sich der Ausschuss in insgesamt 18 Sitzungen über den Musterentwurf aus. Dieser wurde in zwei Lesungen erarbeitet. Nach der ersten Lesung erhielten die Fachministerien des Bundes und der Länder Gelegenheit zur Stellungnahme. Ferner wurde das Ergebnis der ersten Lesung den Professoren Otto Bachof[183], Ludwig Fröhler[184] und Carl Hermann

---

1946 arbeitete er als Referent im Innenministerium des Landes Schleswig-Holstein. 1948 stieg er zum Oberregierungsrat und 1953 zum Regierungsdirektor auf. Nach seinem Wechsel in die nordrhein-westfälische Landesverwaltung wurde er 1953 zunächst zum Ministerialrat und 1954 schließlich zum Ministerialdirigenten im Innenministerium des Landes Nordrhein-Westfalen berufen. Die Sachverständigenkommission für die Vereinfachung der Verwaltung hörte Fritz Rietdorf 1960 als führenden Verwaltungspraktiker an (Bericht der Sachverständigenkommission für die Vereinfachung der Verwaltung, S. 60). Schließlich nahm er von 1967 bis 1970 das Amt des Staatssekretärs im Innenministerium des Landes Nordrhein-Westfalen wahr (*Bischoff/Nonn/Reininghaus*, Die Kabinettsprotokolle der Landesregierung Nordrhein-Westfalen 1970 bis 1975, S. 1096).

180 EVwVerfG 1963, S. 53.

181 *Klappstein/von Unruh*, Rechtsstaatliche Verwaltung durch Gesetzgebung, S. 73.

182 EVwVerfG 1963, S. 54.

183 S. 7, Fn. 17.

184 Ludwig Fröhler (28.04.1920 – 05.07.1995) wurde 1948 zum Regierungsrat im Bayerischen Staatsministerium für Wirtschaft und Verkehr ernannt und 1951 zum Oberregierungsrat sowie 1953 zum Regierungsdirektor befördert. 1955 erfolgte seine Berufung zum Oberverwaltungsgerichtsrat am Bayerischen Verwaltungsgerichtshof.

Ule[185] als Gutachtern vorgelegt. Deren Gutachten wurden in der Sitzung des Ausschusses am 01./02.10.1962 in Münster erörtert. Anschließend beriet der Ausschuss den Musterentwurf unter Verwertung der Vorschläge und kritischen Äußerungen.[186]

2. Erster Musterentwurf eines Verwaltungsverfahrensgesetzes (EVwVerfG 1963)

Im Dezember 1963 wurde der Musterentwurf eines Verwaltungsverfahrensgesetzes (EVwVerfG 1963) als Arbeitsergebnis des Bund-Länder-Ausschusses an den Bundesminister des Innern ausgehändigt.[187] Die Veröffentlichung des Musterentwurfes erfolgte am 17.03.1964.[188] Dabei entsprachen Grundstruktur, Gliederung und überwiegend auch Inhalt dem späteren Verwaltungsverfahrensgesetz.[189]

Der Musterentwurf gliedert sich in acht Teile. Teil I umfasst Bestimmungen über Anwendungsbereich, örtliche Zuständigkeit und Amtshilfe (§§ 1–7). Die im Teil II enthaltenen allgemeinen Vorschriften über das Verwaltungsverfahren werden in jeweils einen Abschnitt über Verfahrensgrundsätze (§§ 8–22), Fristen, Termine und Wiedereinsetzung (§§ 23, 24) sowie die amtliche Beglaubigung (§§ 25, 26) eingeordnet. Der sich mit dem Verwaltungsakt befassende Teil III besteht aus dem Abschnitt 1 über das Zustandekommen des Verwaltungsaktes (§§ 27–32) und dem Abschnitt 2 über die Bestandskraft des Verwaltungsaktes (§§ 33–39). Der Teil IV enthält Vorschriften zum öffentlich-rechtlichen Vertrag (§§ 40–48). Unter die im Teil V geregelten besonderen Verfahrensarten fallen das förmliche Verwaltungsverfahren des Abschnittes 1 (§§ 49–57) sowie das

---

Nachdem er sich 1956 an der Universität Erlangen habilitiert hatte, erhielt er 1959 einen Lehrstuhl für Öffentliches Recht an der Hochschule für Wirtschafts- und Sozialwissenschaften in Nürnberg, die 1961 in die Universität Erlangen-Nürnberg eingegliedert wurde. 1965 folgte Ludwig Fröhler einem Ruf an die neu gegründete Hochschule für Sozial- und Wirtschaftswissenschaften in Linz, zu deren erstem Rektor er noch im selben Jahr gewählt wurde (*Oberndorfer/Schambeck*, Verwaltung im Dienste von Wirtschaft und Gesellschaft, S. 5 f.).

185 F. IV., S. 150 f.

186 EVwVerfG 1963, S. 55; *Klappstein/von Unruh*, Rechtsstaatliche Verwaltung durch Gesetzgebung, S. 73.

187 *Klappstein/von Unruh*, Rechtsstaatliche Verwaltung durch Gesetzgebung, S. 74.

188 *Sigulla*, EVwVerfG 1966, S. 299.

189 *Kopp/Ramsauer*, VwVfG, Einf. I Rn. 25; *Sachs*, in: Stelkens/Bonk/Sachs, VwVfG, Einl. Rn. 17 f.

Planfeststellungsverfahren des Abschnittes 2 (§§ 58–63). Der Teil VI umfasst Regelungen zum Rechtsbehelfsverfahren (§§ 64, 65). Im Teil VII befasst sich der Abschnitt 1 mit der ehrenamtlichen Tätigkeit (§§ 66–72) und der Abschnitt 2 mit Ausschüssen (§§ 73–78). Schließlich behandelt Teil VIII die Schlussvorschriften (§§ 79–81), denen in der Bundesfassung vier Bestimmungen (§§ 82–85) und in der Landesfassung drei Vorschriften angefügt sind (§§ 82–84).[190]

Der Aufbau des Musterentwurfes verfolgt grundsätzlich eine einheitliche Paragraphenbezeichnung für Bundes- und Länderfassung. Bei inhaltlichen Abweichungen innerhalb der §§ 1–81 wird eine besondere Kennzeichnung vorgenommen. Von § 82 an findet eine Trennung der Bundes- und Länderfassung statt, da die entsprechenden Vorschriften nur für die Bundes- oder Länderfassung von Bedeutung sind. Lediglich die Vorschriften über das Inkrafttreten (§ 85 der Bundesfassung, § 84 der Länderfassung) stimmen inhaltlich im Wesentlichen überein.[191]

Das allgemeine Verwaltungsverfahren und das verwaltungsgerichtliche Verfahren stehen in einem engen Verhältnis zueinander. Die in das Verwaltungsverfahren eingreifende Regelung des Vorverfahrens wird auch weiterhin der Verwaltungsgerichtsordnung zugeordnet. Für den Bund-Länder-Ausschuss kommt der Übereinstimmung der Begriffe und Bezeichnungen des Verwaltungsverfahrensgesetzes mit denen der Verwaltungsgerichtsordnung entscheidendes Gewicht zu. Aber der Bund-Länder-Ausschuss betont auch die eigenständige Bedeutung des Verwaltungsverfahrensrechts gegenüber dem Verwaltungsprozessrecht in der ersten und oft einzigen Verwaltungsinstanz.[192]

Zudem hält der Bund-Länder-Ausschuss die Unterscheidung zwischen dem Allgemeinen und dem Besonderen Verwaltungsrecht für einen entscheidenden Gesichtspunkt. In einer in § 85 Abs. 2 der Bundesfassung und § 84 Abs. 2 der Länderfassung festgehaltenen „Verlustliste der Rechtseinheit“ werden Spezialgesetze und ganze Rechtsgebiete spezieller Materien, wie zum Beispiel das Abgabenrecht und vollständige Bereiche des Sozialrechts, aufgenommen, deren Verfahrensbestimmungen sich bewährt haben und ein Rechtsgebiet abschließend regeln, so dass eine Aufhebung dieser Vorschriften für die Anwendung des

190 EVwVerfG 1963, S. 78 f.; *Klappstein/von Unruh*, Rechtsstaatliche Verwaltung durch Gesetzgebung, S. 74.

191 EVwVerfG 1963, S. 46, 79.

192 EVwVerfG 1963, S. 62 ff.; *Sachs*, in: Stelkens/Bonk/Sachs, VwVfG, Einl. Rn. 20; *Klappstein/von Unruh*, Rechtsstaatliche Verwaltung durch Gesetzgebung, S. 75.

Verwaltungsverfahrensgesetzes nicht in Betracht kommt.[193] Diese Eingrenzung des Geltungsbereichs des Verwaltungsverfahrensgesetzes führte zur Trennung des Verfahrensrechts in VwVfG, AO und SGB X.

In Bezug auf den Umfang des Musterentwurfs besteht das Ziel des Bund-Länder-Ausschusses darin, einerseits eine übermäßige Perfektion, andererseits aber auch eine „Flucht in verfahrensrechtliche Generalklauseln" zu unterbinden. Der Musterentwurf umfasst neben Verfahrensregelungen auch materielle Regelungen, „die so eng mit verfahrensrechtlichen Fragen zusammenhängen, dass eine sinnvolle Regelung des Verfahrensstoffes ihre gleichzeitige Behandlung in dem Verfahrensgesetz erfordert oder zumindest rechtfertigt". Zu diesen sogenannten annexen Materien des Verwaltungsverfahrensrechts zählt der Bund-Länder-Ausschuss Begriff, Inhalt, Form, Begründung, Nebenbestimmungen, Fehlerberichtigung und Bestandskraft des Verwaltungsaktes, das Recht der Amtshilfe, die ehrenamtliche Tätigkeit sowie die Mitwirkung von Ausschüssen.[194]

Die Schaffung eines Gleichgewichts im Verhältnis zwischen dem Grundsatz der Nichtförmlichkeit des Verwaltungsverfahrens und dem Grundsatz der Beachtung rechtsstaatlicher Erfordernisse stellt auch den Bund-Länder-Ausschuss vor große Herausforderungen. Dabei wird der in § 9 des Musterentwurfs normierte Grundsatz der Nichtförmlichkeit bewusst am Anfang der Verfahrensgrundsätze aufgeführt, um der insbesondere dem Bürger dienenden Forderung nach einer einfachen und wirksamen Verwaltung Ausdruck zu verleihen.[195]

Zu den besonderen Verfahrensarten des Musterentwurfs gehören das förmliche Verwaltungsverfahren und das Planfeststellungsverfahren, die allerdings nur bei schwerwiegenden Eingriffen in die Rechtssphäre des Betroffenen oder wesentlichen Auswirkungen auf seine wirtschaftlichen Verhältnisse durch entsprechende Verwaltungsentscheidungen Anwendung finden sollen.[196]

Schließlich erachtet der Bund-Länder-Ausschuss eine übereinstimmende gesetzliche Regelung des Verwaltungsverfahrens in Bund und Ländern für alsbald notwendig, da sich ein weiteres Abwarten für Bund und Länder nur nachteilig auswirke. Dabei sei keine bestimmte zeitliche Reihenfolge bei der Einbringung der Verfahrensgesetze in Bund und Ländern einzuhalten, so dass für die Regierungen der Länder die Möglichkeit bestehe, auch schon vor Abschluss des

193 EVwVerfG 1963, S. 65 ff.; *Sachs*, in: Stelkens/Bonk/Sachs, VwVfG, Einl. Rn. 19; *Klappstein/von Unruh*, Rechtsstaatliche Verwaltung durch Gesetzgebung, S. 75.

194 EVwVerfG 1963, S. 71 ff.; *Sachs*, in: Stelkens/Bonk/Sachs, VwVfG, Einl. Rn. 22 f.; *Bredemeier*, Kommunikative Verfahrenshandlungen, S. 34.

195 EVwVerfG 1963, S. 74 ff.; *Sachs*, in: Stelkens/Bonk/Sachs, VwVfG, Einl. Rn. 21.

196 EVwVerfG 1963, S. 76 ff.; *Sachs*, in: Stelkens/Bonk/Sachs, VwVfG, Einl. Rn. 21.

Gesetzgebungsverfahrens des Bundes entsprechende Gesetzentwürfe ihren Parlamenten vorzulegen. Zudem müsse eine Bereinigung des Verfahrensrechts vorgenommen werden, die nach § 85 Abs. 2 der Bundesfassung und § 84 Abs. 2 der Länderfassung ihren Abschluss in einem Außerkrafttreten aller inhaltsgleichen und entgegenstehenden Rechtsvorschriften spätestens acht Jahre nach der Verkündung des Gesetzes finde.[197]

3. „Münchener Fassung" des Musterentwurfes (EVwVerfG 1966)

Der Bund-Länder-Ausschuss bezweckte mit der am 17.03.1964 veröffentlichten Buchausgabe des Musterentwurfes eines Verwaltungsverfahrensgesetzes, eine kritische Auseinandersetzung über diesen anzustoßen, um deren Ergebnisse im Rahmen der folgenden Gesetzgebungsarbeiten in Bund und Ländern zu berücksichtigen.[198]

a) Die Diskussion des Musterentwurfes in der Literatur

Die dadurch bewirkte Auseinandersetzung mit dem Musterentwurf in der Literatur führte überwiegend zu zustimmenden Beiträgen, jedoch wurden auch vereinzelt kritische Stimmen laut.

Dabei kam zum einen der Veröffentlichung einer sich mit dem Thema ausführlich befassenden Arbeit von Carl Hermann Ule und Franz Becker, zum anderen der Veröffentlichung der Ergebnisse eines von Carl Hermann Ule veranlassten Planspiels in einer verwaltungswissenschaftlichen Arbeitsgemeinschaft für Referendare aus Niedersachsen und Schleswig-Holstein an der Hochschule für Verwaltungswissenschaften Speyer im Sommersemester 1964 wesentliche Bedeutung zu.[199]

Neben Carl Hermann Ule, der sowohl als Mitglied an der vom Bundesinnenminister berufenen Sachverständigenkommission für die Vereinfachung der Verwaltung als auch als Gutachter an der Erarbeitung des Musterentwurfs beteiligt war, äußerten sich die ebenfalls bei den Vorarbeiten für den Musterentwurf eines Verwaltungsverfahrensgesetzes mitwirkenden Juristen Hans Spanner, der das wegweisende Gutachten für den Deutschen Juristentag erstattete, und Hermann

---

197 EVwVerfG 1963, S. 79 f.; *Klappstein/von Unruh*, Rechtsstaatliche Verwaltung durch Gesetzgebung, S. 75 f.

198 *Sigulla*, EVwVerfG 1966, S. 299.

199 *Ule/Becker*, Verwaltungsverfahren im Rechtsstaat; *Hochschule für Verwaltungswissenschaften Speyer*, Zum Musterentwurf eines Verwaltungsverfahrensgesetzes.

Feneberg, der auch der Sachverständigenkommission für die Vereinfachung der Verwaltung beim Bundesinnenminister angehörte, überwiegend zustimmend.[200]

Von den Mitgliedern des Bund-Länder-Ausschusses gaben der Vorsitzende Fritz Rietdorf, Alexander Koehler, Hans Schmitt-Lermann, Werner Thomas und Horst Sendler allgemeine Übersichten zum Musterentwurf.[201] Darüber hinaus machte Hans Joachim Knack Ausführungen zum öffentlich-rechtlichen Vertrag im Musterentwurf.[202]

Zudem beurteilten Willi Possehl, Fritz Haueisen, Jakob Kratzer, Fritz Ossenbühl, Horst Gützkow und Walter Scheerbarth den Musterentwurf weitgehend positiv.[203]

Demgegenüber sprachen sich vor allem August Lubbe und Martin Baring gegen den Musterentwurf eines Verwaltungsverfahrensgesetzes aus.[204]

Teilweise wurden auch bestimmte Probleme innerhalb von Teilbereichen des Entwurfs gesondert untersucht. So setzte sich Fritz Ossenbühl mit dem Problem der Rücknahme fehlerhafter begünstigender Verwaltungsakte auseinander, Bernd Bender behandelte die Regelungen zum fehlerhaften Verwaltungsakt und Konrad Redeker erläuterte eingehend die Vorschriften über den öffentlich-rechtlichen Vertrag.[205] Schließlich stellte Fritz Haueisen die Unterschiede zwischen Verwaltungsverfahren und verwaltungsgerichtlichem Verfahren unter Berücksichtigung des Musterentwurfs heraus.[206]

Zusammenfassend ergaben sich zwar aus den oben genannten Beiträgen teilweise Bedenken im Hinblick auf bestimmte Vorschriften. Durch die Konkretisierung in einem ausgereiften Entwurf wurde jedoch der grundsätzliche Vorbehalt gegen ein Verwaltungsverfahrensgesetz verringert.[207]

---

200 *Spanner*, DVBl. 1964, 845 ff.; *Feneberg*, DVBl. 1965, 177 ff., 222 ff.; *Ule/Sellmann*, DVBl. 1967, 837 ff.

201 *Rietdorf*, DVBl. 1964, 293 ff., 333 ff.; *Koehler*, MDR 1964, 274 ff.; *Schmitt-Lermann*, JZ 1964, 402 ff.; *Thomas*, DÖV 1964, 361 ff.; *Sendler*, AöR 94 (1969), 130 ff.

202 *Knack*, DVBl. 1965, 709 ff.

203 *Possehl*, Staats- und Kommunalverwaltung 1964, S. 228 ff.; *Haueisen*, DÖV 1964, 574 f.; *Kratzer*, BayVBl. 1964, 273 ff.; *Kratzer*, BayVBl. 1965, 15 ff.; *Ossenbühl*, Staats- und Kommunalverwaltung 1966, 297 ff.; *Gützkow*, DÖV 1966, 551 f.; *Scheerbarth*, DVBl. 1966, 780 ff.

204 *Lubbe*, DVBl. 1964, 390 ff.; *Baring*, DVBl. 1965, 180 ff.; Entgegnung von *Knack*, DVBl. 1965, 709 ff.

205 *Ossenbühl*, DÖV 1964, 511 ff.; *Bender*, DÖV 1965, 446 ff.; *Redeker*, DÖV 1966, 543 ff.

206 *Haueisen*, DVBl. 1966, 773 ff.

207 *Klappstein/von Unruh*, Rechtsstaatliche Verwaltung durch Gesetzgebung, S. 78.

b) Die Diskussion des Musterentwurfes im Bund und in den Ländern

Auf Landesebene wurden die ersten Schritte zur gesetzgeberischen Umsetzung des Musterentwurfs im Land Schleswig-Holstein gemacht. Am 22.12.1965 ließ der Schleswig-Holsteinische Ministerpräsident dem Landtagspräsidenten den auf der Grundlage des Musterentwurfs beruhenden verfahrensrechtlichen Teil des Entwurfs eines Allgemeinen Verwaltungsgesetzes für das Land Schleswig-Holstein zukommen. Die Landesregierung beschloss jedoch, eine Stellungnahme des Bund-Länder-Ausschusses zum Musterentwurf nach Beratung über die bereits vorhandenen Beiträge in die Beratungen des für die Vorbereitungen des Landesverwaltungsgesetzes gebildeten Sonderausschusses des Schleswig-Holsteinischen Landtages einzuführen.[208]

Auf Bundesebene nahm die Bundesregierung den Erlass eines Verwaltungsverfahrensgesetzes durch Regierungserklärung vom 18.10.1963 in ihr Gesetzgebungsprogramm auf.[209] Anschließend wurde auf der Grundlage des Musterentwurfes im Dezember 1965 ein Referentenentwurf im Bundesinnenministerium erstellt, der sowohl die Anregungen aus der Literatur als auch die Auswertung der in den verantwortlichen Fachressorts der Bundesregierung geführten Diskussion sowie mehrerer Stellungnahmen sachverständiger Verbände und anderer Gremien enthielt. Daraufhin wendete sich der Bundesminister des Innern an den Bund-Länder-Ausschuss mit der Bitte um Stellungnahme zu dem Referentenentwurf. Vom 14.-18.03.1966 fand die Beratung des Referentenentwurfes in München statt. Das Ergebnis dieser Beratung wurde als sogenannte „Münchener Fassung“ des Musterentwurfs dessen 2. Auflage als Anhang beigefügt.[210]

Der Bund-Länder-Ausschuss stimmte darin überein, dass seine Anregungen keinen weitergehenden Inhalt haben können als die Beiträge sachkundiger Verwaltungsbeamter. Um eine Vorwegnahme der Äußerungen der Länder im Bundesrat bei der Mitwirkung zum Erlass eines Bundesverwaltungsverfahrensgesetzes zu vermeiden, setzte sich der Bund-Länder-Ausschuss dafür ein, die Länder selbst zur Stellungnahme aufzufordern. Vor dem formellen Gesetzgebungsverfahren sei eine entsprechende Vorabklärung durchzuführen, weil das im Grundgesetz geregelte Gesetzgebungsverfahren unter Mitwirkung des Bundesrates aufgrund der nur begrenzt verfügbaren Zeit eine ausführliche Diskussion verhindere. Der Bundesinnenminister kam dieser Empfehlung des Bund-Länder-Ausschusses

---

208 *Sigulla*, EVwVerfG 1966, S. 299.

209 BT Stenographische Berichte 4/90, S. 4204 B, C.

210 *Sigulla*, EVwVerfG 1966, S. 299 f.; *Klappstein/von Unruh*, Rechtsstaatliche Verwaltung durch Gesetzgebung, S. 78.

nach, indem er den Ländern die Möglichkeit zur Stellungnahme in Bezug auf den Referentenentwurf vom Juli 1967 einräumte.[211]

Im Gegensatz zur Fassung des Musterentwurfs von 1963 enthielt die „Münchener Fassung“ nicht eine Bundes- und eine Länderfassung, sondern setzte eine einheitliche Geltung des Gesetzes für Bund und Länder fest. Außerdem erstreckte sich der Anwendungsbereich nunmehr auf die öffentlich-rechtliche Verwaltungstätigkeit der Behörden der Länder. Jedoch war dabei die in § 1 Abs. 1 VwVfG eingefügte Subsidiaritätsklausel zu beachten, die inhaltsgleichen oder entgegenstehenden Rechtsvorschriften des Bundes den Vorrang vor dem Gesetz gewährte.[212]

Die Veröffentlichung der „Münchener Fassung“ in der zweiten Auflage des Musterentwurfs von 1963 wirkte sich im Übrigen auch unmittelbar auf das Gesetzgebungsverfahren für ein Landesverwaltungsgesetz in Schleswig-Holstein aus. In Abweichung von dem ursprünglich im Schleswig-Holsteinischen Landtag auf der Grundlage der Fassung des Musterentwurfs von 1963 eingebrachten Regierungsentwurf für ein Landesverwaltungsgesetz in Schleswig-Holstein übernahm der Gesetzgeber die „Münchener Fassung“ mit geringfügigen Abweichungen, die der Sonderausschuss des Schleswig-Holsteinischen Landtages empfohlen hatte.[213] Die mit dem Musterentwurf angestrebte Rechtseinheit wurde einerseits durch die weitgehende Übereinstimmung, andererseits durch die Anpassung an die weitere Entwicklung des Musterentwurfs gewahrt. Zudem stellte die „Münchener Fassung“ die Grundlage für die weiteren Gesetzgebungsarbeiten auf Bundesebene dar.[214]

IV. Zusammenfassung

Der Bund-Länder-Ausschuss legte mit den Veröffentlichungen des Musterentwurfs von 1963 und seiner „Münchener Fassung“ von 1966 den Grundstein für eine Verwaltungsreform in Schleswig-Holstein und auf Bundesebene. Bei der Erarbeitung des Musterentwurfs dienten als Vorarbeiten einerseits Gesetze und Gesetzentwürfe, andererseits die auf wissenschaftlichen Tagungen gewonnenen

211 *Sigulla*, EVwVerfG 1966, S. 300; *Klappstein/von Unruh*, Rechtsstaatliche Verwaltung durch Gesetzgebung, S. 78 f.

212 *Riedl*, in: Obermayer/Fritz/Allesch, VwVfG, Einl. Rn. 27; *Ule*, Die Kodifizierung des Verwaltungsverfahrensrechts, in: Jeserich, Deutsche Verwaltungsgeschichte, Bd. 5, S. 1171; *Bredemeier*, Kommunikative Verfahrenshandlungen, S. 34.

213 D. IV. 2. d), S. 124 ff.

214 *Sigulla*, EVwVerfG 1966, S. 300 f.; *Klappstein/von Unruh*, Rechtsstaatliche Verwaltung durch Gesetzgebung, S. 79.

Erkenntnisse. Den für die Notwendigkeit eines einheitlichen Verwaltungsverfahrensgesetzes sprechenden Interessen standen jedoch auch erhebliche Bedenken entgegen. Insofern bildete der Musterentwurf von 1963 einen ersten Schritt zur Überleitung der bisherigen Reformbestrebungen in die Gesetzgebungsverfahren des Bundes und des Landes Schleswig-Holstein.

C. Die Entstehung des Verwaltungsverfahrensgesetzes des Bundes (VwVfG)

I. Das Gesetzgebungsverfahren für das Verwaltungsverfahrensgesetz des Bundes

Die Bundesregierung nahm bereits in ihrer Regierungserklärung vom 18.10.1963 den Erlass eines Verwaltungsverfahrensgesetzes in ihr Gesetzgebungsprogramm auf. Dabei stellte Bundeskanzler Ludwig Erhard die Bedeutung einer entsprechenden Verfahrensordnung für die Bundesregierung heraus, indem er ihre Aufgabe darin sah, dass Bund und Länder für das Verwaltungsverfahren gemeinsam ein einheitliches Recht und infolgedessen zum ersten Mal eine einheitliche Rechtsordnung der Verwaltungstätigkeit schaffen sollten.[215]

Allerdings stellte der Bundesinnenminister einen auf der Grundlage des Musterentwurfs beruhenden Referentenentwurf erst im Dezember 1965 fertig. Dieser bezog sowohl die Anregungen der Literatur und unterschiedlicher Gremien als auch die Auswertung der innerhalb der verantwortlichen Fachressorts der Bundesregierung geführten Diskussion mit ein.[216] Nach der Anpassung des Referentenentwurfs an die „Münchener Fassung" des Musterentwurfs im Jahre 1967 folgte eine Beratung mit den Fachressorts von Bund und Ländern. In deren Nachgang entstand im Jahre 1970 eine weitere Fassung des Referentenentwurfs.[217]

1. Der Regierungsentwurf 1970

Am 20.02.1970 ersuchten die Fraktionen der SPD und der FDP die Bundesregierung mit einem Erschließungsantrag, dem Bundestag bis zum 31.10.1970 den Entwurf für ein Verwaltungsverfahrensgesetz vorzulegen.[218] Der mündliche Bericht des Innenausschusses über diesen Antrag vom 19.03.1970 enthielt eine

215 BT Stenographische Berichte 4/90, S. 4204 B, C.

216 *Sigulla*, EVwVerfG 1966, S. 299.

217 *Klappstein/von Unruh*, Rechtsstaatliche Verwaltung durch Gesetzgebung, S. 128 f.; *Ule*, Die Kodifizierung des Verwaltungsverfahrensrechts, in: Jeserich, Deutsche Verwaltungsgeschichte, Bd. 5, S. 1172.

218 BT-Drucksache VI/409.

entsprechende Beschlussempfehlung des Innenausschusses.[219] In der Sitzung des Bundestages vom 15.04.1970 wurde der Antrag bei nur einer Enthaltung beschlossen.[220]

Am 15.05.1970 übersandte die Bundesregierung diese Gesetzesvorlage nebst Begründung dem Bundesrat.[221] Daraufhin beschloss der Bundesrat in seiner 354. Sitzung am 26.06.1970, zu der Gesetzesvorlage Stellung zu nehmen.[222] Anschließend ging der von der Bundesregierung beschlossene Entwurf eines Verwaltungsverfahrensgesetzes einschließlich der Stellungnahme des Bundesrates dem Bundestag am 21.09.1970 zur Herbeiführung der Beschlussfassung zu.[223]

a) Begründung

Die allgemeine Begründung zum Regierungsentwurf 1970 umfasst die wesentlichen für eine Kodifizierung des Verwaltungsverfahrensrechts sprechenden Gründe. Sie enthält jedoch im Vergleich zu der Begründung des Musterentwurfes nur wenige Änderungen. Neben den bereits oben aufgeführten Zweckmäßigkeitserwägungen kommen nunmehr auch rechtspolitische und -staatliche Gesichtspunkte zum Tragen.[224]

Im modernen Rechts- und Sozialstaat wird das Verhältnis zwischen Bürger und Behörden sowohl im Bereich der Eingriffsverwaltung als auch insbesondere im Rahmen der Leistungsverwaltung nachhaltig gestaltet. Dabei befasst sich die Verwaltungstätigkeit mit dem Ausgleich zwischen den Interessen des Einzelnen und den Interessen des Staates. Die Durchführung dieses Ausgleiches richtet sich nach den verfassungsrechtlichen Vorgaben des Grundgesetzes, so dass die Verwaltung nach dem Grundsatz der Gesetzmäßigkeit der Verwaltung an Gesetz und Recht gebunden ist. Zwar werden auch ungeschriebene Rechtsgrundsätze diesen Anforderungen gerecht. Jedoch ist zu beachten, dass das Maß der Wechselwirkung zwischen Staat und einzelnem Bürger im modernen Rechts- und Sozialstaat – vor allem in Anbetracht der Entwicklung zum Vorsorgestaat – zunehmen wird und deshalb die Anwendung ungeschriebener Rechtsgrundsätze dem Rechtsstaatsprinzip widerspricht. Denn die dem Bürger fehlende Kenntnis der ungeschriebenen Rechtsgrundsätze führt zur Unkenntnis der der Entscheidung

219 BT-Drucksache VI/579.

220 BT Stenographische Berichte 6/42, S. 2206 C.

221 BR-Drucksache 269/70.

222 BR-Drucksache 269/70 – Beschluss –.

223 BT-Drucksache VI/1173.

224 BT-Drucksache VI/1173, S. 25.

der Verwaltung zugrunde gelegten Verfahrensnorm. Dadurch wird jedoch auch die Rechtsweggarantie aus Art. 19 Abs. 4 GG eingeschränkt, da dem Bürger ohne ein entsprechendes Gesetz keine Möglichkeit zur Überprüfung des von der Verwaltungsbehörde durchgeführten Verwaltungsverfahrens zur Verfügung steht. Infolgedessen werden mit der Kodifikation des Verwaltungsverfahrensrechts der Grundsatz der Gesetzmäßigkeit der Verwaltung und die Rechtssicherheit gewahrt.[225]

Weiterhin wird durch den Erlass eines Verwaltungsverfahrensgesetzes das bestehende Verfassungsrecht konkretisiert. Die im Verwaltungsverfahren zur Anwendung kommenden verfassungsrechtlichen Grundsätze werden durch die Kodifikation in konkrete Rechtsbestimmungen umgesetzt. Zu diesen auf dem Grundgesetz beruhenden Grundsätzen zählen unter anderem die Rechts- und Amtshilfe gemäß Art. 35 Abs. 1 GG, der Anspruch auf rechtliches Gehör nach Art. 103 Abs. 1 GG, das Verhältnismäßigkeitsprinzip sowie die aus dem Rechtsstaatsprinzip und der Rechtsweggarantie gemäß Art. 19 Abs. 4 GG abgeleitete Begründungspflicht der Behörden bei belastenden Verwaltungsakten. Zwar ist die Verwaltung an die Verfassung gebunden, jedoch obliegt es dem Gesetzgeber, die entsprechenden verfassungsrechtlichen Grundsätze für die Behörden in einfaches Gesetzesrecht umzugestalten.[226]

b) Beratung im Bundestag

In der ersten Lesung des Entwurfs eines Verwaltungsverfahrensgesetzes im Bundestag am 14.10.1970 begrüßten die Abgeordneten Schneider (CDU/CSU), Bühling (SPD) und Kleinert (FDP) den Regierungsentwurf.[227] Nach Auffassung des Abgeordneten Schneider fördere die Kodifikation eines allgemeinen Verwaltungsverfahrensrechts nicht nur die Ziele der Rechtseinheit und der Rechtssicherheit, sondern entspreche auch den Bedürfnissen der Verwaltungspraxis.[228] Die Verwaltungstätigkeit des sozialen Rechtsstaates werde durch die Vereinheitlichung und Kodifizierung des Verwaltungsverfahrensrechts für den Bürger übersichtlicher und leichter verständlich, so dass damit auch eine Stärkung seiner Rechtsstellung einhergehe. Neben einer Steigerung der Effizienz des Verwaltungshandelns bewirke das Gesetz eine zweckmäßige Organisation und funktionale Gliederung

225 BT-Drucksache VI/1173, S. 25.
226 BT-Drucksache VI/1173, S. 25.
227 BT Stenographische Berichte 6/72, S. 4003 C – 4005 B.
228 BT Stenographische Berichte 6/72, S. 4003 D.

der Verwaltung.[229] Der Grundsatz der Gesetzmäßigkeit der Verwaltung gelte nach wie vor, allerdings mit dem Unterschied, dass nicht mehr ungeschriebene Rechtsgrundsätze und eine Vielzahl an verfahrensrechtlichen Sonderbestimmungen, sondern ein einheitliches Gesetz als Grundlage des Verwaltungsverfahrensrechts herangezogen werde.[230] Der Abgeordnete Bühling betonte, dass ein einheitliches und klares Verwaltungsverfahren zum einen dem Bürger, zum anderen aber auch der Steigerung der Effizienz der Verwaltung sowie der Übersichtlichkeit der Rechtsprechung diene.[231] Eine Vereinheitlichung des bisher in 80 Einzelgesetze zersplitterten Verwaltungsverfahrens sei sowohl für den Bürger als auch für Verwaltung und Gerichte vorteilhaft. Im alltäglichen Umgang mit der Verwaltung sei für den Bürger vor allem eine zügige und umfassende Gewährung seiner ihm durch das Grundgesetz gewährten Rechte von wesentlicher Bedeutung.[232] Schließlich äußerte sich der Abgeordnete Kleinert dahingehend, dass sich eine aus der notwendigen Zusammenarbeit mit den Ländern folgende Beschränkung auf einen festen Rahmen für das Verwaltungshandeln nicht nachteilig auswirke.[233] Die Zusammenarbeit zwischen Bund und Ländern in Bezug auf die Beseitigung etwaiger Mängel in der Kompetenzverteilung könne Vorbildwirkung für künftige Gesetzgebungsverfahren entfalten.[234]

Anschließend wurde der Gesetzentwurf dem Innenausschuss als federführendem Ausschuss und dem Rechtsausschuss als mitberatendem Ausschuss überwiesen.[235] Die vorzeitige Auflösung des 6. Deutschen Bundestages am 22.09.1972 führte jedoch aufgrund des Diskontinuitätsprinzips[236] zur Beendigung des Gesetzgebungsverfahrens, so dass keine abschließende Beratung und Verabschiedung des Regierungsentwurfs stattfinden konnte.[237]

229 BT Stenographische Berichte 6/72, S. 4004 A.
230 BT Stenographische Berichte 6/72, S. 4004 B.
231 BT Stenographische Berichte 6/72, S. 4004 C.
232 BT Stenographische Berichte 6/72, S. 4004 D.
233 BT Stenographische Berichte 6/72, S. 4005 A.
234 BT Stenographische Berichte 6/72, S. 4005 B.
235 BT Stenographische Berichte 6/72, S. 4005 B.
236 Das Diskontinuitätsprinzip ist ein verfassungsrechtlicher Grundsatz, nach dem alle vom alten Bundestag noch nicht beschlossenen Gesetzesvorlagen vom neuen Bundestag neu eingebracht und beraten werden müssen.
237 BT-Drucksache VI/3831; *Wittinger*, in: Obermayer/Funke-Kaiser, VwVfG, Einl. Rn. 18; *Bredemeier*, Kommunikative Verfahrenshandlungen, S. 35.

c) *Diskussion in der Literatur*

Während der Musterentwurf eingehend erörtert wurde, begegnete die Literatur dem Regierungsentwurf 1970 mit Zurückhaltung. Lediglich der Verwaltungsrechtsausschuss des Deutschen Anwaltvereins unter dem Vorsitz des Rechtsanwalts und Notars Bernhard Danckelmann gab am 02.02.1971 eine umfassende Stellungnahme zum Regierungsentwurf 1970 ab. Darin bezog der Ausschuss vor allem Stellung gegen eine subsidiäre Geltung des Verwaltungsverfahrensgesetzes, weil nicht eine Anpassung der bestehenden Sonderregelungen an das Verwaltungsverfahrensgesetz, sondern im Gegenteil eine Schaffung neuer Verfahrensvorschriften in den jeweiligen Einzelgesetzen zu erwarten sei.[238] Weiterhin verschafften die Beiträge von Hans Spanner und Gerhard Kubsch einen allgemeinen Überblick über den Regierungsentwurf 1970.[239]

2. Der Regierungsentwurf 1973

Am 23.03.1973 übersandte die Bundesregierung dem Bundesrat wiederum einen Entwurf eines Verwaltungsverfahrensgesetzes mit Begründung.[240] Dieser Regierungsentwurf wurde an zwei Tagen von den zuständigen Bundesressorts mit den Fachressorts der Länder beraten, bevor zunächst in Unterausschüssen des Innen- und Rechtsausschusses des Bundesrates und anschließend im Innen-, Finanz- und Rechtsausschuss selbst eine ausführliche Erörterung stattfand.[241] Der Bundesrat beschloss in seiner 393. Sitzung am 04.05.1973 eine Stellungnahme zu diesem Gesetzentwurf.[242] Am 18.07.1973 ging der von der Bundesregierung beschlossene Entwurf eines Verwaltungsverfahrensgesetzes mit der Stellungnahme des Bundesrates dem Bundestag zur Herbeiführung der Beschlussfassung zu.[243]

a) *Begründung*

Der Regierungsentwurf 1973 entspricht in Struktur und Systematik dem Regierungsentwurf 1970. Infolge neuer Entwicklungen und Erkenntnisse auf dem Gebiet des Verwaltungsverfahrensrechts bestehen jedoch einige Abweichungen

---

238 Bericht über die Stellungnahme des Verwaltungsrechtsausschusses des DAV zum Entwurf eines Verwaltungsverfahrensgesetzes – BT-Drucks. VI/1173 –, AnwBl. 1971, 168 ff.

239 *Spanner*, JZ 1970, 671 ff.; *Kubsch*, Staats- und Kommunalverwaltung 1971, 5 ff.

240 BR-Drucksache 227/73.

241 BR Stenographische Berichte 393/73, S. 162 A.

242 BR-Drucksache 227/73 – Beschluss –.

243 BT-Drucksache 7/910.

gegenüber dem früheren Entwurf.[244] Zunächst berücksichtigt die Bundesregierung die Empfehlungen des Bundesrates zum Regierungsentwurf 1970, denen sie zugestimmt hat. Weiterhin nimmt die Bundesregierung die aus den Beratungen des Innen- und Rechtsausschusses des Bundestages hervorgegangenen Änderungen in den neuen Entwurf auf. Schließlich werden auch zweckmäßige Änderungsvorschläge aus der Literatur miteinbezogen.[245] Im Übrigen wird eine weitgehende Harmonisierung der drei zu diesem Zeitpunkt im Gesetzgebungsverfahren befindlichen Verfahrensgesetze – Verwaltungsverfahrensgesetz, Abgabenordnung und Sozialgesetzbuch – angestrebt.[246]

Die Berücksichtigung der aufgeführten Anregungen bei der Überarbeitung des Regierungsentwurfs 1970 führt insbesondere zur Aufnahme folgender Bestimmungen: Besorgnis der Befangenheit (§ 17), Amtssprache (§ 19), Beratung und Auskunft (§ 21), Geheimhaltung (§ 26), Zusicherung (§ 34), Ermessen (§ 36), Umdeutung eines fehlerhaften Verwaltungsaktes (§ 43), Wiederaufgreifen des Verfahrens (§ 47) sowie Rückgabe von Urkunden und Sachen (§ 48). Zudem werden die bisherigen Ermessensnormen über die Anhörung Beteiligter und die Gestattung von Akteneinsicht in gebundene Normen umgestaltet (§ 24 und § 25). Dagegen fällt die noch in § 19 des Regierungsentwurfs 1970 enthaltene Regelung über die Abnahme des Eides weg.[247]

Die Bundesregierung bezweckt mit der Aufnahme dieser Bestimmungen in den Regierungsentwurf 1973 eine zunehmende rechtsstaatliche Ausgestaltung des Verwaltungsverfahrens, eine Verbesserung der Rechtsstellung des Bürgers sowie eine höhere Vorhersehbarkeit behördlicher Entscheidungen.[248]

b) Beratung im Bundestag

Im Anschluss an die erste Lesung des Gesetzentwurfs in der 48. Sitzung am 13.09.1973[249] leitete der Bundestag die Vorlage dem federführenden Innenausschuss

---

244 BT-Drucksache 7/910, S. 30.

245 BR Stenographische Berichte 393/73, S. 161 D, 162 A; *Sachs*, in: Stelkens/Bonk/Sachs, VwVfG, Einl. Rn. 35.

246 BR Stenographische Berichte 393/73, S. 162 D; *Sachs*, in: Stelkens/Bonk/Sachs, VwVfG, Einl. Rn. 35.

247 BT-Drucksache 7/910, S. 30; *Klappstein/von Unruh*, Rechtsstaatliche Verwaltung durch Gesetzgebung, S. 131; *Wittinger*, in: Obermayer/Funke-Kaiser, VwVfG, Einl. Rn. 18; *Ule*, Die Kodifizierung des Verwaltungsverfahrensrechts, in: Jeserich, Deutsche Verwaltungsgeschichte, Bd. 5, S. 1172.

248 BT-Drucksache 7/910, S. 30.

249 BT Stenographische Berichte 7/48, S. 2808 A.

und dem Rechtsausschuss zu. Die ausführlichen Erörterungen des Gesetzentwurfes in den Ausschüssen endeten mit der abschließenden Beratung des Innenausschusses am 04.12.1975.

Die Abgeordneten Gerlach, Bühling und Wendig erstatteten am 18.12.1975 einen entsprechenden Ausschussbericht.[250] Dabei kam der Innenausschuss den vom Bundesrat in seiner Stellungnahme zu den §§ 25, 63, 65, 69 und 70 des Regierungsentwurfs 1973 geäußerten Empfehlungen nach, Sonderregelungen für sogenannte Massenverfahren[251] zu erarbeiten, indem er sich vor allem für eine Ergänzung des Regierungsentwurfs 1973 um die Vorschriften der §§ 17–19 aussprach.[252] Die Anregungen des Innenausschusses zur Normierung des Massenverfahrens beruhten unter anderem auf einem von dem Bundesminister der Justiz beim Forschungsinstitut der Hochschule für Verwaltungswissenschaften Speyer in Auftrag gegebenen Gutachten über eine künftige gesetzliche Regelung für Massenverfahren im Verwaltungsverfahrensrecht und im Verfahrensrecht für die Verwaltungsgerichte.[253] Während der Bundestag die vom Innenausschuss empfohlene Ergänzung des Regierungsentwurfs 1973 um die Sonderbestimmungen für Massenverfahren vornahm, wurde eine Regelung der Verbandsbeteiligung einschließlich einer Verbandsklage nicht in das Verwaltungsverfahrensgesetz aufgenommen.[254]

Die zweite und dritte Lesung des von der Bundesregierung eingebrachten Entwurfs eines Verwaltungsverfahrensgesetzes erfolgte am 15.01.1976.[255] In der Aussprache der zweiten Lesung wies der Abgeordnete Gerlach (CDU/CSU) darauf hin, dass dem Bürger durch die Vereinfachungen und Vereinheitlichungen zumindest die Systematik des Verwaltungsverfahrens und die Einordnung seiner Rechte und deren Anwendung begreiflich gemacht werde. Im Übrigen sei in den Beratungen der Ausschüsse eine weitgehende Übereinstimmung des Verwaltungsverfahrensgesetzes mit den Bestimmungen der Abgabenordnung hergestellt worden.[256] Der Abgeordnete Bühling (SPD) betonte die mit großem Aufwand verbundene Zusammenführung verschiedenartiger Interessen und Bedürfnisse der Länder, der

250 BT-Drucksache 7/4494.

251 Ein Massenverfahren stellt ein Verfahren dar, bei dem eine erhebliche Anzahl von Personen an einer Verwaltungsentscheidung beteiligt ist.

252 BT-Drucksache 7/910, S. 101, 105 f.

253 *Laubinger*, Gutachten über eine künftige gesetzliche Regelung für Massenverfahren im Verwaltungsverfahrensrecht und im Verfahrensrecht für die Verwaltungsgerichte.

254 BT-Drucksache 7/4494, S. 4.

255 BT Stenographische Berichte 7/212.

256 BT Stenographische Berichte 7/212, S. 14690 D.

Ressorts des Bundes, der Rechtsprechung und der Wissenschaft zu einem einheitlichen Verfahrensrecht.[257] Schließlich befürwortete der Parlamentarische Staatssekretär beim Bundesminister des Innern Gerhart Baum, dass die Ausschüsse zur Stärkung der Stellung des Bürgers gegenüber der Verwaltung durch Umsetzung der betreffenden Änderungsvorschläge beigetragen hätten.[258]

Der Regierungsentwurf 1973 wurde in zweiter Lesung gegen die Stimmen der Opposition und in dritter Lesung einstimmig angenommen.

c) Diskussion in der Literatur

Im Gegensatz zum Musterentwurf hielt sich die Kritik am Regierungsentwurf 1973 in Grenzen. Wie bereits beim Regierungsentwurf 1970 setzte sich der Verwaltungsrechtsausschuss des Deutschen Anwaltvereins, diesmal unter dem Vorsitz des Rechtsanwalts Konrad Redeker, in einer Stellungnahme vom 05.11.1973 ausführlich mit dem Regierungsentwurf 1973 auseinander. Neben der Nachbesserung mehrerer Einzelbestimmungen forderte der Verwaltungsrechtsausschuss auf der einen Seite eine höhere Übereinstimmung zwischen den Entwürfen des Verwaltungsverfahrensgesetzes und der Abgabenordnung, auf der anderen Seite eine Lösung der Problematik der sogenannten Massenverfahren in dem Gesetzentwurf.[259] Auch der am 22.04.1974 in Athen gehaltene Vortrag von Carl Hermann Ule über Probleme des Verwaltungsverfahrensrechts beinhaltete kritische Anmerkungen.[260] Außerdem behandelten Fritz Haueisen und Konrad Redeker in ihren Beiträgen bedeutsame Regelungen des Regierungsentwurfs 1973.[261] Demgegenüber fasste Hans-Werner Laubinger in seiner Abhandlung noch einmal die Entstehungsgeschichte dieses Gesetzentwurfs zusammen.[262]

---

257 BT Stenographische Berichte 7/212, S. 14692 C.

258 BT Stenographische Berichte 7/212, S. 14694 C.

259 Bericht über die Stellungnahme des Verwaltungsrechtsausschusses des DAV zum Entwurf eines Verwaltungsverfahrensgesetzes – BT-Drucks. 7/910 –, AnwBl. 1974, 145 ff.

260 *Ule*, Probleme des Verwaltungsverfahrensrechts in der Bundesrepublik Deutschland: Vortrag gehalten am 22. April 1974 in der Panteios Hochschule für politische Wissenschaften.

261 *Haueisen*, DÖV 1973, 653 ff.; *Redeker*, DVBl. 1973, 744 ff.

262 *Laubinger*, JA 1975, 593 ff.

d) *Anrufung des Vermittlungsausschusses*

Der Bundesrat beschloss in seiner 431. Sitzung am 20.02.1976 die Anrufung des Vermittlungsausschusses.[263] Die in dieser Sitzung zu Protokoll gegebenen Berichte des Innenministers des Landes Nordrhein-Westfalen Burkhard Hirsch und des Parlamentarischen Staatssekretärs beim Bundesminister des Innern Jürgen Schmude verdeutlichten erneut die gegensätzlichen Standpunkte von Bundesregierung und Bundestag einerseits und Bundesrat andererseits in Bezug auf das zentrale Problem des Anwendungsbereichs.[264] Der Vermittlungsausschuss setzte sich in zwei Sitzungen am 11.03.1976 und am 18.03.1976 mit dem Anrufungsbegehren auseinander. Im Anschluss an die Berichterstattung des Abgeordneten Schäfer (SPD) für den Vermittlungsausschuss nahm der Bundestag die Änderungsvorschläge des Vermittlungsausschusses[265] am 01.04.1976 einstimmig an.[266] Daraufhin stimmte der Bundesrat nach Berichterstattung des Justizministers des Landes Schleswig-Holstein Henning Schwarz in seiner 433. Sitzung am 09.04.1976 dem vom Bundestag verabschiedeten Gesetz zu.[267] Am 25.05.1976 wurde das Verwaltungsverfahrensgesetz vom Bundespräsidenten ausgefertigt und am 29.05.1976 im Bundesgesetzblatt verkündet.[268] Gemäß § 103 Abs. 1 VwVfG trat es am 01.01.1977 in Kraft.

3. Umstrittene Themenbereiche während des Gesetzgebungsverfahrens

a) *Anwendungsbereich*

Der Musterentwurf ging noch von dem Erlass einer weitgehend übereinstimmenden Bundes- und Länderfassung für die öffentlich-rechtliche Verwaltungstätigkeit der Bundesbehörden auf der einen Seite und der Landes- und Kommunalbehörden auf der anderen Seite aus, so dass § 1 der Bundesfassung des Musterentwurfs den Anwendungsbereich auf die Behörden des Bundes, der bundesunmittelbaren Körperschaften, Anstalten und Stiftungen des öffentlichen Rechts eingrenzte. Der in der „Münchener Fassung" des Musterentwurfs vollzogene Wechsel von einer parallelen

---

263 BR-Drucksache 45/76 – Beschluss –; BR Stenographische Berichte 431/76, S. 35 B, C.

264 BR Stenographische Berichte 431/76, S. 61 ff.

265 BT-Drucksache 7/4908.

266 BT Stenographische Berichte 7/233, S. 16226 D – 16227 D.

267 BR-Drucksache 223/76 – Beschluss –; BR Stenographische Berichte 433/76, S. 138 A – 139 A.

268 BGBl. I Nr. 59 vom 29.05.1976, S. 1253.

Bundes- und Länderfassung hin zu nur einer Bundesfassung bewirkte eine Erweiterung des Anwendungsbereiches des § 1 Abs. 1 auch auf die Verwaltungstätigkeit der Landes- und Kommunalbehörden, wenn sie das bei Inkrafttreten des Verwaltungsverfahrensgesetzes bestehende Bundesrecht im Auftrag des Bundes ausführen. Nach § 1 Abs. 2 galten zudem Teil III und IV des Gesetzes – Verwaltungsakt und öffentlich-rechtlicher Vertrag – für die Landes- und Kommunalbehörden, wenn sie das bestehende Bundesrecht als eigene Angelegenheit ausführen. Ferner war der Bund nach § 1 Abs. 3 befugt, das Verwaltungsverfahrensgesetz durch ein Bundesgesetz für anwendbar zu erklären.

Im Regierungsentwurf 1970 wurde der Absatz 2 der „Münchener Fassung" dahingehend geändert, dass nunmehr das Verwaltungsverfahrensgesetz des Bundes für die Landes- und Kommunalbehörden auch dann gilt, wenn sie Bundesrecht, das Gegenstände der ausschließlichen oder konkurrierenden Gesetzgebung des Bundes betrifft, als eigene Angelegenheit ausführen. In seiner Stellungnahme zum Regierungsentwurf 1970 empfahl der Bundesrat, die Verwaltungstätigkeit der Landes- und Kommunalbehörden im Auftrag des Bundes nicht in Absatz 1, sondern in Absatz 2 zu regeln. Wegen der Abhängigkeit der Verfahrensvorschriften von den ihre Grundlage bildenden materiellen Bestimmungen sei die Einbeziehung von Verfahrensvorschriften für künftige bundesrechtliche Regelungen in einem Verwaltungsverfahrensgesetz des Bundes verfassungsmäßig ausgeschlossen. Dies müsse auch für die Bundesauftragsverwaltung Berücksichtigung finden. Zudem forderte der Bundesrat die Streichung des Absatzes 3.[269] Die Bundesregierung stimmte diesen Vorschlägen des Bundesrates nicht zu. Insbesondere bestehe für den Bund die Möglichkeit, in jedes nach Art. 85 GG zu vollziehende Bundesgesetz übereinstimmende Verfahrensvorschriften einzufügen, so dass auch eine für künftige bundesrechtliche Regelungen geltende einheitliche Verfahrensregelung zulässig sein müsse.[270]

Der Regierungsentwurf 1973 übernahm die Absätze 1, 2 und 4, während Absatz 3 gestrichen wurde. In seiner Stellungnahme sprach sich der Bundesrat für eine Streichung der Nr. 2 des Absatzes 1 und des Absatzes 2 aus, die er nicht mehr verfassungsrechtlich, sondern verwaltungspolitisch rechtfertigte. Die Erweiterung des Anwendungsbereiches des Gesetzes auf Landes- und Kommunalbehörden führe bei diesen Behörden zu einem Nebeneinander von Bundes- und Landesverfahrensrechten. Soweit Bundesgesetze von den Ländern im Auftrag des Bundes oder als eigene Angelegenheit ausgeführt werden, gelte das Verwaltungsverfahrensgesetz

269 BT-Drucksache VI/1173, S. 83.
270 BT-Drucksache VI/1173, S. 89.

des Bundes, während demgegenüber für die auf Grundlage dieser Bundesgesetze erlassenen Landesverordnungen, für das Bundesrahmenrecht sowie für das Landesrecht das Landesverfahrensrecht heranzuziehen sei. Ein Nebeneinander bei der Anwendung von Bundes- und Landesrecht in einem Verfahren bewirke eine unzumutbare Vermengung selbständiger Verfahrensrechte. Diese Vermengung führe sowohl zu einer Uneinheitlichkeit und Unübersichtlichkeit des Verfahrensrechts für den Bürger als auch zu einer übermäßigen Belastung der Landes- und Kommunalbehörden. Um das Ziel einer im Interesse von Bürger und Behörde einfachen und zweckmäßigen Verfahrensregelung zu gewährleisten, müsse das Verfahrensrecht an die Behördenzuständigkeit anknüpfen.[271] Wiederum stimmte die Bundesregierung dem Vorschlag des Bundesrates nicht zu. In ihrer Gegenäußerung begründete sie das Festhalten an dem erweiterten Anwendungsbereich mit der mangelnden Befugnis der Länder zur Anwendung des Landesverwaltungsverfahrensrechts auf Vorschriften über annexe Materien im Bereich der ausschließlichen Gesetzgebungskompetenz des Bundes.[272]

Im Bundestag befürwortete die Koalition aus SPD und FDP den Standpunkt der Bundesregierung in Bezug auf den Anwendungsbereich des Verwaltungsverfahrensgesetzes, während die CDU/CSU-Fraktion in Übereinstimmung mit der Auffassung des Bundesrates am 14.01.1976 einen Änderungsantrag auf Streichung der Absätze 1 Nr. 2 und 2 in § 1 stellte.[273] In der Aussprache der zweiten Beratung im Bundestag hob der Abgeordnete Gerlach (CDU/CSU) noch einmal hervor, dass die Bundesregierung mit der derzeitigen Fassung des § 1 die im Grundgesetz festgelegten Zuständigkeiten der Länder beschränke und gegen den föderalen Aufbau der Bundesrepublik Deutschland verstoße.[274] Demgegenüber mache nach Auffassung des Abgeordneten Bühling (SPD) die Streichung der Absätze über die Ausführung der Bundesgesetze durch die Länder aus § 1 ein Verwaltungsverfahrensgesetz entbehrlich, weil für die Ausführung der meisten Bundesgesetze auf der unteren und mittleren Verwaltungsebene keine Bundesbehörden errichtet worden seien, um nicht den Behördenaufbau der Länder zu ändern.[275] Außerdem werde der Gedanke des kooperativen Föderalismus entwertet, wenn die umfassende Zusammenarbeit der Länder untereinander und mit dem Bund nicht einen erfolgreichen Abschluss in einem einheitlichen Verwaltungsverfahrensgesetz finde. Für die Landesbehörden stelle die Anwendung

271 BT-Drucksache 7/910, S. 99.
272 BT-Drucksache 7/910, S. 108.
273 BT-Drucksache 7/4569.
274 BT Stenographische Berichte 7/212, S. 14691 B, D.
275 BT Stenographische Berichte 7/212, S. 14692 D.

unterschiedlicher Landesverwaltungsverfahrensgesetze bei der materiellen Ausführung der Bundesgesetze eine erhebliche Belastung dar.[276] Der Parlamentarische Staatssekretär beim Bundesminister des Innern Gerhart Baum schloss sich in Bezug auf den als zentrales Problem des Verwaltungsverfahrensgesetzes bewerteten Anwendungsbereich den Ausführungen des Abgeordneten Bühling an.[277]

Im Anschluss an die Verabschiedung des § 1 in der Fassung des Regierungsentwurfs 1973 durch den Bundestag rief der Bundesrat den Vermittlungsausschuss an. Als Ergebnis des Vermittlungsverfahrens wurde der geltende Absatz 3 in § 1 eingefügt. Danach gilt das Verwaltungsverfahrensgesetz für die Ausführung von Bundesrecht durch die Länder nicht, soweit die öffentlich-rechtliche Verwaltungstätigkeit der Behörden landesrechtlich durch ein Verwaltungsverfahrensgesetz geregelt ist. Mit dem Erlass übereinstimmender Landesverwaltungsverfahrensgesetze trat eine tatsächliche Beschränkung des Anwendungsbereichs des Verwaltungsverfahrensgesetzes des Bundes auf die öffentlich-rechtliche Verwaltungstätigkeit der Bundesbehörden ein, so dass der Vermittlungsausschuss im Prinzip dem Vorschlag des Bundesrates folgte.

b) Subsidiarität

Der Musterentwurf sah noch eine unmittelbare Geltung des Verwaltungsverfahrensgesetzes vor, während seine „Münchener Fassung“ bereits eine in § 1 Abs. 1 eingefügte Subsidiaritätsklausel enthielt, die inhaltsgleichen oder entgegenstehenden Rechtsvorschriften des Bundes den Vorrang vor dem Gesetz gewährte. Gegen eine entsprechende Subsidiaritätsklausel sprach jedoch, dass nur eine umfassende Geltung des Verwaltungsverfahrensgesetzes dem Ziel einer Vereinheitlichung des Verwaltungsverfahrensrechts und einer Vereinfachung der Verwaltung gerecht werden konnte.

Dennoch wurde an der subsidiären Geltung des Verwaltungsverfahrensgesetzes festgehalten. Der Regierungsentwurf 1970 begründete diesen Entschluss damit, dass die Aufhebung des auf vielen Gebieten gewachsenen besonderen Verfahrensrechts der Bundes- und Landesgesetze in einem Vorgang zum einen aus rechtlichen, zum anderen aber auch aus rechtspolitischen und praktischen Gründen ausgeschlossen sei. Allerdings werde die Subsidiarität keine wesentlichen Auswirkungen auf die Geltung des Gesetzes haben, da aufgrund der Vorbildwirkung des Verwaltungsverfahrensgesetzes für die künftige Gesetzgebung in Bund und

---

276 BT Stenographische Berichte 7/212, S. 14693 A.
277 BT Stenographische Berichte 7/212, S. 14694 D, 14695 A.

Ländern die bisher bestehenden verfahrensrechtlichen Bestimmungen mit der Zeit aufgehoben werden würden.[278]

Demgegenüber zog der Bundesrat zur Wahrung der Rechtseinheit auf dem Gebiet des Verwaltungsverfahrensrechts in Erwägung, statt der Subsidiaritätsklausel des § 1 eine Bestimmung zu empfehlen, nach der inhaltsgleiches oder entgegenstehendes Bundesrecht nach 8 bis 10 Jahren insgesamt außer Kraft tritt. Um die Verabschiedung des Gesetzes nicht zu beeinträchtigen, forderte er jedoch schließlich nur die Umsetzung einer Rechtsbereinigung innerhalb von 8 Jahren nach Inkrafttreten des Verwaltungsverfahrensgesetzes mit dem Ziel, die in den zahlreichen Gesetzen enthaltenen Verfahrensregelungen aufzuheben.[279] Die Bundesregierung kündigte eine entsprechende Untersuchung an, bei der geprüft werden sollte, ob und in welchem Umfang dieser Forderung stattgegeben werden könne.[280]

Im Zusammenhang mit dem Regierungsentwurf 1973 nahm der Bundesrat seinen Vorschlag wieder auf.[281] Die Bundesregierung strebte nunmehr eine Bereinigung des Verwaltungsverfahrensrechts unmittelbar nach Inkrafttreten des Verwaltungsverfahrensgesetzes an, die durch nach Sachgebieten geordnete Bereinigungsgesetze verwirklicht werden sollte.[282]

Schließlich stellte der Innenausschuss am 12.12.1975 folgenden Antrag auf Annahme einer Entschließung:

> *„Die Bundesregierung wird ersucht, dafür Sorge zu tragen, daß die durch das Verwaltungsverfahrensgesetz angestrebte Vereinheitlichung des Verwaltungsverfahrensrechts binnen acht Jahren nach dem Inkrafttreten des Gesetzes verwirklicht sein wird.*
>
> *Das Verwaltungsverfahrensgesetz gilt nach § 1 nur subsidiär. Es ist also nicht anwendbar, soweit Rechtsvorschriften des Bundes inhaltsgleiche oder entgegenstehende Regelungen enthalten. Solche dem Verwaltungsverfahrensgesetz vorgehende Verfahrensvorschriften bestehen in großer Zahl. Eine weitgehende Vereinheitlichung des Verwaltungsverfahrensrechts ist somit nur durch eine umfassende Rechtsbereinigung zu erreichen. Die Gesetze und Rechtsverordnungen des Bundes müssen von allen verwaltungsverfahrensrechtlichen Sonderregelungen befreit werden, die nicht durch zwingende Gründe gerechtfertigt sind.*
>
> *Die Bundesregierung wird ersucht, zum 1. Januar 1982 einen 1. Bericht über die bis dahin erfolgten Maßnahmen sowie die vorgesehenen weiteren Schritte zur Herbeiführung eines einheitlichen Verfahrensrechtes vorzulegen.“*[283]

---

278 BT-Drucksache VI/1173, S. 25; *Sachs*, in: Stelkens/Bonk/Sachs, VwVfG, Einl. Rn. 34.
279 BT-Drucksache VI/1173, S. 83.
280 BT-Drucksache VI/1173, S. 89.
281 BT-Drucksache 7/910, S. 99.
282 BT-Drucksache 7/910, S. 108.
283 BT-Drucksache 7/4494, S. 13.

Der Bundestag stimmte diesem Entschließungsantrag in seiner Sitzung am 15.01.1976 einstimmig zu, so dass die Entschließung zusammen mit dem Verwaltungsverfahrensgesetz verabschiedet wurde.[284]

Die Entschließung bezweckte die Förderung der Ziele einer Vereinheitlichung des Verwaltungsverfahrensrechts und einer Vereinfachung der Verwaltung auch nach Verabschiedung des Verwaltungsverfahrensgesetzes. Sie regelte deshalb ausdrücklich die nächsten Schritte der Bundesregierung, um die Reform zeitnah zu einem Abschluss zu bringen. Dabei diente die Erstattung des Zwischenberichtes zum 01.01.1982 der Kontrolle der Bundesregierung in Bezug auf die Fortentwicklung der Vereinheitlichung. Die folgenden Jahre bestätigten jedoch die sich aus einem mangelnden Bewusstsein für andere Verwaltungsgebiete und einem Festhalten an abweichenden Verfahrensvorschriften in Einzelgesetzen ergebenden Bedenken an einer Subsidiaritätsklausel, so dass die Bundesregierung den Zwischenbericht zum 01.01.1982 nicht vorlegte.[285]

Die CDU/CSU-Fraktion beantragte deshalb am 04.03.1982, dass der Bundestag die Bundesregierung auffordern müsse, ihre Untätigkeit zu beenden und umgehend mit den für eine Bereinigung des Verwaltungsverfahrensrechts notwendigen Vorarbeiten zu beginnen.[286] In der Aussprache über diesen Antrag im Bundestag vom 30.04.1982 bezogen der Bundesminister des Innern Gerhart Baum sowie die Abgeordneten Miltner (CDU/CSU), Bühling (SPD) und Wendig (FDP) Stellung für eine umfassende Rechtsbereinigung.[287] Der Bundesminister des Innern Gerhart Baum rechtfertigte die bisherige Untätigkeit bezüglich der Rechtsbereinigung und des Berichtes mit der Komplexität der Aufgabe und einer angespannten Personalsituation.[288] Über den Antrag der CDU/CSU-Fraktion wurde jedoch bis zur vorzeitigen Auflösung des 9. Deutschen Bundestages am 07.01.1983 durch Anordnung des Bundespräsidenten Karl Carstens vom 06.01.1983 nicht mehr entschieden.[289]

---

284 BT Stenographische Berichte 7/212, S. 14695 C.

285 *Klappstein/von Unruh*, Rechtsstaatliche Verwaltung durch Gesetzgebung, S. 135 f.

286 BT-Drucksache 9/1415.

287 BT Stenographische Berichte 9/98, S. 5915 D – 5922 D.

288 BT Stenographische Berichte 9/98, S. 5917 B – 5919 B.

289 BGBl. I Nr. 1 vom 07.01.1983, S. 1; *Klappstein/von Unruh*, Rechtsstaatliche Verwaltung durch Gesetzgebung, S. 168; *Sachs*, in: Stelkens/Bonk/Sachs, VwVfG, Einl. Rn. 62.

c) *Revisibilität*

Während das Verwaltungsverfahrensgesetz des Bundes als Bundesrecht nach § 137 Abs. 1 VwGO revisibel ist, fehlte eine entsprechende Regelung für die Verwaltungsverfahrensgesetze der Länder. Deshalb wies der Musterentwurf mit § 83 der Länderfassung eine Vorschrift auf, nach der die Revision auch darauf gestützt werden kann, dass das angefochtene Urteil auf der Verletzung der Vorschriften der Teile III und IV dieses Gesetzes beruht. Im Gegensatz dazu wurde eine entsprechende Bestimmung in § 83 des Regierungsentwurfs 1970 und in § 92 des Regierungsentwurfs 1973 nicht aufgenommen, da sich deren Anwendungsbereich auch auf die Ausführung von Bundesrecht durch die Landesbehörden erstreckte.

Die Anrufung des Vermittlungsausschusses durch den Bundesrat mit dem Ziel der Beschränkung des Anwendungsbereichs auf Bundesbehörden führte zu einer Ergänzung des § 97 VwVfG.[290] Gemäß § 97 Nr. 3 VwVfG wurde § 137 Abs. 1 VwGO dahingehend geändert, dass die Revision auch darauf gestützt werden kann, dass das angefochtene Urteil auf der Verletzung einer Vorschrift des Verwaltungsverfahrensgesetzes eines Landes beruht, die ihrem Wortlaut nach mit dem Verwaltungsverfahrensgesetz des Bundes übereinstimmt.

Zur Begründung erläuterte der Bundesrat, dass auch bei Erlass gleichlautender Landesverwaltungsverfahrensgesetze das Landesrecht grundsätzlich irrevisibel sei. Aus diesem Grund müsse entweder die Revisibilität in jedem Landesverwaltungsverfahrensgesetz gesondert normiert oder durch den Bund einheitlich für alle Länder geregelt werden. Durch die Änderung der Verwaltungsgerichtsordnung werde die Erhaltung der Rechtseinheit auf dem Gebiet des Verwaltungsverfahrensrechts gewährleistet.[291]

II. Verwaltungsverfahrensgesetze der Länder

In der Sitzung des Bundesrates vom 20.02.1976 erklärte der Innenminister des Landes Nordrhein-Westfalen Burkhard Hirsch, dass er der am selben Tag zusammentretenden Innenministerkonferenz den Beschluss angeregt habe, nach Erlass des Verwaltungsverfahrensgesetzes des Bundes in den Ländern dem Bundesgesetz inhaltlich und wörtlich gleichende Landesverwaltungsverfahrensgesetze zu verabschieden.[292] Diesen formlosen Beschluss zur Simultangesetzgebung

290 BT-Drucksache 7/4798.

291 BT-Drucksache 7/4798, S. 3.

292 BR Stenographische Berichte 431/76, S. 62 A, B.

fassten die Innenminister der Länder daraufhin im Rahmen der Innenministerkonferenz.[293]

Danach wurde in jedem Land ein entsprechendes Landesverwaltungsverfahrensgesetz geschaffen, dem entweder eine nahezu wörtliche Übernahme von Vorschriften des Verwaltungsverfahrensgesetzes des Bundes oder eine Verweisung auf diese Kodifikation zugrunde lag. Während das Verwaltungsverfahrensgesetz des Landes Niedersachsen[294] nur statisch auf das Bundesgesetz verwies, wurde in den Ländern Berlin[295] und Rheinland-Pfalz[296] eine dynamische Verweisung auf das Verwaltungsverfahrensgesetz des Bundes in seiner jeweils geltenden Fassung gewählt. Demgegenüber erließen die Länder Baden-Württemberg[297], Bayern[298], Bremen[299], Hamburg[300], Hessen[301], Nordrhein-Westfalen[302] und das Saarland[303] vollständige Regelungen des Verwaltungsverfahrensrechts. Die Landesverwaltungsverfahrensgesetze traten in den Ländern mit Ausnahme von Baden-Württemberg und Hamburg gemeinsam mit dem Bundesverwaltungsverfahrensgesetz am 01.01.1977 in Kraft. Schleswig-Holstein passte sein bereits 1968 in Kraft getretenes Landesverwaltungsgesetz dem Verwaltungsverfahrensgesetz des Bundes nach dessen Erlass

---

293 *Kopp/Ramsauer*, VwVfG, Einf. I Rn. 6; *Sachs*, in: Stelkens/Bonk/Sachs, VwVfG, Einl. Rn. 37; *Ule*, Die Kodifizierung des Verwaltungsverfahrensrechts, in: Jeserich, Deutsche Verwaltungsgeschichte, Bd. 5, S. 1176 f.

294 Niedersächsisches Verwaltungsverfahrensgesetz (NVwVfG) vom 03.12.1976 (GVBl. S. 311).

295 Gesetz über das Verfahren der Berliner Verwaltung vom 08.12.1976 (GVBl. S. 2735, ber. S. 2898).

296 Landesgesetz über das Verwaltungsverfahren in Rheinland-Pfalz (Landesverwaltungsverfahrensgesetz – LVwVfG –) vom 23.12.1976 (GVBl. S. 308).

297 Verwaltungsverfahrensgesetz für Baden-Württemberg (Landesverwaltungsverfahrensgesetz – LVwVfG) vom 21.06.1977 (GBl. S. 227).

298 Bayerisches Verwaltungsverfahrensgesetz (BayVwVfG) vom 23.12.1976 (GVBl. S. 544).

299 Bremisches Verwaltungsverfahrensgesetz (BremVwVfG) vom 15.11.1976 (GBl. S. 243).

300 Hamburgisches Verwaltungsverfahrensgesetz (HmbVwVfG) vom 09.11.1977 (GVBl. S. 333, ber. S. 402).

301 Hessisches Verwaltungsverfahrensgesetz (HVwVfG) vom 01.12.1976 (GVBl. I S. 454, ber. 1977 I S. 95).

302 Verwaltungsverfahrensgesetz für das Land Nordrhein-Westfalen (VwVfG NW) vom 21.12.1976 (GV. NW. S. 438).

303 Saarländisches Verwaltungsverfahrensgesetz (SVwVfG) vom 15.12.1976 (Amtsbl. S. 1151).

lediglich an.[304] Mit dem Inkrafttreten der neuen Fassung des Schleswig-Holsteinischen Landesverwaltungsgesetzes am 01.04.1979 wurde somit das Ziel der Rechtseinheit in Bund und Ländern im Bereich des Verwaltungsverfahrensrechts durch eine weitgehende Übereinstimmung der verfahrensrechtlichen Bestimmungen und durch eine der Umsetzung in die Praxis dienende Revisibilität der Landesverwaltungsverfahrensgesetze gemäß § 137 Abs. 1 Nr. 2 VwGO verwirklicht.[305]

III. Die „Drei-Säulen-Theorie"

Die wesentlichen Ausnahmen vom Anwendungsbereich des Verwaltungsverfahrensgesetzes betrafen zum einen die Verfahren der Bundes- oder Landesfinanzbehörden nach der Abgabenordnung gemäß § 2 Abs. 2 Nr. 1 VwVfG und zum anderen die Verfahren nach dem Sozialgesetzbuch gemäß § 2 Abs. 2 Nr. 4 VwVfG.

Eine Eingliederung dieser Sachbereiche in das Verwaltungsverfahrensgesetz kam aufgrund deren besonderer Eigenart nicht in Betracht. Denn auf der einen Seite handelt es sich bei Beteiligten in Verwaltungsverfahren nach dem Sozialgesetzbuch überwiegend um sozial schwächere Bürger, denen ein stärkerer Schutz gewährt werden muss. Auf der anderen Seite führen nur umfassende verfahrensrechtliche Mitwirkungspflichten des Steuerpflichtigen zu einer gerechten Steuererhebung. Aus diesem Grund wurden neben dem Verwaltungsverfahrensgesetz für den Bereich der Finanzverwaltung die Abgabenordnung und für den Bereich der Sozialverwaltung der verwaltungsverfahrensrechtliche Teil des Sozialgesetzbuches erarbeitet.

Daraus folgt in Verbindung mit dem Prozessrecht eine Systematik, nach der dem verwaltungsgerichtlichen Verfahren nach der Verwaltungsgerichtsordnung das Verwaltungsverfahren nach dem Verwaltungsverfahrensgesetz, dem finanzgerichtlichen Verfahren nach der Finanzgerichtsordnung das Verwaltungsverfahren nach der Abgabenordnung sowie dem sozialgerichtlichen Verfahren nach dem Sozialgerichtsgesetz das Verwaltungsverfahren nach dem Zehnten Buch Sozialgesetzbuch vorausgeht. Diese sich auch auf das gerichtliche

---

304 Gesetz zur Änderung des Landesverwaltungsgesetzes vom 18.12.1978 (GVOBl. 1979, S. 2).

305 *Klappstein/von Unruh*, Rechtsstaatliche Verwaltung durch Gesetzgebung, S. 136 ff.; *Kopp/Ramsauer*, VwVfG, Einf. I Rn. 6 ff.; *Riedl*, in: Obermayer/Fritz/Allesch, VwVfG, Einl. Rn. 54 ff.; *Sachs*, in: Stelkens/Bonk/Sachs, VwVfG, Einl. Rn. 47 ff.; *Schliesky*, in: Knack/Henneke, VwVfG, § 1 Rn. 77 ff.; *Ule*, Die Kodifizierung des Verwaltungsverfahrensrechts, in: Jeserich, Deutsche Verwaltungsgeschichte, Bd. 5, S. 1176 f.

Verfahren erstreckende Dreiteilung des Verwaltungsverfahrens wird als „Drei-Säulen-Theorie" bezeichnet.[306]

Trotz der Trennung der Verwaltungsverfahrensgesetze in drei Säulen wurde im Gesetzgebungsverfahren auf eine überwiegende Harmonisierung hingewirkt. Der Bundesrat bat in seiner Stellungnahme zum Regierungsentwurf 1973 die Bundesregierung, die verfahrensrechtlichen Bestimmungen der Entwürfe des Verwaltungsverfahrensgesetzes, der Abgabenordnung und des Sozialgesetzbuchs inhaltlich und wörtlich in Übereinstimmung zu bringen, sofern nicht das jeweilige Gesetz aufgrund der Eigenart der Materie einer Sonderregelung bedürfe.[307] Dieses Ziel einer Vereinheitlichung des Verwaltungsverfahrensrechts strebten auch die Bundesregierung und der Innenausschuss des Bundestages an.[308] Eine weitgehende Übereinstimmung wurde dabei vor allem zwischen den ungefähr zur gleichen Zeit im Bundestag behandelten und gemeinsam im Innenausschuss beratenen Kodifikationen des Verwaltungsverfahrensgesetzes und der Abgabenordnung erreicht, während deren Abstimmung mit dem erst 1980 in Kraft getretenen Sozialgesetzbuch – Verwaltungsverfahren – durch dessen eigenständige Beratung und die inzwischen weiterentwickelten Rechtsvorstellungen nicht in gleichem Maße verwirklicht werden konnte.[309]

1. Die Abgabenordnung (AO 1977)

Den Ausgangspunkt einer Reform der Reichsabgabenordnung bildete ein Entschließungsantrag des Finanzausschusses vom 20.02.1963. Danach wurde die Bundesregierung zur Vorbereitung einer Reform des allgemeinen Abgabenrechts aufgefordert, deren Ziele in der Entwicklung der Abgabenordnung zu einem Mantelgesetz für das allgemeine Abgabenrecht, in der Verbesserung der Systematik der Reichsabgabenordnung und in der Schaffung eines gerechten Ausgleichs zwischen den Grundsätzen der Rechtssicherheit und der Gleichmäßigkeit der Besteuerung bestanden.[310] Der Bundestag stimmte diesem Entschließungsantrag des Finanzausschusses in seiner Sitzung vom 13.03.1963 einstimmig zu.[311]

---

306 *Henneke/Ruffert*, in: Knack/Henneke, VwVfG, Vor § 1 Rn. 6, 8; *Kopp/Ramsauer*, VwVfG, Einf. I Rn. 2 f.; *Sachs*, in: Stelkens/Bonk/Sachs, VwVfG, Einl. Rn. 50 ff.; *Schmidt-Aßmann*, Verwaltungsverfahren, in: Isensee/Kirchhof, HStR V, § 109 Rn. 16.

307 BT-Drucksache 7/910, S. 107.

308 BT-Drucksache 7/910, S. 111; BT-Drucksache 7/4494, S. 3 f.

309 *Sachs*, in: Stelkens/Bonk/Sachs, VwVfG, Einl. Rn. 55 f.

310 BT-Drucksache IV/1005, S. 4.

311 BT Stenographische Berichte 4/64, S. 2973 C.

Um die Vorarbeiten an der Reform möglichst zeitnah zu einem Abschluss zu bringen, richtete der Bundesminister der Finanzen im Herbst 1963 einen Arbeitskreis für die Reform der Reichsabgabenordnung und ihrer Nebengesetze ein. Zu den Mitgliedern des Arbeitskreises gehörten Vertreter der Wissenschaft, der Rechtsprechung, der steuerberatenden Berufe, der gewerblichen Wirtschaft, der Beamtenschaft, der Organisation der Steuerzahler und der Finanzverwaltung. Der Arbeitskreis trat am 21.01.1964 zu seiner konstituierenden Sitzung zusammen und schloss seine Erörterungen mit der 21. Sitzung am 25./26.11.1969 ab.[312] Das Ergebnis seiner Tätigkeit fasste der Arbeitskreis in einem Bericht zusammen, der auch den Entwurf einer Abgabenordnung einschließlich Begründung enthielt.[313]

Auf Grundlage dieses Entwurfs des Arbeitskreises ließ die Bundesregierung dem Bundestag am 19.03.1971 einen Entwurf für eine neue Abgabenordnung zukommen.[314] Im Anschluss an die erste Lesung am 31.03.1971 überwies der Bundestag den Entwurf dem Finanz-, Rechts- und Innenausschuss.[315] Wegen der vorzeitigen Auflösung des 6. Deutschen Bundestages[316] brachten die Fraktionen der SPD und der FDP den unveränderten Entwurf der Bundesregierung am 25.01.1973 erneut in den 7. Deutschen Bundestag ein[317], der ihn nach erster Lesung am 01.02.1973 wiederum zur Beratung an die betreffenden Ausschüsse überwies.[318] Ausweislich des Ausschussberichtes der Abgeordneten Bockelberg (CDU/CSU) und Meinike (SPD) vom 07.11.1975[319] wurde die Vereinheitlichung der entsprechenden Bestimmungen der Abgabenordnung und des Verwaltungsverfahrensgesetzes in einem vom Finanzausschuss zur Vorberatung eingesetzten Unterausschuss ausführlich behandelt. Der Finanzausschuss folgte im Wesentlichen den Anregungen des Innenausschusses zur Harmonisierung der Abgabenordnung mit dem Verwaltungsverfahrensgesetz. Abweichungen von diesen Empfehlungen nahm er nur dann vor, wenn es sich nach Auffassung der Steuerverwaltung unter keinen Umständen vermeiden ließ.[320]

---

312 *Bundesministerium der Finanzen*, Reform der Reichsabgabenordnung, S. 11 f.

313 *Bundesministerium der Finanzen*, Reform der Reichsabgabenordnung, S. 35 ff., 213 ff.

314 BT-Drucksache VI/1982.

315 BT Stenographische Berichte 6/112, S. 6620 B.

316 BT-Drucksache VI/3831.

317 BT-Drucksache 7/79.

318 BT Stenographische Berichte 7/12, S. 424 A.

319 BT-Drucksache 7/4292.

320 BT-Drucksache 7/4292, S. 4.

Am 27.11.1975 verabschiedete der Bundestag in zweiter und dritter Lesung die Abgabenordnung.[321] Daraufhin beschloss der Bundesrat am 18.12.1975, die Einberufung des Vermittlungsausschusses zu verlangen.[322] Dessen Einigungsvorschlag[323] nahm der Bundestag am 12.02.1976 an[324], der Bundesrat stimmte dem Gesetz am 20.02.1976 zu.[325] Schließlich wurde die Abgabenordnung am 23.03.1976 verkündet[326] und trat gemäß § 415 Abs. 1 AO am 01.01.1977 zeitgleich mit dem Verwaltungsverfahrensgesetz in Kraft.

2. Das Sozialgesetzbuch – Verwaltungsverfahren – (SGB X) (1980)

Dem Sozialgesetzbuch – Verwaltungsverfahren – lagen eine Verbesserung des Rechtsverständnisses und der Rechtsstellung des Bürgers, eine Erleichterung der Rechtsanwendung durch Verwaltung und Rechtsprechung sowie eine Förderung der Rechtssicherheit als Ziele zugrunde, die im Wege einer Bereinigung, Erneuerung, Vereinfachung und Vereinheitlichung der vorhandenen Bestimmungen verwirklicht werden sollten.[327]

Nach dem Inkrafttreten des für den Bereich der allgemeinen Verwaltung geltenden Verwaltungsverfahrensgesetzes und der für den Bereich der Finanzverwaltung geltenden Abgabenordnung bezweckte die Bundesregierung mit dem Entwurf eines Sozialgesetzbuches – Verwaltungsverfahren – als sogenannte dritte „Säule“ eine einheitliche Regelung der das Sozialrecht betreffenden verfahrensrechtlichen Bestimmungen. Die Einteilung des Verfahrensrechts in drei „Säulen“ diente dabei vor allem der Überschaubarkeit und der jeweiligen Zusammenfassung der einzelnen Sachbereiche. Diesen Zielen musste auch das Gebiet des Sozialrechts gerecht werden, indem zwar zur Wahrung der Rechtseinheit weitestgehend eine Übernahme der Bestimmungen des Verwaltungsverfahrensgesetzes erfolgte, Abweichungen von diesem jedoch aufgrund der Eigenart des Sozialrechts gleichwohl notwendig waren.[328]

Am 02.08.1978 brachte die Bundesregierung den Entwurf eines Sozialgesetzbuches – Verwaltungsverfahren – in den Bundestag ein.[329] In seiner zu diesem

321 BT Stenographische Berichte 7/203, S. 14032 D – 14051 D.
322 BR Stenographische Berichte 429/75, S. 442 A, B, C.
323 BT-Drucksache 7/4664.
324 BT Stenographische Berichte 7/221, S. 15407 B – 15410 A.
325 BR Stenographische Berichte 431/76, S. 38 C – 39 D.
326 BGBl. I Nr. 29 vom 23.03.1976, S. 613.
327 BT-Drucksache 8/2034, S. 1, 29.
328 BT-Drucksache 8/2034, S. 29.
329 BT-Drucksache 8/2034, S. 3.

Regierungsentwurf abgegebenen Stellungnahme äußerte sich der Bundesrat dahingehend, dass ein aufgrund bloßer Wiederholung von Vorschriften des Verwaltungsverfahrensgesetzes ausgedehntes Gesetz vermieden werden könne, indem nur die sozialrechtlichen Sonderbestimmungen und im Übrigen eine Vorschrift über die grundsätzliche Anwendbarkeit des Verwaltungsverfahrensgesetzes Eingang in eine entsprechende Regelung fände.[330] Die Bundesregierung widersprach jedoch in ihrer Gegenäußerung der Empfehlung des Bundesrates. Die Verweisung auf das Verwaltungsverfahrensgesetz beeinträchtige die Erfassung und die Anwendung der sozialrechtlichen Verfahrensvorschriften durch Verwaltung und Bürger, da zwei Verfahrensgesetze in einem Verwaltungsverfahren Anwendung fänden. Zudem habe das sozialrechtliche Verfahren mit dem 64 Paragraphen umfassenden Regierungsentwurf eine überschaubare Regelung erhalten, die nur 29 grundlegende inhaltliche Abweichungen vom Verwaltungsverfahrensgesetz wegen der Besonderheiten des Sozialrechts aufweise.[331]

Nach der ersten Lesung des Regierungsentwurfs eines Sozialgesetzbuches – Verwaltungsverfahren – im Bundestag am 28.09.1978 wurde die Vorlage an den federführenden Ausschuss für Arbeit und Sozialordnung übermittelt.[332] Der Ausschuss befürwortete in seinem Ausschussbericht vom 14.05.1980 das sich an § 2 Abs. 2 Nr. 1 und 4 VwVfG orientierende Konzept des Regierungsentwurfs.[333] In der zweiten und dritten Lesung am 22.05.1980 folgte auch die in diesem Punkt bisher dem Bundesrat nahestehende CDU/CSU-Fraktion aus Gründen der Transparenz und der erleichterten Anwendung der sozialrechtlichen Verfahrensvorschriften durch Bürger und Verwaltung der Auffassung der Bundesregierung[334], so dass der Bundestag das Sozialgesetzbuch – Verwaltungsverfahren – als Ergebnis einer fast zweijährigen Beratung in dieser Sitzung einstimmig verabschiedete.[335] Daraufhin beschloss der Bundesrat am 13.06.1980 die Anrufung des Vermittlungsausschusses.[336] Die vom Bundesrat gegebene Anregung, dass die Länder für gewisse Rechtsgebiete nicht das Sozialgesetzbuch – Verwaltungsverfahren – des Bundes, sondern ihre Landesverwaltungsverfahrensgesetze für anwendbar erklären dürfen, wurde

---

330 BT-Drucksache 8/2034, S. 45.
331 BT-Drucksache 8/2034, S. 60.
332 BT Stenographische Berichte 8/107, S. 8475 C – 8482 A.
333 BT-Drucksache 8/4022, S. 79.
334 BT Stenographische Berichte 8/218, S. 17590 D, 17591 A.
335 BT Stenographische Berichte 8/218, S. 17590 A – 17599 D.
336 BR Stenographische Berichte 488/80, S. 256 A – 258 B.

jedoch vom Vermittlungsausschuss nicht aufgegriffen.[337] Dessen Änderungsvorschlägen[338] stimmte der Bundestag am 04.07.1980 zu.[339] In der Erörterung des Bundesrates über die Empfehlung des Vermittlungsausschusses ging der bayerische Staatsminister Peter Schmidhuber auf die bereits erwähnte Anregung des Bundesrates ein, den Geltungsbereich des Sozialgesetzbuches für die dem Vollzug der Kommunalverwaltungen unterliegenden Rechtsgebiete zur Überwindung der in den Landesverwaltungen auftretenden Schwierigkeiten einzuschränken.[340] Dennoch stimmte der Bundesrat dem Sozialgesetzbuch – Verwaltungsverfahren – am 18.07.1980 zu.[341] Schließlich wurde das Gesetz am 26.08.1980 verkündet[342] und trat gemäß Art. II § 40 Abs. 1 SGB X am 01.01.1981 – vier Jahre später als das Verwaltungsverfahrensgesetz und die Abgabenordnung – in Kraft.

IV. Zusammenfassung

Der Erlass des Verwaltungsverfahrensgesetzes des Bundes bildete 14 Jahre nach dem Musterentwurf von 1963 den entscheidenden Schritt der Gesamtreform eines Verwaltungsverfahrens. Auf der Grundlage des Verwaltungsverfahrensgesetzes des Bundes wurde anschließend das Ziel der Verfahrensvereinheitlichung sowohl durch den Erlass einheitlicher Verwaltungsverfahrensgesetze in den Ländern als auch durch die Anpassung der Abgabenordnung und des Sozialgesetzbuches – Verwaltungsverfahren – weiter verfolgt. Die Kodifizierung des Verwaltungsverfahrensrechts auf Bundesebene fand damit ihren vorläufigen Abschluss.

---

337 BR-Drucksache 288/80 – Beschluss –, S. 2 f.; BT Stenographische Berichte 8/230, S. 18684 B.

338 BT-Drucksache 8/4330.

339 BT Stenographische Berichte 8/230, S. 18683 D – 18684 D.

340 BR Stenographische Berichte 491/80, S. 349 B, C, D.

341 BR Stenographische Berichte 491/80, S. 348 B – 350 B.

342 BGBl. I Nr. 51 vom 26.08.1980, S. 1469.

D. Die Entstehung des Landesverwaltungsgesetzes Schleswig-Holstein (LVwG)

Bereits aus der für die Landesregierung des ersten frei gewählten Landtages abgegebenen Regierungserklärung des Ministerpräsidenten Hermann Lüdemann vom 08.05.1947 ging hervor, dass die Landesregierung eine Vereinfachung und Verbilligung der Verwaltung anstrebte.[343] Durch die vermehrte Förderung der Bürgerbeteiligung an der öffentlichen Verwaltung werde die Vollendung des demokratischen Aufbaus im Bereich der inneren Verwaltung vorangetrieben. Als Maßnahmen zur Rationalisierung der Verwaltungsorganisation dienen neben einer Verringerung der Ministerien und einer Verminderung des Personalbestands vor allem eine Herabsetzung von Aufgaben und eine Dezentralisierung von Zuständigkeiten.[344]

I. Art. 38 Abs. 2 der Landessatzung für Schleswig-Holstein (1949)

Die Verfassung des Landes Schleswig-Holstein vom 13.12.1949 trat am 12.01.1950 unter der Bezeichnung Landessatzung für Schleswig-Holstein (LS) in Kraft.[345]

Danach folgt das Land Schleswig-Holstein dem zweistufigen Verwaltungsaufbau. Gemäß Art. 20 Abs. 1 LS ist die aus dem Ministerpräsidenten und den Landesministern bestehende Landesregierung das oberste Organ der vollziehenden Gewalt. Innerhalb der vom Ministerpräsidenten bestimmten Richtlinien der Regierungspolitik leitet und verantwortet jeder Landesminister nach Art. 23 Abs. 2 LS seinen Geschäftsbereich selbstständig. Dabei bildet die Verwaltung jeweils einen Bestandteil der Ressorts der einzelnen Minister. Die Landesregierung trägt die Verantwortung dafür, dass die Geschäftsbereiche der Landesminister hinreichend aufeinander abgestimmt sind. Auf eine dem früheren preußischen Regierungspräsidenten entsprechende staatliche Mittelinstanz wird verzichtet, so dass eine Bündelung der Verwaltung zwischen Ministerial- und Unterinstanz nicht vorgesehen ist. Aufgrund der Kommunalisierung der früheren staatlichen landrätlichen Verwaltung nehmen nunmehr die Gemeindeverbände und Gemeinden die Aufgaben der Landesverwaltung

343 LT Wortprotokoll 1/1, S. 19.

344 LT Wortprotokoll 1/1, S. 20 f.

345 Landessatzung für Schleswig-Holstein vom 13.12.1949 (GVOBl. Schl.-H. 1950 S. 3).

auf der Kreis- und Ortsebene wahr, soweit nicht Landessonderbehörden für bestimmte Tätigkeiten zuständig sind.[346]

Neben dem in Art. 38 Abs. 1 LS festgesetzten Verfassungsgrundsatz der Bindung der vollziehenden Gewalt an Gesetz und Recht enthält Art. 38 Abs. 2 LS eine Regelung, nach der die Organisation der Verwaltung sowie die Zuständigkeiten und das Verfahren durch Gesetz bestimmt werden. Durch diese Vorschrift wird die Maßgeblichkeit einer verständlichen und übersichtlichen Regelung des Verwaltungsaufbaus und der Behördenorganisation in der rechtsstaatlichen Ordnung hervorgehoben. Eine gesetzliche Bestimmung der Organisation der Verwaltung und der Zuständigkeiten dient vor allem der Rechtsklarheit und dem Schutz des Bürgers, für den die Aufgaben- und Zuständigkeitsverteilung in der Verwaltung regelmäßig ohne unzumutbare Schwierigkeiten erkennbar sein muss.[347]

Die amtliche Begründung zum Entwurf einer Landessatzung für Schleswig-Holstein vom 11.10.1949[348] stellte zunächst die entscheidende Bedeutung der Verwaltungsvorschriften in der Landessatzung heraus, da die Länder gemäß Art. 83 GG die Bundesgesetze grundsätzlich als eigene Angelegenheit ausführen. Der Grundsatz der Bindung der vollziehenden Gewalt an Gesetz und Recht sei die Grundlage eines jeden Rechtsstaates. Zwar bedürfe die Organisation der Verwaltung – mit Ausnahme der Eingriffsverwaltung – keiner gesetzlichen Normierung, jedoch bestehe ein allgemeines Interesse an einer übersichtlichen Regelung der Organisation der Verwaltung, ihrer Zuständigkeiten und ihres Verfahrens in einem Allgemeinen Verwaltungsgesetz. Vor diesem Hintergrund stelle Art. 38 Abs. 2 LS „einen verpflichtenden Programmpunkt für den Landesgesetzgeber" dar.[349]

Schließlich wird in dem Kommentar über die schleswig-holsteinische Selbstverwaltung von Lauritz Lauritzen[350] – Landesdirektor im Innenministerium des

346 *Lemke*, Bericht über Maßnahmen und Möglichkeiten einer Verwaltungsreform im Lande Schleswig-Holstein vom 1. August 1958 an den Ausschuss für Innere Verwaltung des Schleswig-Holsteinischen Landtages, S. 7.

347 LT-Drucksache 5/650, S. 124; *Lemke*, Bericht über die Vorarbeiten zu einem Landesverwaltungsgesetz für Schleswig-Holstein vom 1. August 1962 an den Ausschuss für Innere Verwaltung des Schleswig-Holsteinischen Landtages, S. 10.

348 Landtagsvorlage Nr. 263/3.

349 Landtagsvorlage Nr. 263/3, S. 194.

350 Lauritz Lauritzen (20.01.1910 – 05.06.1980) gehörte von 1934 bis 1938 der Reiter-SA an und promovierte 1936 in Kiel zum Dr. jur. Von 1937 bis 1945 arbeitete er als Justitiar – später als Abteilungsleiter – bei der Reichsstelle „Chemie" in Berlin. Nach Kriegsende wurde er 1945 zum Leiter der Präsidialkanzlei des Oberpräsidiums der Provinz Schleswig-Holstein und 1946 zum Landesdirektor im Innenministerium des Landes Schleswig-Holstein ernannt. 1951 wechselte er ins Niedersächsische

Landes Schleswig-Holstein – unter Mitarbeit von Regierungsdirektor Werner Groß, Oberregierungsrat Rudolf Heim und Oberregierungsrat Karl Marbach erläutert, dass nach Art. 38 Abs. 2 LS der Vorbehalt des Gesetzes im Interesse der Rechtsklarheit auch für die Organisation der Verwaltung sowie die Zuständigkeiten und das Verfahren gelte. Während dementsprechend die Gemeindeordnung, die Amtsordnung und die Kreisordnung materiell Ausführungsgesetze zu Art. 38 Abs. 2 LS seien, fehle bisher eine Kodifikation des Organisations- und Verfahrensrechts für den Bereich der Landesverwaltung.[351]

II. Verwaltungsreform in Schleswig-Holstein

Unter Geltung der Landessatzung griff die von Ministerpräsident Walter Bartram[352] geführte Landesregierung[353] den Gedanken einer gründlichen Verwaltungsreform

---

Innenministerium und wurde dort 1953 zum Ministerialdirigenten befördert. Von 1954 bis 1963 bekleidete er das Amt des Oberbürgermeisters in Kassel. Anschließend wurde er zum hessischen Minister für Justiz und Bundesangelegenheiten berufen. Von 1966 bis 1972 war Lauritz Lauritzen Bundesminister für Wohnungswesen und Städtebau, 1972 zugleich Bundesminister für Verkehr und für das Post- und Fernmeldewesen und von 1972 bis 1974 Bundesminister für Verkehr (*Deutscher Bundestag*, Amtliches Handbuch des Deutschen Bundestages, 7. Wahlperiode, S. 251; *Jahn*, Lauritzen, Lauritz, in: Kempf/Merz, Kanzler und Minister 1949 - 1998, S. 409 ff.; *Vierhaus/Herbst*, Biographisches Handbuch der Mitglieder des Deutschen Bundestages 1949 - 2002, Bd. 1, S. 486 f.).

351 *Lauritzen*, Die Selbstverwaltung in Schleswig-Holstein, S. 178.

352 Walter Bartram (21.04.1893 - 29.09.1971) war 1920 Prokurist der Lübecker Ölmühle, von 1921 bis 1925 Geschäftsführer der Bremer Ölfabrik in Hamburg, für ein Jahr Direktor der Bremen-Besigheimer Ölfabriken in Bremen, von 1926 bis 1933 Direktor des Vereins Deutscher Ölfabriken in Mannheim, von 1933 bis 1945 Direktor der Firma F. Thörl's Vereinigte Harburger Ölfabriken in Hamburg und schließlich seit 1947 Inhaber einer Kraftfutterfabrik in Aspe bei Neumünster. Er gehörte von 1920 bis 1933 der DVP, von 1937 bis 1945 der NSDAP und seit 1946 der CDU an. 1950 wurde er mit den Stimmen von CDU, FDP, DP und BHE zum Ministerpräsidenten des Landes Schleswig-Holstein gewählt. Nach seinem Rücktritt als Ministerpräsident 1951 war er von 1952 bis 1957 Mitglied des Deutschen Bundestages (*Albert*, Bartram, Walter, in: Biographisches Lexikon für Schleswig-Holstein und Lübeck, Bd. 8, S. 28 ff.; *Vierhaus/Herbst*, Biographisches Handbuch der Mitglieder des Deutschen Bundestages 1949 - 2002, Bd. 1, S. 38 f.).

353 Die erste Regierungskoalition in Schleswig-Holstein wurde 1950 von CDU, FDP, DP und BHE gebildet. Mit Ausnahme des Innenministers Paul Pagel hatten alle sechs Kabinettsmitglieder NS-Formationen angehört. Dieses Kabinett beendete 1951 die Entnazifizierung in Schleswig-Holstein (LT-Drucksache 12/608, S. 14 ff.;

auf dem Gebiet der inneren Verwaltung wieder auf. In seiner Regierungserklärung vom 05.09.1950 hob er hervor, dass sich die Landesregierung einer Stärkung der Selbstverwaltung, einer weitestgehenden Übertragung von Aufgaben auf nachgeordnete Instanzen und einer zeit- und kostensparenden Neugestaltung des Instanzenzuges widmen werde.[354] Daraufhin erinnerte der Abgeordnete Meinicke-Pusch (FDP) in der am 06.09.1950 stattfindenden Aussprache über die Regierungserklärung an das bis zu diesem Zeitpunkt noch nicht eingelöste Versprechen der Landesregierung des Ministerpräsidenten Hermann Lüdemann, eine umfassende Verwaltungsreform durchzuführen.[355]

1. Das Gutachten des Bundesrechnungshofes (1950)

Auf Initiativantrag der CDU-Fraktion vom 05.01.1949 wurde eine Regierungskommission ins Leben gerufen, um eine Zusammenfassung der für eine Verwaltungsreform in allen Verwaltungsebenen in Betracht kommenden Grundlagen zu erstellen. Die Regierungskommission setzte sich aus drei Vertretern der SPD, zwei der CDU und einem des SSW[356] sowie zusätzlichen Sachkundigen zusammen.[357]

Am 30.06.1949 richtete die Landesregierung Schleswig-Holstein an den Rechnungshof im Vereinigten Wirtschaftsgebiet – unmittelbarer Vorläufer des Bundesrechnungshofes – ein Ersuchen um Ergänzung der Tätigkeit der Regierungskommission durch eine Untersuchung der einzelnen Ministerien im Hinblick auf die Zweckmäßigkeit ihrer Organisation und die Wirtschaftlichkeit ihrer Amtsführung. Am Anfang der Prüfung wurde der Auftrag der Landesregierung dahingehend erweitert, dass der Bundesrechnungshof nunmehr eine Gesamtprüfung der Organisation der Landesregierung und Landesverwaltung durchführen solle, ohne von der Tätigkeit der Regierungskommission abhängig

---

Godau-Schüttke, Die Heyde/Sawade-Affäre, S. 92 f.; *Varain*, Parteien und Verbände, S. 220 ff.). Vor diesem Hintergrund bezeichnete Paul Pagel die Politik der Landesregierung in seinem Tagebuch 1951 als „Renazifizierung" (LT-Drucksache 12/608, S. 8; *Varain*, Parteien und Verbände, S. 223 Fn. 902).

354 LT Wortprotokoll 2/2, S. 26.

355 LT Wortprotokoll 2/2, S. 46.

356 Der Südschleswigsche Wählerverband (SSW) ist eine 1948 gegründete Regionalpartei in Schleswig-Holstein. Als Interessenvertretung der Dänischen Minderheit unterliegt der SSW bei Landtagswahlen seit 1955 nicht der Fünf-Prozent-Hürde (*Schubert/Klein*, Das Politiklexikon, S. 294).

357 LT Plenarprotokoll 3/30, S. 1249; *Lemke*, Maßnahmen und Möglichkeiten einer Verwaltungsreform im Lande Schleswig-Holstein, S. 6.

zu sein.[358] Auf der Grundlage dieses Auftrages führte der Bundesrechnungshof umfassende Untersuchungen von September 1949 bis Februar 1950 durch.

Die Erwägungen des Gutachtens des Bundesrechnungshofes beruhten auf dem Gedanken, dass die Verbindung von Regierungs- und Verwaltungsfunktion in den Ressorts der Landesregierung nicht beiden Funktionen gerecht werden könne. Um eine Vermengung der Funktionen zu vermeiden und stattdessen ihre besonderen Eigenschaften hervorzuheben, müsse eine zweckmäßige Organisationsform entwickelt werden. In seinem Gutachten erörterte der Bundesrechnungshof unterschiedliche Lösungsansätze für dieses Problem. Der Vorschlag einer Zusammenfassung der gesamten Landesverwaltung unter der der Landesregierung nachgeordneten Behörde eines Verwaltungspräsidenten wurde jedoch trotz der Vorzüge einer Vereinheitlichung der Verwaltung sowie eines Ausgleichs der fehlenden Bündelung durch eine staatliche Mittelbehörde vor allem wegen der Schaffung einer zusätzlichen Verwaltungsstufe verworfen. Schließlich befürwortete der Bundesrechnungshof die Schaffung organisatorisch getrennter Abteilungen für Regierungsaufgaben und Verwaltungsaufgaben in den Ministerien. Allerdings sollte die Verbindung zwischen den beiden Funktionen durch Personalunion leitender Beamter und bestimmter Referenten bestehen bleiben. Zur gleichen Zeit sprach sich der Bundesrechnungshof für eine Herabsetzung der Zahl der Ministerien aus.[359]

In kritischen Besprechungen des Gutachtens des Präsidenten des Bundesrechnungshofes wurde der von diesem empfohlenen Schaffung organisatorisch getrennter Gesetzgebungs- und Verwaltungsabteilungen entgegengehalten, dass diese Änderung weitgehend nur der Form nach bestehe und keine Auswirkungen auf die Praxis habe.[360] Sowohl die Verringerung der Zahl der Ministerien als auch zweckmäßige Verteilungen der Ressorts seien von politischen Erwägungen abhängig.[361]

Die in dem Gutachten aufgeführten Änderungsvorschläge zogen die Aufforderung der Landesregierung an das Innenministerium durch Kabinettsbeschluss vom 10.10.1950 nach sich, Anregungen für eine Verwaltungsreform

---

358 *Der Präsident des Bundesrechnungshofes*, Gutachten über die Organisation der Landesregierung und Landesverwaltung Schleswig-Holstein, S. 7.

359 *Der Präsident des Bundesrechnungshofes*, Gutachten über die Organisation der Landesregierung und Landesverwaltung Schleswig-Holstein, S. 15 ff; *Lemke*, Maßnahmen und Möglichkeiten einer Verwaltungsreform im Lande Schleswig-Holstein, S. 7 f.

360 *Köttgen*, DÖV 1951, 548; *Gross*, DVBl. 1951, 715 f.

361 *Gross*, DVBl. 1951, 713.

unter Berücksichtigung der im Gutachten des Bundesrechnungshofes erörterten Vereinfachungsgesichtspunkte zu entwickeln. Diesem Auftrag kam das Innenministerium durch Vorlage des Planes I von 1950 und des Planes II von 1952 nach.[362]

2. Plan I (1950) und Plan II (1952)

Ministerpräsident Walter Bartram fasste in seiner letzten Regierungserklärung vor seinem Rücktritt am 25.06.1951 den aktuellen Stand der Verwaltungsreform noch einmal zusammen, indem er zum einen die allgemeine organisatorische Planung unter Berücksichtigung des Ergebnisses des Gutachtens des Bundesrechnungshofes als reif für eine Kabinettsvorlage erachtete und zum anderen auf die bereits erfolgten Reformmaßnahmen in Teilbereichen der öffentlichen Verwaltung hinwies.[363]

Aus der am 09.07.1951 abgegebenen Regierungserklärung des Ministerpräsidenten Friedrich Wilhelm Lübke[364] ging hervor, dass sich die neue Landesregierung umgehend mit der Verwaltungsreform befassen und in absehbarer Zeit entsprechende Anregungen auf der Grundlage der bisherigen Tätigkeit der früheren Landesregierungen unterbreiten werde.[365] Allerdings relativierte Ministerpräsident Friedrich Wilhelm Lübke in der Aussprache vom 13.08.1951 diese Ankündigungen dahingehend, dass die Maßnahmen einer Verwaltungsreform,

---

362 LT Plenarprotokoll 3/30, S. 1249; *Lemke*, Maßnahmen und Möglichkeiten einer Verwaltungsreform im Lande Schleswig-Holstein, S. 6.

363 LT Wortprotokoll 2/11, S. 7.

364 Friedrich Wilhelm Lübke (25.08.1887 – 16.10.1954) war der ältere Bruder des Bundespräsidenten Heinrich Lübke. Im Ersten Weltkrieg diente er als Marineoffizier und ließ sich 1922 als Landwirt in Augaard nieder. Im Zweiten Weltkrieg leistete er seinen Kriegsdienst wiederum als Marineoffizier und ab 1943 als Leiter der Seetransportstelle des Oberkommandos der Wehrmacht in Aarhus. Nach Kriegsende gehörte er zu den Mitbegründern der CDU in Schleswig-Holstein, deren Landesvorsitzender er von 1951 bis 1954 war. Von 1946 bis 1954 übte er zudem das Amt des Landrats des Kreises Flensburg aus. Friedrich Wilhelm Lübke war von 1946 bis 1950 und erneut 1954 Mitglied des Schleswig-Holsteinischen Landtages, der ihn 1951 als Nachfolger von Walter Bartram zum Ministerpräsidenten des Landes Schleswig-Holstein wählte. Schließlich trat er 1954 aus Krankheitsgründen vom Amt des Ministerpräsidenten zurück (*Lagler*, Lübke, Friedrich Wilhelm, in: Biographisches Lexikon für Schleswig-Holstein und Lübeck, Bd. 7, S. 127 ff.; *Lagler*, Lübke, Friedrich Wilhelm, in: Historische Kommission bei der Bayerischen Akademie der Wissenschaften, Neue Deutsche Biographie, Bd. 15, S. 441 f.).

365 LT Wortprotokoll 2/12, S. 18.

insbesondere in Bezug auf die Einsparung von Verwaltungskosten, nicht überbewertet werden dürfen, sondern vielmehr die festgelegten langfristigen Ziele ins Auge gefasst werden müssen.[366]

Der vom Innenministerium im Jahr 1950 ausgearbeitete Plan I, der eine Konzentration der Verwaltungsführung bezweckte und sich hinsichtlich der Organisation der Ministerien überwiegend nach dem Gutachten des Bundesrechnungshofes richtete, wurde vom Kabinett nicht gebilligt, so dass ein zweiter Plan aufgestellt werden musste.[367] Das Innenministerium setzte bei der Entwicklung des Planes II aus dem Jahr 1952 die verfassungsrechtliche Geltung des Grundgesetzes voraus, das Schleswig-Holstein als ein Land der Bundesrepublik Deutschland anerkannte und gemäß Art. 28 GG eine Übereinstimmung der verfassungsmäßigen Ordnung in den Ländern mit den verfassungsrechtlichen Grundsätzen einforderte. Als Ausgangspunkt der in dem Plan II enthaltenen Reformüberlegungen diente dem Innenministerium die von der Landesregierung als kollegialem Beschlussorgan im Rahmen des Grundgesetzes wahrgenommene Regierungsfunktion, die in der Sicherung der Leitung der Verwaltung und deren Zusammenfassung bestand. Während die Regierungsfunktion von dem Kollegialprinzip bestimmt werde, unterliege die Verwaltungsfunktion dem Prinzip der Zusammenfassung aller Aufgaben der Verwaltung unter einer einheitlichen Leitung. Um diese beiden unterschiedlichen Organisationsprinzipien zu verknüpfen, sollte im Sinne des Planes II von 1952 ein Landespräsident zum einen auf Regierungsebene den Vorsitz im Kabinett führen, zum anderen auf Verwaltungsebene an der Spitze stehen.[368]

Innenminister Paul Pagel[369] stellte in der Diskussion vom 03.02.1953 den Plan II seines Ministeriums dem Landtag vor. In diesem Zusammenhang merkte er

---

366 LT Wortprotokoll 2/13, S. 18 f.

367 LT Plenarprotokoll 3/30, S. 1249.

368 LT Plenarprotokoll 2/56, S. 413 f.; LT Plenarprotokoll 3/30, S. 1249 f.; *Lemke*, Maßnahmen und Möglichkeiten einer Verwaltungsreform im Lande Schleswig-Holstein, S. 8.

369 Paul Pagel (29.12.1894 – 11.08.1955) war von 1920 bis 1928 als Kreisrat in Strelitz und anschließend als Direktor des Arbeitsamtes in Greifswald tätig, bis er 1934 in den Ruhestand versetzt wurde. Daraufhin schloss er sich der Widerstandsgruppe um Hans Robinsohn und Ernst Strassmann an. Nach Ende des Zweiten Weltkriegs gehörte Paul Pagel zu den Mitbegründern der CDU Segeberg und wurde zum Bürgermeister von Kükels sowie zum Landrat und Kreispräsident in Segeberg berufen. Von 1946 bis 1947 sowie von 1950 bis 1955 war er Mitglied des Schleswig-Holsteinischen Landtages. 1947 übernahm er das Amt als Minister für Volkswohlfahrt. Von 1950 bis 1954 war er Kultusminister, von 1950 bis 1955 Innenminister sowie 1951 und von 1953 bis 1954 Stellvertretender Ministerpräsident des Landes Schleswig-Holstein

an, dass eine Kodifizierung des Landesverwaltungs- und Zuständigkeitsgesetzes aufgrund des unzureichenden Rechtszustandes zum jetzigen Zeitpunkt nicht zweckmäßig sei.[370]

Die organisatorischen Anregungen des Planes II konnten im Hinblick auf die Regierungsfunktion allerdings nicht umgesetzt werden, weil dies dem in der Landessatzung normierten Ressortprinzip zuwidergelaufen wäre. Um dennoch dem Ziel einer Trennung von Regierungs- und Verwaltungsfunktion näher zu kommen, wurden die sich innerhalb der Ministerien ergebenden Verwaltungsaufgaben ausgegliedert und auf gerade erst geschaffene Landesämter übertragen, die jedoch organisatorisch weiterhin eine unmittelbare Verbindung zu den jeweiligen Ministerien aufwiesen.[371]

3. Maßnahmen und Diskussionen einer Verwaltungsreform im Landtag

Im Rahmen einer am 10.02.1954 im Schleswig-Holsteinischen Landtag erfolgten Aussprache zur Verwaltungsreform stellte der Abgeordnete Käber (SPD) klar, dass die Regierung zunächst Ziel, Umfang und Ablauf einer Neuordnung der öffentlichen Verwaltung in Schleswig-Holstein genau bestimmen müsse.[372] Für den Abgeordneten Gille (BHE[373]) bestand die entscheidende Frage einer Verwaltungsreform darin, wie eine dem staatlichen Landrat vergleichbare Organisationsform der personellen Verknüpfung zwischen der Zentralverwaltung und den Gemeinden und Kreisen als Selbstverwaltungsorganen mit dem Ziel einer Dezentralisierung der Verwaltungsaufgaben ausgestaltet werden könne.[374] Innenminister Paul

---

(*Kaff*, Pagel, Paul, in: Historische Kommission bei der Bayerischen Akademie der Wissenschaften, Neue Deutsche Biographie, Bd. 19, S. 760 f.).

370 LT Plenarprotokoll 2/56, S. 415.

371 LT Plenarprotokoll 3/30, S. 1249 f.; *Lemke*, Maßnahmen und Möglichkeiten einer Verwaltungsreform im Lande Schleswig-Holstein, S. 8.

372 LT Plenarprotokoll 2/75, S. 1153.

373 Der Bund der Heimatvertriebenen und Entrechteten (BHE) wurde 1950 als politische Partei in Schleswig-Holstein gegründet, um die Interessen der Vertriebenen, der Flüchtlinge und der Kriegsgeschädigten zu vertreten. Im November 1952 wurde sein Name um die Bezeichnung „Gesamtdeutscher Block" ergänzt (GB/BHE). Nach seinem Einzug in den Deutschen Bundestag 1953 war der GB/BHE mit zwei Ministern – Waldemar Kraft und Theodor Oberländer – im Bundeskabinett vertreten, die jedoch 1955 zur CDU übertraten. Schließlich schloss er sich im April 1961 mit der Deutschen Partei (DP) zur Gesamtdeutschen Partei (GDP) zusammen (*Schubert/Klein*, Das Politiklexikon, S. 48 f.).

374 LT Plenarprotokoll 2/75, S. 1170 f.

Pagel begrüßte in seinem Diskussionsbeitrag zunächst die Veröffentlichung des Gutachtens des Bundesrechnungshofes, bevor er sich für eine Rechtsbereinigung der Verwaltungsaufgaben in den Ministerien aussprach.[375] Schließlich wiederholte Ministerpräsident Friedrich Wilhelm Lübke seine zu Anfang der Regierungszeit getätigten Aussagen, dass jede Maßnahme der Landesregierung zur Verwaltungsreform einer eingehenden Prüfung zu unterziehen sei und keine unbedachten Entscheidungen getroffen werden dürften.[376]

Diese eingeschlagene Richtung verfolgte das erste Kabinett des Ministerpräsidenten Kai-Uwe von Hassel[377] weiter. In seiner Regierungserklärung vom 08.11.1954 stellte er die maßgeblichen Gesichtspunkte einer Verwaltungsreform heraus, die insbesondere in einer Vereinfachung der Gesetzgebung und einer behutsamen Entwicklung eines Verwaltungs- und Zuständigkeitsgesetzes bestehen sollten, um die Rechtseinheit auf dem Gebiet des Verwaltungsrechts zu bewahren. Ein Gesetzentwurf sollte bei entsprechendem Fortschritt der Bundesgesetzgebung

---

375 LT Plenarprotokoll 2/75, S. 1193 ff.

376 LT Plenarprotokoll 2/75, S. 1205.

377 Kai-Uwe von Hassel (21.04.1913 – 08.05.1997) nahm ab 1940 am Zweiten Weltkrieg teil, zuletzt als Reserveleutnant. Nach kurzer Kriegsgefangenschaft wurde er Ende 1945 zum Leiter der Schlichtungsstelle für Wohnungssachen im Landkreis Flensburg berufen. Von 1947 bis Anfang 1963 gehörte er zunächst als Bürgermeister und seit 1950 als Bürgervorsteher der Stadtvertretung Glücksburg an. Von 1950 bis 1965 war er Mitglied des Landtags von Schleswig-Holstein, bis 1954 als parlamentarischer Vertreter des Innenministers. Der Landtag wählte ihn 1954 als Nachfolger von Friedrich Wilhelm Lübke zum Ministerpräsidenten des Landes Schleswig-Holstein. Während seiner mehr als acht Jahre andauernden Amtszeit wirkte er ab Herbst 1955 für ein Jahr als Bundesratspräsident. Außerdem war Kai-Uwe von Hassel von 1955 bis 1964 Landesvorsitzender der CDU in Schleswig-Holstein, danach bis 1975 stellvertretender Landesvorsitzender, seither Mitglied des Landesvorstandes. 1956 wurde er zu einem der stellvertretenden Bundesvorsitzenden der CDU ernannt. Als Abgeordneter gehörte Kai-Uwe von Hassel dem Deutschen Bundestag von 1953 bis 1954 sowie von 1965 bis 1980 an. 1963 wurde er von Bundeskanzler Konrad Adenauer zum Bundesminister der Verteidigung berufen und hatte dieses Amt auch unter Bundeskanzler Ludwig Erhard inne. In der von Bundeskanzler Kurt Georg Kiesinger von 1966 bis 1969 geführten Bundesregierung übernahm er das Amt des Bundesministers für Vertriebene, Flüchtlinge und Kriegsgeschädigte. Schließlich wählte ihn der Deutsche Bundestag 1969 zu seinem Präsidenten und 1972 zu seinem Vizepräsidenten (*Barschel*, Im Dienst für die Freiheit, S. 140 ff.; *Deutscher Bundestag*, Amtliches Handbuch des Deutschen Bundestages, 8. Wahlperiode, S. 160; *Schiffner*, Kai-Uwe von Hassel, in: Bernecker/Dotterweich, Persönlichkeit und Politik in der Bundesrepublik Deutschland 1, S. 176 ff.).

sowie der notwendigen Zusammenarbeit mit anderen Bundesländern dem Schleswig-Holsteinischen Landtag vorgelegt werden.[378]

In einer Erörterung vom 22.02.1955 brachte der Abgeordnete Petersen (SHB[379]) zum Ausdruck, dass es sich bei der vorgenommenen Einrichtung von Landesämtern nicht um eine einschneidende Verwaltungsreform handele, die im Ergebnis zur Vereinfachung der Verwaltung und zur Senkung ihrer Kosten führen werde.[380] Aus diesem Grund beantragte sowohl die Fraktion des SHB am 17.03.1955[381] als auch die Fraktion der FDP am 31.03.1955[382] die Einsetzung eines parlamentarischen Sonderausschusses unter dem Vorsitz des Präsidenten der Landesrechnungskammer für die Vorarbeiten an einer Verwaltungsreform in Schleswig-Holstein. Im Anschluss an die diesbezügliche Aussprache vom 31.03.1955 stellten die SHB-Fraktion und die FDP-Fraktion ihre Anträge bis zur Berichterstattung des Innenministers im Ausschuss für Innere Verwaltung zurück.[383]

Zu Beginn der im Zusammenhang mit diesen Anträgen geführten Diskussion vom 31.01.1956 machte Innenminister Helmut Lemke[384] eingehende Ausführungen über den aktuellen Stand der Verwaltungsreform und -vereinfachung. Für ihn bestand eine Maßnahme zur Vereinfachung der Verwaltung in der Vereinheitlichung und Klarstellung des Verwaltungsverfahrensrechts. Ein entsprechendes Landesverwaltungsgesetz müsse eine Regelung der für die einzelnen Verwaltungsakte zuständigen Behörden, eine Festlegung der für einen Vollzug der Verwaltungsakte zur Verfügung stehenden Möglichkeiten, eine Zusammenfassung der gegen einen Verwaltungsakt in Betracht kommenden Rechtsmittel sowie eine Vereinfachung des Rechtsweges nach sich ziehen. Nach seiner Auffassung sei darin vor allem eine die Rechtsstellung des Bürgers verbessernde Maßnahme zu sehen. Demgegenüber könne eine Regelung des

378 LT Plenarprotokoll 3/2, S. 23 f.

379 Der Schleswig-Holstein-Block (SHB) setzte sich aus der 1950 als politische Vereinigung gegründeten Schleswig-Holsteinischen Gemeinschaft (SHG) und der Deutschen Partei (DP) zusammen. Die SHG entstand als Reaktion auf den überaus großen Einfluss des Bundes der Heimatvertriebenen und Entrechteten (BHE). Während der SHB bei der Landtagswahl in Schleswig-Holstein 1954 in das Landesparlament einzog, scheiterte er bei der Landtagswahl 1958 und löste sich in der Folge allmählich auf (*Schäfer*, Die Schleswig-Holsteinische Gemeinschaft 1950–1958).

380 LT Plenarprotokoll 3/11, S. 410 f.

381 LT-Drucksache 3/157.

382 LT-Drucksache 3/172.

383 LT Plenarprotokoll 3/15, S. 659.

384 F. V., S. 152 f.

Behördenaufbaus erst im Zeitpunkt einer „endgültigen Entscheidung über die Verwaltungsstruktur“ Schleswig-Holsteins getroffen werden. Die dafür notwendige Übersicht über die föderative und die administrative Gliederung Gesamtdeutschlands werde frühestens mit der Wiedervereinigung Deutschlands vorliegen.[385] Weiterhin sei eine „großartige Lösung“ des Problems der Verwaltungsreform angesichts der derzeitigen Verhältnisse nicht zu erwarten, da das Problem des Verwaltungsstaates und des Sozialstaates in der modernen Massengesellschaft im Vordergrund stehe. Deshalb könne nur durch eine Vielzahl an verwaltungsvereinfachenden Einzelmaßnahmen nach und nach eine moderne Verwaltungsstruktur geschaffen werden. Dabei werde die Verwaltungsreform nicht durch die Einsetzung eines Sonderausschusses, sondern vielmehr anhand unterschiedlicher, parallel zu verfolgender Erörterungsansätze gefördert, die im Landtagsausschuss für Innere Verwaltung zusammengeführt und durch eine enge Zusammenarbeit zwischen Staat und kommunaler Selbstverwaltung weiterentwickelt werden müssen.[386]

Im Anschluss an die Ausführungen des Innenministers Helmut Lemke betonte der Abgeordnete Kiekebusch (GB/BHE[387]) nachdrücklich, dass zum einen Aufgaben und Befugnisse der Verwaltung und der Gesetzgebung streng voneinander zu trennen seien, zum anderen die Gesetzgebung durch einen „Perfektionismus von Gesetzen“ nicht zu hohe Anforderungen an die Verwaltung stellen dürfe, sondern ihr vielmehr einen gewissen Ermessensspielraum bei der Auslegung von Gesetzen zugestehen müsse.[388] Der Abgeordnete Kersig (FDP) führte die Flut der vom Bundestag und von den Länderparlamenten erlassenen Gesetze als Hauptursache des derzeitigen Zustandes des Verwaltungssystems an, der nur durch eine Verringerung der neuen Gesetze und eine „Entrümpelung der bestehenden Gesetze“ begegnet werden könne.[389] Im Ergebnis wurden die Anträge auf Einsetzung eines Sonderausschusses aber in der nachfolgenden Abstimmung abgelehnt.[390]

---

385 LT Plenarprotokoll 3/30, S. 1254.
386 LT Plenarprotokoll 3/30, S. 1255.
387 S. 76, Fn. 373.
388 LT Plenarprotokoll 3/30, S. 1262.
389 LT Plenarprotokoll 3/30, S. 1264.
390 LT Plenarprotokoll 3/30, S. 1270.

4. Der Bericht des Innenministers an den Innenausschuss des Landtages (1958)

Eine am 17.01.1958 beim Innenminister Helmut Lemke[391] stattfindende Erörterung der mit dem Entwurf eines allgemeinen Verwaltungsgesetzes zusammenhängenden Fragen führte zu dem Ergebnis, dass zwar sowohl von der Vorlage des Entwurfs eines umfassenden allgemeinen Verwaltungsgesetzes als auch von der Zuleitung eines nur aus einigen Abschnitten des Entwurfs bestehenden Teilgesetzes an den gegenwärtigen Landtag in Anbetracht des nahenden Endes der dritten Wahlperiode Abstand genommen, allerdings dem Landtag eine Denkschrift übermittelt werden sollte, die sich mit einer Konzeption der Probleme einer Verwaltungsreform, insbesondere dem möglichen Inhalt eines allgemeinen Verwaltungsgesetzes befassen sollte.[392] Dieser an den Ausschuss für Innere Verwaltung des Schleswig-Holsteinischen Landtages gerichtete, 52 Seiten umfassende Bericht über Maßnahmen und Möglichkeiten einer Verwaltungsreform im Lande Schleswig-Holstein wurde am 01.08.1958 veröffentlicht.[393]

a) Organisatorische Maßnahmen

Zunächst zeigt der Bericht unterschiedliche Maßnahmen zur Umgestaltung der Verwaltungsgliederung und der Behördenorganisation auf. Der erste Vorschlag geht dahin, die bestehenden Landesämter organisatorisch in einem zentralen Landesverwaltungsamt zu vereinigen, um arbeits- und bürotechnische Abläufe und Aufgaben zu vereinfachen. Eine andere Möglichkeit bestehe in der Übertragung aller Verwaltungsaufgaben aus der Ministerialinstanz auf einen Verwaltungspräsidenten als staatliche Mittelbehörde, so dass sowohl eine Entlastung der Ministerialinstanz als auch eine aus dem Grundsatz der Einheit der Verwaltung folgende Vereinfachung der Bearbeitung von Verwaltungsaufgaben erreicht werde. Neben dem zentralen Landesverwaltungsamt oder dem Verwaltungspräsidenten könne zusätzlich ein Landeskommunalverband (Landschaftsverband) gebildet werden, der die auf eine kommunale Selbstverwaltungskörperschaft übertragbaren Verwaltungsaufgaben wahrzunehmen hätte. Demgegenüber sieht

---

391 F. V., S. 152 f.

392 Niederschrift über die Erörterung der mit dem Entwurf eines allgemeinen Verwaltungsgesetzes zusammenhängenden Fragen vom 17.01.1958, in: LAS, Abt. 786 Nr. 2734, Bl. 149.

393 *Lemke*, Bericht über Maßnahmen und Möglichkeiten einer Verwaltungsreform im Lande Schleswig-Holstein vom 1. August 1958 an den Ausschuss für Innere Verwaltung des Schleswig-Holsteinischen Landtages.

eine weitere Anregung des Berichtes vor, zur Anpassung der Verwaltungsorganisation an die moderne Verwaltung auf regionaler Ebene statt der soeben aufgezeigten Trennung von kommunaler Körperschaft und staatlicher Mittelbehörde eine einheitliche Gebietsverwaltung durch Übertragung gebietskörperschaftlicher Aufgaben von den Landkreisen auf einige neuzubildende Regionalverbände einzuführen. Dabei werden den Regionalverbänden als Gebietskörperschaften mehrere monokratisch strukturierte Landratsämter nachgeordnet. Im Gegensatz zu den vorgenannten Möglichkeiten organisatorischer Reformmaßnahmen zieht der Bericht auch die grundsätzliche Aufrechterhaltung des allgemeinen Verwaltungsaufbaus in Erwägung, der allerdings einer Ergänzung in Form von organisatorischen Teilmaßnahmen, insbesondere der Bildung regionaler Landschaftskonferenzen und gemeinsamer Dienststellen der Landkreise sowie der Koordinierung von Sonderausschüssen, bedarf.[394]

Zudem sei eine Fortsetzung der Prüfung der Delegationsmöglichkeiten von Verwaltungsaufgaben aus der Ministerialinstanz auf die Kreise, kreisfreien Städte und Städte mit mehr als 20.000 Einwohnern dringend erforderlich. Darüber hinaus müsse unter Zugrundelegung der geopolitischen Gegebenheiten Schleswig-Holsteins, der Aufgabenerfüllung der jeweiligen Behörde und der Bedürfnisse des Bürgers eine Prüfung der Behörden- und Verwaltungsbezirksgrenzen mit dem Ziel einer gewissen Vereinheitlichung durchgeführt werden.[395]

b) *Zweckmäßigkeit einer Kodifikation*

Neben einer zweckmäßigen und wirtschaftlichen Aufgaben- und Verwaltungsgliederung sowie der Stellenbesetzung mit qualifiziertem Personal trage vor allem eine übersichtliche und einfache Regelung des Verwaltungshandelns zu einer Verbesserung der Leistungsfähigkeit der öffentlichen Verwaltung bei. Durch eine weitgehende Ordnung der verschiedenen Formen des Verwaltungshandelns in allgemeinen Verwaltungsgesetzen werde einerseits der Gesetzgeber von dem Erfordernis zum Erlass zahlreicher Sonderregelungen befreit, andererseits die Erfüllung der Aufgaben für die Verwaltungspraxis und die Verständlichkeit des allgemeinen Verwaltungsrechts für den Bürger erleichtert.

---

394 *Lemke*, Maßnahmen und Möglichkeiten einer Verwaltungsreform im Lande Schleswig-Holstein, S. 10 ff.

395 *Lemke*, Maßnahmen und Möglichkeiten einer Verwaltungsreform im Lande Schleswig-Holstein, S. 26 ff.

Das bereits auf Bundesebene aufgeworfene Problem der gespaltenen Gesetzgebungs- und Verwaltungskompetenz[396] werde zunächst nicht weiter verfolgt, weil eine Änderung der Verfassung in naher Zukunft nicht absehbar sei und „die ständig fortschreitende Zersplitterung des allgemeinen Verwaltungsrechts durch Spezialnormen"[397] eine vereinheitlichende Kodifikation bei weiterem Hinauszögern unnötig hemmen würde. Außerdem könne ein entsprechendes allgemeines Landesverwaltungsgesetz durch die Übernahme sinnvoller Entwicklungstendenzen in der Gesetzgebung des Bundes und der anderen Bundesländer und durch die umfassende Verwertung der höchstrichterlichen Rechtsprechung als Vorbild für Gesetzesinitiativen in anderen Ländern dienen. Des Weiteren müsse in Schleswig-Holstein eine Neuregelung bestimmter, in anderen Bundesländern bereits geltender Gesetze zu Teilgebieten des allgemeinen Verwaltungsrechts angestrebt werden.

Eine Vereinheitlichung der allgemeinen Rechtssätze werde dem Ziel der Vereinfachung für die Verwaltungspraxis nur dadurch gerecht, dass nicht nur das Verfahrensrecht, sondern auch allgemeine materielle Grundsätze in eine entsprechende Kodifikation eingebunden werden müssen. Für ein allgemeines Landesverwaltungsgesetz sei eine Unterteilung hinsichtlich der verschiedenen Formen des Verwaltungshandelns unbedingt notwendig. Dabei unterscheide sich die vorliegende Kodifikation von früheren deutschen Verwaltungsgesetzen, wie dem preußischen LVG von 1883[398], dem preußischen PVG von 1931[399] oder der thüringischen LVO von 1926[400], in der Weise, dass zum einen eine einheitliche Behandlung des allgemeinen Verwaltungsrechts für Landes- und Kommunalbehörden ins Auge gefasst, zum anderen sowohl das allgemeine Polizei- und Ordnungsrecht als auch das nicht-obrigkeitliche Verwaltungshandeln in das allgemeine Verwaltungsrecht einbezogen werde.[401]

---

396 B. II. 2. d), S. 34 ff.

397 *Lemke*, Maßnahmen und Möglichkeiten einer Verwaltungsreform im Lande Schleswig-Holstein, S. 30.

398 Preußisches Gesetz über die allgemeine Landesverwaltung vom 30.07.1883 (Pr. GS S. 195).

399 Preußisches Polizeiverwaltungsgesetz vom 01.06.1931 (Pr. GS S. 77).

400 B. I. 1. b), S. 10 f.

401 *Lemke*, Maßnahmen und Möglichkeiten einer Verwaltungsreform im Lande Schleswig-Holstein, S. 29 ff.

c) *Erstes Konzept eines allgemeinen Landesverwaltungsgesetzes*

Eine dem Bericht als Anlage 2 beigefügte Übersichtsskizze bietet einen ersten Anhaltspunkt für die Zusammenfassung der organisatorischen, verfahrensrechtlichen und materiell-rechtlichen Grundsätze in einem allgemeinen Landesverwaltungsgesetz für das Land Schleswig-Holstein. Die Vorarbeiten zu diesem Gesetz ermöglichen eine Überprüfung des gesamten Verwaltungsaufbaus in Schleswig-Holstein im Hinblick auf die Organisation, die Zuständigkeitsverteilung, das Verhältnis der Verwaltungsträger zueinander sowie das Verwaltungsverfahren. Außerdem bewirke die Kodifikation aus Gründen der Übersichtlichkeit und Klarheit eine Stärkung des Rechtsschutzes des Bürgers und komme der Ausbildung der in der Verwaltung Beschäftigten zugute. Neben diesen verwaltungspolitischen Gedanken müsse jedoch auch die staatspolitische Tragweite eines umfassenden Verwaltungsgesetzes erfasst werden, die darin bestehe, dem Bürger „das Gefühl für die Einheit der öffentlichen Verwaltung und damit die durch die Verwaltung repräsentierte Staatseinheit“[402] zu vermitteln.

Der Einwand, dass dem kleinen Bundesland Schleswig-Holstein wegen seiner Größe die besondere Befähigung zur Umsetzung dieses Gesetzesvorhabens fehle, lasse sich jedenfalls nicht dahingehend begründen, dass eine Eingliederung der Regelungen zur Verwaltungsorganisation und zur Zuständigkeit die Bundeseinheitlichkeit beeinträchtige, weil für beide Bereiche die Gesetzgebungskompetenz den Ländern zustehe und eine ländereinheitliche Kodifikation überwiegend an der Nichtübereinstimmung mit den anderen Bundesländern scheitere. Demgegenüber sei eine zunehmende Belastung der ohnehin bereits mehr als in anderen Ländern beanspruchten Ministerialverwaltung Schleswig-Holsteins durch die zusätzlichen Vorarbeiten an einem allgemeinen Landesverwaltungsgesetz nicht von der Hand zu weisen. Jedoch müssen auch die Vorteile eines kleinen Landes im Vergleich zu größeren Bundesländern berücksichtigt werden, die einerseits in der schon bestehenden Zusammenarbeit des gleichzeitig in der höheren Verwaltungsbehörde tätigen Ministerialbeamten mit bedeutenden Vertretern der Verwaltungspraxis und der Wissenschaft und andererseits in den von einer Neuregelung zu erwartenden, nur geringen Auswirkungen zu sehen seien.[403]

Den Ausgangspunkt für eine neben der Kodifikation des allgemeinen Landesverwaltungsrechts zur Vereinfachung der Verwaltung beitragende Bereinigung des

402 *Lemke*, Maßnahmen und Möglichkeiten einer Verwaltungsreform im Landes Schleswig-Holstein, S. 35.

403 *Lemke*, Maßnahmen und Möglichkeiten einer Verwaltungsreform im Lande Schleswig-Holstein, S. 34 ff.

Schleswig-Holsteinischen Landesrechts bildete die in der Sitzung am 05.09.1957 getätigte Aufforderung der Landesregierung an den Innenminister zur Überprüfung des öffentlichen Landesrechts und an den Justizminister zur Überprüfung des privaten Landesrechts, um die weiterhin geltenden Rechtsbestimmungen zusammenzutragen und sie der Öffentlichkeit – unterteilt in bestimmte Rechtsgebiete – in einem besonderen Teil D des Amtsblattes für Schleswig-Holstein zugänglich zu machen. Des Weiteren bewirke eine sogenannte materielle Rechtsbereinigung aufgrund der Ersetzung unterschiedlicher, für denselben Tatbestand geltender Rechtsbestimmungen durch eine einzige, den heutigen Anforderungen entsprechende Rechtsnorm eine Beseitigung des derzeitigen Zustandes der Rechtsunsicherheit und Rechtsunübersichtlichkeit.[404]

Zum Schluss kommt der Bericht noch auf eine Vereinheitlichung des Ausbildungswesens für die Beamten des Landes und der Kommunen zu sprechen, um die Sicherstellung eines gut ausgebildeten und motivierten Nachwuchses für die Verwaltung gewährleisten zu können.[405]

Der Bericht endet mit der Anmerkung, dass Landesregierung und Landtag nunmehr vor der Aufgabe stehen, die in dem Bericht unterbreiteten Anregungen zur Steigerung der Leistungsfähigkeit der Verwaltung kritisch zu untersuchen und die für die Erreichung des Ziels am besten geeigneten Lösungen auszuwählen.[406]

5. Der Zwischenbericht des Innenministers an den Innenausschuss des Landtages (1962)

Die entscheidende Bedeutung des Berichtes für den Fortgang der Verwaltungsreform zeigte sich bereits in der Regierungserklärung des zweiten Kabinetts des Ministerpräsidenten Kai-Uwe von Hassel[407] vom 27.10.1958. Die Landesregierung werde den Bericht „als Materialunterlage für ihre künftigen Entscheidungen“ verwenden und den Schwerpunkt auf die Zusammenfassung und Vereinheitlichung des bisher zersplitterten allgemeinen Landesverwaltungsrechts in einem Verwaltungsgesetz legen. Über eine etwaige Vorwegnahme der Regelung von Teilbereichen des Verwaltungsrechts könne erst während der Vorarbeiten zu einem

---

404 *Lemke*, Maßnahmen und Möglichkeiten einer Verwaltungsreform im Lande Schleswig-Holstein, S. 36 f.

405 *Lemke*, Maßnahmen und Möglichkeiten einer Verwaltungsreform im Lande Schleswig-Holstein, S. 37 ff.

406 *Lemke*, Maßnahmen und Möglichkeiten einer Verwaltungsreform im Lande Schleswig-Holstein, S. 41.

407 S. 77, Fn. 377.

allgemeinen Landesverwaltungsgesetz eine Entscheidung getroffen werden.[408] Bei der Aussprache vom 03.11.1958 setzte sich der Abgeordnete Käber (SPD) für eine möglichst schnelle Umsetzung der Verwaltungsreform und des Verwaltungsgesetzes ein, damit endlich eine Grundlage für die bisherigen Reformschritte, wie zum Beispiel die Landesämter, geschaffen werde.[409] In der darauffolgenden Sitzung vom 04.11.1958 hob der Abgeordnete Wolgast (FDP) hervor, dass nicht die Erarbeitung von Teillösungen, sondern nur die Schaffung eines umfassenden Verwaltungsgesetzes einen maßgeblichen Beitrag zur Rechtseinheit in unterschiedlichen Bereichen leisten werde.[410]

Obwohl das Landesverwaltungsgesetz erstmals in dieser Deutlichkeit als Bestandteil des Regierungsprogramms aufgeführt wurde, konnte die Landesregierung dem Landtag einen Gesetzentwurf in der von 1958 bis 1962 andauernden Legislaturperiode nicht vorlegen. Deshalb musste Innenminister Helmut Lemke den Innenausschuss des Landtages mit Auslaufen dieser vierten Legislaturperiode wiederum durch einen Zwischenbericht von dem derzeitigen Entwicklungsstand der Vorarbeiten zu einem Landesverwaltungsgesetz in Kenntnis setzen. Dieser 43 Seiten umfassende Bericht über die Vorarbeiten zu einem Landesverwaltungsgesetz für Schleswig-Holstein an den Ausschuss für Innere Verwaltung des Schleswig-Holsteinischen Landtages wurde am 01.08.1962 veröffentlicht.[411]

a) Zweckmäßigkeit und Aufbau einer Kodifikation

Zunächst geht der Bericht auf die entgegengesetzten Meinungen zu einer Kodifikation des Allgemeinen Verwaltungsrechts ein. Dabei wird gegen ein Landesverwaltungsgesetz angeführt, dass die aufgrund der Verschiedenartigkeit der Verwaltungsrechtsverhältnisse dringend erforderliche Elastizität verloren gehe und ein Gesetz mit ausufernder Einzelfallregelung dem Ziel der Vereinheitlichung des Verwaltungsrechts nicht gerecht werde. Dem wird jedoch entgegengehalten, dass die Übersichtlichkeit erst durch eine Regelung der Grundsätze des Verwaltungsrechts hergestellt werden könne. Während das geschriebene Recht ohne erkennbare Ordnung auf unzählige Sonderbestimmungen verteilt sei, entwickele die Rechtsprechung für das ungeschriebene Recht zwar Grundsätze,

---

408 LT Plenarprotokoll 4/1, S. 7.

409 LT Plenarprotokoll 4/2, S. 21.

410 LT Plenarprotokoll 4/3, S. 48.

411 *Lemke*, Bericht über die Vorarbeiten zu einem Landesverwaltungsgesetz für Schleswig-Holstein vom 1. August 1962 an den Ausschuss für Innere Verwaltung des Schleswig-Holsteinischen Landtages.

allerdings dürfe ihr die Ausformung eines so bedeutenden Rechtsgebietes nach dem im Grundgesetz verankerten Prinzip der Gewaltenteilung nicht ausschließlich obliegen. Dieser unbefriedigende Zustand des Verwaltungsrechts führe sowohl zu erheblichen Verständnisschwierigkeiten bei den Verwaltungsbeamten als auch zu einer Schwächung der Rechtsstellung und der Rechtsschutzmöglichkeiten des Staatsbürgers. Zudem spreche auch der verfassungsrechtliche Einwand des Bundesverfassungsgerichts, dass die bloße Aufstellung allgemeiner Grundsätze dem Prinzip der Gewaltenteilung widerspreche, für den Erlass eines Landesverwaltungsgesetzes: „Sind die Vollmachten der Exekutive nicht hinreichend bestimmt, so führt sie nicht mehr das Gesetz aus und handelt nicht mehr nach den Richtlinien des Gesetzgebers, sondern entscheidet an dessen Stelle."[412] Ferner verweist der Bericht auf die gleichermaßen eine Kodifikation befürwortenden Beiträge der damaligen Verwaltungsrichter Franz Hufnagl und Otto Bachof.[413]

Als weiteres Argument gegen eine Kodifizierung des allgemeinen Verwaltungsrechts wird vorgebracht, dass vorrangig die Wissenschaft für die Ausformung noch nicht endgültig entwickelter Grundsätze zuständig sei und der Gesetzgeber erst bei Bestehen einer entsprechenden Grundlage die von der Wissenschaft erarbeiteten Gedanken in Gesetzestext fassen dürfe. Für die Befürworter eines Landesverwaltungsgesetzes sei dieser Zustand jedoch zum jetzigen Zeitpunkt bereits eingetreten, so dass die Gefahr einer „perfektionistischen Regelung" ausgeschlossen werden könne.[414]

Die trotzdem nicht von der Hand zu weisenden Zweifel an einer Kodifikation rühren vor allem von dem verfassungsrechtlichen Problem der gespaltenen Gesetzgebungs- und Verwaltungskompetenz her.[415] Um diese Bedenken zu zerstreuen, erwies sich die Behandlung des Themas einer Kodifikation des allgemeinen Verwaltungsrechts auf dem 43. Deutschen Juristentag in München im Jahr 1960 als besonders wertvoll. Insbesondere das Referat des Ministerialdirektors im Innenministerium des Landes Schleswig-Holstein Klaus von der Groeben[416], der eine einheitliche Regelung des Verwaltungsverfahrens als wünschenswert

---

412 BVerfG, Beschluss vom 12.11.1958 – 2 BvL 4/56, 2 BvL 26/56, 2 BvL 40/56, 2 BvL 1/57, 2 BvL 7/57 –, BVerfGE 8, 274, 325.

413 *Hufnagl*, DVBl. 1950, 559 f.; *Bachof*, JZ 1951, 540; *Lemke*, Bericht über die Vorarbeiten zu einem Landesverwaltungsgesetz für Schleswig-Holstein, S. 3 ff.

414 *Lemke*, Bericht über die Vorarbeiten zu einem Landesverwaltungsgesetz für Schleswig-Holstein, S. 6.

415 B. II. 2. d), S. 34 ff.

416 F. I., S. 145 ff.

und notwendig erachtete, trug maßgeblich zu dem Beschluss der öffentlich-rechtlichen Abteilung bei.[417] Noch im selben Jahr wurde der Bund-Länder-Ausschuss unter Mitwirkung Schleswig-Holsteins gebildet, um einen für Bund und Länder weitgehend übereinstimmenden Musterentwurf eines Verwaltungsverfahrensgesetzes zu erarbeiten.[418] Ferner haben andere Bundesländer die in Schleswig-Holstein bisher eingeschlagene Richtung der Schaffung eines über ein bloßes Verfahrensgesetz hinausgehenden Verwaltungsgesetzes durch entsprechende Referentenentwürfe bestätigt.[419]

Im Anschluss an diesen grundsätzlichen Problemaufriss wendet sich der Bericht einer groben Übersicht eines Landesverwaltungsgesetzes zu. Der erste Teil umfasst die Organisation der Verwaltung und betrifft vor allem die Frage, „wer handelt". Um eine Antwort auf die Frage, „wie handelt" die öffentliche Verwaltung, zu geben, setzt sich der zweite Teil kritisch mit dem Verwaltungsverfahren, insbesondere dem Verwaltungshandeln in der Gestalt des Verwaltungsaktes, auseinander. Schließlich geht der dritte Teil näher auf die Durchsetzung der behördlichen Entscheidung gegenüber dem Bürger durch Vollstreckung im Verwaltungsverfahren ein.[420]

b) Organisation der Verwaltung

Der Bericht stellt hinsichtlich des Organisationsteils zunächst klar, dass auf der einen Seite zwar durch Gemeindeordnung, Kreisordnung und Amtsordnung ein wichtiger Beitrag zur Umsetzung des Verfassungsauftrags aus Art. 38 Abs. 2 LS[421] geleistet worden sei, auf der anderen Seite aber diese bereits in den meisten Bereichen der öffentlichen Verwaltung Schleswig-Holsteins geltenden Bestimmungen vor allem auf dem Gebiet der Organisation und Zuständigkeiten der Landesverwaltung eine Ergänzung erfordern. Die Organisation der öffentlichen Verwaltung könne in einem Gesetz einheitlich zusammengefasst werden, wie zum Beispiel das die Organisation der Landesverwaltung betreffende Landesverwaltungsgesetz für Baden-Württemberg[422] oder das Landesorganisationsgesetz

---

417 B. I. 6., S. 24 ff.

418 B. III. 1., S. 36 ff.

419 *Lemke*, Bericht über die Vorarbeiten zu einem Landesverwaltungsgesetz für Schleswig-Holstein, S. 6 ff.

420 *Lemke*, Bericht über die Vorarbeiten zu einem Landesverwaltungsgesetz für Schleswig-Holstein, S. 9.

421 D. I., S. 69 ff.

422 Landesverwaltungsgesetz für Baden-Württemberg vom 07.11.1955 (Ges.Bl. S. 225).

des Landes Nordrhein-Westfalen[423] verdeutlichen. Dabei weichen jedoch die schleswig-holsteinischen Bestrebungen von den Gesetzen der anderen Bundesländer insofern ab, als die gesetzliche Regelung nicht nur für die Landesverwaltung, sondern für alle Träger der öffentlichen Verwaltung, dass heißt neben dem Bund für das Land, für die Gemeinden und Gemeindeverbände sowie für die sonstigen Körperschaften des öffentlichen Rechts, die rechtsfähigen Anstalten und die Stiftungen des öffentlichen Rechts gelten solle.[424]

c) *Verwaltungsverfahren*

Aufgrund seiner besonderen praktischen Bedeutung müsse der sich mit dem Verwaltungsverfahrensrecht befassende Abschnitt des Verwaltungsgesetzes vor allem zum Ziel haben, die in Einzelgesetzen geregelten Sonderbestimmungen auf ihre allgemeinen Grundsätze zu beschränken, um eine Vereinfachung der Gesamtregelung zu bewirken. Diese Regelung könne durch bisher ungeschriebene Grundsätze aus Gründen des Sachzusammenhangs oder der Rechtsstaatlichkeit ergänzt werden. Das in den letzten Jahren enger gewordene Verhältnis des Bürgers zur Verwaltung werde nur dadurch gestärkt, dass dem Bürger statt einer Vielzahl teilweise voneinander abweichender Entscheidungen ein Gesetz zur Verfügung gestellt werde, aus dem er den grundlegenden Verfahrensablauf und seine Rechte und Pflichten ersehen könne. Anschließend beschäftigt sich der Bericht im Rahmen des Abschnittes Verwaltungsverfahren näher mit den bedeutenden Teilbereichen der ehrenamtlichen Mitwirkung und des Verfahrens in Ausschüssen und Beiräten.[425]

Im Folgenden behandelt der Bericht ausführlich den als „zentrale Rechtsfigur des Verwaltungsrechts" einzustufenden Begriff des Verwaltungsaktes. Dieser Begriff und insbesondere die damit zusammenhängenden Probleme müssen unbedingt einer bundeseinheitlichen gesetzlichen Regelung zugeführt werden, da abweichende Definitionen in den Gesetzen des Bundes und der Länder ansonsten eine Rechtszersplitterung nach sich ziehen würden. Unter dem Begriff des Verwaltungsaktes sei eine hoheitliche Maßnahme zu verstehen, die eine Behörde

---

423 Gesetz über die Organisation der Landesverwaltung (Landesorganisationsgesetz – LOG. NW.) vom 10.07.1962 (GV. NW. S. 421).

424 *Lemke*, Bericht über die Vorarbeiten zu einem Landesverwaltungsgesetz für Schleswig-Holstein, S. 10 ff.

425 *Lemke*, Bericht über die Vorarbeiten zu einem Landesverwaltungsgesetz für Schleswig-Holstein, S. 13 ff.

zur Regelung eines Einzelfalls auf dem Gebiet des öffentlichen Rechts treffe und von der unmittelbar eine rechtliche Wirkung ausgehe.[426]

Weiterhin werde das künftige Landesverwaltungsgesetz auch Vorschriften zur Bestandskraft belastender und begünstigender Verwaltungsakte enthalten. Im Gegensatz zu Akten der Justiz erfülle die Verwaltungstätigkeit nicht vorrangig den Zweck „der Anwendung des Rechts, der Herstellung des Rechtsfriedens und der Beseitigung eines Unrechtszustandes", sondern fördere vielmehr die Verwirklichung des Staatszwecks, so dass das Verwaltungshandeln demnach „auf Gestaltung für die Zukunft gerichtet" sei. Trotzdem komme der Bestandskraft gerade unter dem Gesichtspunkt der Rechtsstaatlichkeit entscheidende Bedeutung zu. Grundsätzlich werde anhand einer Abwägung zwischen dem Interesse der Allgemeinheit an der Rechtmäßigkeit des Verwaltungshandelns und dem schutzwürdigen Interesse des Einzelnen an der Aufrechterhaltung des Verwaltungsaktes entschieden, ob der Widerruf eines rechtmäßigen beziehungsweise die Rücknahme eines rechtswidrigen Verwaltungsaktes in Betracht komme. Der Gesetzgeber eines Landesverwaltungsgesetzes stehe nunmehr vor der Aufgabe, für Tatbestände und Rechtsfolgen der Aufhebung von Verwaltungsakten eindeutige Gesetzesnormen festzulegen, damit diese Gesamtregelung nach und nach zu einer Verdrängung der gegenwärtig geltenden Sonderbestimmungen führen könne.[427]

Die Vollstreckung im Verwaltungsverfahren bedürfe zum einen aufgrund der auch hier eingetretenen Rechtszersplitterung, zum anderen aufgrund der erforderlichen Angleichung der Vollstreckungsvorschriften an die Anforderungen einer modernen Verwaltung einer einheitlichen Gesetzesfassung. Während der Bund und einige Länder eigene Vollstreckungsgesetze erlassen haben, werde Schleswig-Holstein diesen Bereich als selbständige Kodifikation in das Landesverwaltungsgesetz aufnehmen.[428]

Der Bericht endet mit der Erkenntnis, dass die Vorarbeiten für dieses Gesetzesvorhaben trotz der aufgezeigten Probleme einen Entwicklungsstand erreicht

---

426 *Lemke*, Bericht über die Vorarbeiten zu einem Landesverwaltungsgesetz für Schleswig-Holstein, S. 19 ff.

427 *Lemke*, Bericht über die Vorarbeiten zu einem Landesverwaltungsgesetz für Schleswig-Holstein, S. 26 ff.

428 *Lemke*, Bericht über die Vorarbeiten zu einem Landesverwaltungsgesetz für Schleswig-Holstein, S. 31 ff.

hätten, der die Vorlage eines Regierungsentwurfs im nächsten Landtag erwarten lasse.[429]

Am Ende der vierten Wahlperiode wies Ministerpräsident Kai-Uwe von Hassel in seiner Erklärung vom 20.08.1962 auf den Bericht des Innenministers Helmut Lemke vom 01.08.1962 hin. Die Sammlung und Sichtung des Landesrechtes sei bis auf wenige Ausnahmen zum Abschluss gebracht worden, so dass sich der neue Landtag demnächst mit einem Gesetzentwurf über das Landesrecht zu befassen habe, das sich dann nicht mehr aus 70.000, sondern nur noch aus 1.100 Vorschriften zusammensetzen werde.[430] In der anschließenden Diskussion vom 21.08.1962 rief der Abgeordnete Wolgast (FDP) ins Gedächtnis, dass eine Verabschiedung des Landesverwaltungsgesetzes nach der Regierungserklärung vom 27.10.1958 bereits in der aktuellen Legislaturperiode beabsichtigt gewesen sei.[431] Die zu Anfang der 5. Wahlperiode am 12.11.1962 abgegebene Regierungserklärung des in seinem Amt als Ministerpräsidenten bestätigten Kai-Uwe von Hassel offenbarte wiederum die Zurückhaltung der Landesregierung in Bezug auf den Erlass eines Landesverwaltungsgesetzes, da zwar aufgrund der derzeitigen Ressortbesprechungen demnächst ein Gesetzentwurf in den Landtag eingebracht, allerdings ein Landesverwaltungsgesetz nicht verbindlich zugesagt werden könne.[432]

III. Vorarbeiten für den Entwurf eines Landesverwaltungsgesetzes

Unter der Federführung von Regierungsdirektor Hans Joachim Knack[433] wurden sowohl die Mitwirkung des Schleswig-Holsteinischen Innenministeriums an der Erarbeitung des Musterentwurfs als auch die Vorarbeiten für den Entwurf eines Landesverwaltungsgesetzes mit Nachdruck verfolgt. Die parallel im Bund und in Schleswig-Holstein angelaufenen Gesetzgebungsvorhaben erforderten eine eindeutige Verteilung der Aufgaben, Kompetenzen und Verantwortung auf einen größeren Personenkreis innerhalb des Innenministeriums. Deshalb wurden

429 *Lemke*, Bericht über die Vorarbeiten zu einem Landesverwaltungsgesetz für Schleswig-Holstein, S. 39.

430 LT Plenarprotokoll 4/82, S. 2836.

431 LT Plenarprotokoll 4/83, S. 2871.

432 LT Plenarprotokoll 5/2, S. 27.

433 F. III., S. 149 f.

den Regierungsassessoren Jost-Dietrich Busch[434], Wolfgang Clausen[435], Walter Klappstein[436] und Magnus G. W. Staak[437] sowie Oberregierungsrat Karl-Robert Schwarze[438] jeweils bestimmte Sachbereiche zur vertieften Auseinandersetzung zugewiesen, für die sie über die gesamte Gesetzgebungsarbeit hinweg verantwortlich zeichneten.[439]

1. Der Referentenentwurf (1965)

Nach Veröffentlichung des Musterentwurfs am 17.03.1964 wurden die nach und nach erarbeiteten und fortlaufend ergänzten Vorentwürfe einzelner Teile des Landesverwaltungsgesetzes noch im selben Jahr zu einem ersten Gesamtentwurf zusammengefasst und dieser wurde um die Bestimmungen des Musterentwurfs ergänzt.[440] Die schleswig-holsteinische Landesregierung setzte sich mit dem in der Zwischenzeit überarbeiteten Referentenentwurf des Innenministeriums für ein Landesverwaltungsgesetz vom 01.03.1965 erstmals in der Kabinettssitzung am 16.03.1965 auseinander. Nach einer ausführlichen Besprechung der allgemeinen Probleme eines derartigen Gesetzgebungsvorhabens fasste

434 Anhang A, S. 187 ff.

435 Anhang B, S. 191 ff.

436 Walter Klappstein (28.07.1928 – 01.05.2010) war zunächst in der Versicherungswirtschaft sowie in der Kommunal- und Landesverwaltung Schleswig-Holsteins tätig. Im Anschluss an seine Tätigkeit als Referent im Innenministerium bekleidete er von 1972 bis 1992 das Amt des Ministerialdirigenten als Mitglied des Landesrechnungshofs Schleswig-Holstein. Außerdem nahm er seit 1987 einen Lehrauftrag für Verwaltungslehre und Verwaltungsverfahrensrecht an der Christian-Albrechts-Universität zu Kiel wahr und wurde 1996 zum Honorarprofessor ernannt (*Klappstein/von Unruh*, Rechtsstaatliche Verwaltung durch Gesetzgebung, S. IV; *Klappstein*, Rechtseinheit und Rechtsvielfalt im Verwaltungsrecht, S. IV; *Köbler/Peters*, Who's who im deutschen Recht, S. 340).

437 Anhang C, S. 197 ff.

438 Karl-Robert Schwarze übernahm später als Regierungsdirektor die Koordinierungsaufgaben des inzwischen zum Abteilungsleiter im Innenministerium ernannten Hans Joachim Knack und wurde damit zum zuständigen Referenten im Innenministerium. Auf der Tagung des Bund-Länder-Ausschusses vom 14.-18.03.1966 in München vertrat er zusammen mit Ministerialrat Hans Joachim Knack das Land Schleswig-Holstein. Schließlich leitete er seit 1977 als Ministerialdirigent die federführende Abteilung (*Klappstein/von Unruh*, Rechtsstaatliche Verwaltung durch Gesetzgebung, S. 98, 153).

439 *Klappstein/von Unruh*, Rechtsstaatliche Verwaltung durch Gesetzgebung, S. 97 f.

440 *Klappstein/von Unruh*, Rechtsstaatliche Verwaltung durch Gesetzgebung, S. 103.

die Landesregierung den Beschluss, die Arbeit der Ressorts noch mehr voranzutreiben, damit der Entwurf möglichst bald Kabinettsreife erlangen könne. Aus einer Pressemitteilung der Pressestelle der Landesregierung Schleswig-Holstein vom 17.03.1965 über diese Kabinettssitzung[441] ging hervor, dass nach Auffassung der Landesregierung das Gesetz einerseits entscheidend zur Verwaltungsvereinfachung beitragen werde, indem das bestehende Landesrecht und die künftigen Bestimmungen des Verwaltungsgesetzes sinnvoll aufeinander abgestimmt werden, um die vorhandene Masse an unterschiedlichen Vorschriften deutlich zu verringern. Andererseits komme das Gesetz dem Gedanken des Rechtsstaates dadurch zugute, dass der Bürger mit der Aufhebung der Zersplitterung von Verwaltungsverfahrensrecht und materiellem Verwaltungsrecht die nötige Übersicht über das Verwaltungsrecht zurückgewinne, ohne jedoch die Elastizität der Verwaltung zu gefährden.

2. Anhörung der Fachressorts der Landesregierung

Bereits vor Fertigstellung des Referentenentwurfs wurden den Fachressorts der Landesregierung in gewissen Zeitabständen jeweils Teilbereiche dieses Entwurfs – Organisationsteil (§§ 1–51), Verfahrensteil (§§ 72–142), Zustellungsteil (§§ 143–159), Teil über die Ausübung unmittelbaren Zwanges (§§ 221 bis 234) und Vollstreckungsteil (§§ 235–295) – übermittelt, zu denen sie dann entsprechende Stellungnahmen abgaben. Die Ressortbesprechungen zum Referentenentwurf fanden in fünf Terminen vom 12.04.-10.05.1965 statt. Dabei wurden die Termine so festgesetzt, dass zunächst die bereits zur Stellungnahme zugegangenen Teilgebiete behandelt wurden, um den Fachressorts mehr Zeit für die Befassung mit den bisher unbekannten Teilgebieten einzuräumen.

Während der Finanzminister, der Minister für Ernährung, Landwirtschaft und Forsten, der Minister für Wirtschaft und Verkehr, der Justizminister und der Minister für Arbeit, Soziales und Vertriebene dem Entwurf zustimmten, forderte Kultusminister Claus-Joachim von Heydebreck, dass die inneren Schul- und Hochschulangelegenheiten, für die das Landesverwaltungsgesetz teilweise nicht gelten solle, vollständig von der Anwendung des Gesetzes ausgenommen werden. Zur Begründung führte er aus, dass insbesondere die das Verwaltungsverfahren betreffenden Regelungen dem Wesen der Schulangelegenheiten nicht gerecht werden würden. Dem hielt jedoch Innenminister Hartwig Schlegelberger[442] entgegen,

441 Mitteilung Nr. 82/65 der Pressestelle der Landesregierung Schleswig-Holstein vom 17.03.1965.

442 F. VI., S. 153 ff.

dass Schulangelegenheiten mit Außenwirkung nach Bundesrecht als Verwaltungsakte vor den Verwaltungsgerichten anfechtbar seien, so dass die zu diesen Verwaltungsakten führenden Verfahren genauso behandelt werden müssten wie alle anderen Verwaltungsverfahren.[443] Das Problem der Geltung des Organisations- und Verfahrensrechts im Schul- und Hochschulbereich war später auch wesentlicher Gegenstand der Beratungen des Sonderausschusses.[444]

3. Stellungnahme der kommunalen Landesverbände

Am 11.05.1965 übermittelte Innenminister Hartwig Schlegelberger den kommunalen Landesverbänden[445] den Entwurf eines Allgemeinen Verwaltungsgesetzes für das Land Schleswig-Holstein nach § 3 Abs. 1 des Erlasses über die Behandlung von Gesetzesvorlagen und Verordnungen bei der Landesregierung vom 13.03.1956 zur Stellungnahme.[446]

Die kommunalen Landesverbände beabsichtigten, gemeinsam eine Stellungnahme zum Entwurf des Landesverwaltungsgesetzes abzugeben, und bildeten zu diesem Zweck einen aus sachkundigen Vertretern aller kommunalen Landesverbände bestehenden Arbeitskreis. Dieser Arbeitskreis Landesverwaltungsgesetz setzte sich in zwölf Sitzungen vom 29.06.1965 bis zum 19.10.1965 zunächst im Abstand von zwei Wochen, dann wöchentlich mit den einzelnen Regelungen des Entwurfes eines Landesverwaltungsgesetzes auseinander und erarbeitete eine beträchtliche Anzahl nicht nur redaktioneller, sondern überwiegend sachlicher Änderungs- und Ergänzungsvorschläge. Diese Vorschläge wurden für jede Sitzung in Beratungsvermerken, die teilweise den Vorbehalt einer eingehenderen Nachprüfung in den zuständigen Organen der kommunalen Landesverbände enthielten, schriftlich festgehalten.[447] Um die Verabschiedung eines Regierungsentwurfs und dessen Vorlage an den Landtag bis Ende des Jahres 1965 zu ermöglichen, ersuchte die Landesregierung die kommunalen Landesverbände, ihre gemeinsame Stellungnahme spätestens bis zum 31.08.1965 abzugeben. Doch schon früh zeichnete sich ab, dass der Arbeitskreis Landesverwaltungsgesetz diese Frist aufgrund der noch ausstehenden Beratungen nicht werde einhalten können, so dass die in den

---

443 Kabinettsvorlage Nr. 122/65 vom 30.11.1965.

444 D. IV. 2. c) ee), S. 122 ff.

445 Die Arbeitsgemeinschaft der kommunalen Landesverbände Schleswig-Holsteins setzt sich aus dem Schleswig-Holsteinischen Gemeindetag, dem Schleswig-Holsteinischen Landkreistag, dem Städtebund Schleswig-Holstein und dem Deutschen Städtetag – Landesverband Schleswig-Holstein – zusammen.

446 Schreiben des Innenministers des Landes Schleswig-Holstein vom 11.05.1965 – I 28 –.

447 *Klappstein/von Unruh*, Rechtsstaatliche Verwaltung durch Gesetzgebung, S. 104.

Beratungsvermerken niedergeschriebenen Ergebnisse der Erörterungen in den Referentenentwurf eingearbeitet wurden.[448] In den beiden abschließenden Sitzungen des Arbeitskreises Landesverwaltungsgesetz vom 09.10.1965 und 19.10.1965 nahmen Vertreter des Innenministeriums Stellung zu den bisherigen Ergebnissen der Beratungen des Arbeitskreises Landesverwaltungsgesetz. Dabei wurde die Sitzung vom 09.10.1965 vor allem durch die Ausführungen des Ministerialrates Hans Joachim Knack für das Innenministerium und des Landrates Alfons Galette[449] für den Arbeitskreis geprägt. An der Sitzung vom 19.10.1965 wirkte neben Ministerialrat Hans Joachim Knack auch Staatssekretär Klaus von der Groeben mit.

In einem Schreiben an den Innenminister Hartwig Schlegelberger vom 16.12.1965 musste der Vorsitzende der Arbeitsgemeinschaft der kommunalen Landesverbände des Landes Schleswig-Holstein einräumen, dass auch nach einem Beschluss der Arbeitsgemeinschaft der kommunalen Landesverbände vom 29.10.1965 eine abschließende Stellungnahme zu dem Gesetzentwurf derzeit nicht möglich sei.[450] Stattdessen müssten die Beratungsvermerke der einzelnen Sitzungen als vorläufige Stellungnahme der kommunalen Landesverbände herangezogen werden. Der Vorsitzende begründete diese Entscheidung zum einen mit grundsätzlichen Bedenken gegen die Kodifizierung des Gesetzes im gegenwärtigen Zeitpunkt. Der Stand der Diskussionen zum Musterentwurf eines Verwaltungsverfahrensgesetzes sei noch nicht so weit fortgeschritten, dass die Übernahme des Musterentwurfs als Kernstück des Landesverwaltungsgesetzes in der derzeitigen Fassung durch die Bundesregierung und die Landesregierungen gewährleistet werden könne. Durch die Kodifizierung des Musterentwurfs im Landesverwaltungsgesetz Schleswig-Holstein zum jetzigen Zeitpunkt werde das wesentliche Ziel einer einheitlichen Rechtsgestaltung des Verwaltungsverfahrens im Bundesgebiet erheblich gefährdet. Zunächst müssen sich einerseits das Land Schleswig-Holstein mit dem Bund und den anderen Bundesländern, andererseits die kommunalen Landesverbände mit ihren sich noch in der Beratung befindenden Spitzenverbänden auf Bundesebene hinreichend abstimmen. Zum anderen rechtfertigte der Vorsitzende das bisherige Fehlen einer abschließenden kommunalen Stellungnahme mit der Notwendigkeit, zuvor eine Kommission unter Leitung des Innenministeriums und unter Mitwirkung Sachverständiger aus dem kommunalen Bereich zur Erörterung besonders bedeutsamer verwaltungsrechtlicher und verwaltungspolitischer Grundsatzfragen zu berufen.

---

448 *Klappstein/von Unruh*, Rechtsstaatliche Verwaltung durch Gesetzgebung, S. 104.

449 F. II., S. 147 ff.

450 Schreiben des Vorsitzenden der Arbeitsgemeinschaft der kommunalen Landesverbände des Landes Schleswig-Holstein vom 16.12.1965, S. 2.

In diesem Zusammenhang seien insbesondere die Fragen der Rechtseinheit im Bundesgebiet, des Behördenbegriffs, des Verhältnisses der allgemeinen Verwaltung zu Sonderbehörden, der Einheit der Verwaltung, des Verhältnisses des allgemeinen Verwaltungsrechts nach dem Gesetzentwurf zum kommunalen Verfassungsrecht, des herkömmlichen Polizeibegriffs und der Integration des besonderen Polizeirechts in das allgemeine Verwaltungsrecht sowie die Frage einer gesetzlichen Typisierung der Verwaltungsakte zu prüfen und zu klären.[451] Wegen seiner außerordentlichen Bedeutung dürfe das Schleswig-Holsteinische Landesverwaltungsgesetz nicht „von vornherein mit dem Vorbehalt späterer Novellierungsnotwendigkeiten" belastet werden.[452]

Im Verlauf der Beratung zum Entwurf eines Allgemeinen Verwaltungsgesetzes im Landtag kam der Schleswig-Holsteinische Landkreistag zu dem Entschluss, an der Erarbeitung des Landesverwaltungsgesetzes mitzuwirken, und setzte sich für eine zeitnahe Verabschiedung ein. Die im Gesetz gefundene Lösung diene insbesondere dem Bürger und bilde eine Konzeption, die nicht nur Schleswig-Holstein zugute komme, sondern – in Anlehnung an den Referentenentwurf des Bundes – eine Grundlage für die Herstellung einer Rechtsvereinheitlichung schaffe.[453] Demgegenüber beharrte der Deutsche Städtetag auf dem in seiner Stellungnahme vom 30.08.1966 und seiner Eingabe vom 25.10.1966 vertretenen Standpunkt, dass eine Verabschiedung des Gesetzes zum gegenwärtigen Zeitpunkt nicht zielführend sei.[454]

4. Die Klausurtagung in Tremsbüttel (1966)

Bereits in der Sitzung des Arbeitskreises Landesverwaltungsgesetz vom 19.10.1965 stellte Staatssekretär Klaus von der Groeben dem Vorsitzenden der Arbeitsgemeinschaft der kommunalen Landesverbände des Landes Schleswig-Holstein in Aussicht, die innerhalb der Verbände noch nicht endgültig geklärten und Bedenken hervorrufenden Probleme in einer Kommission zu beraten, die sich aus Vertretern des Innenministeriums und der Verwaltungswissenschaft sowie Praktikern des kommunalen Bereichs zusammensetzen sollte. Vier Monate später wurden die

451 Schreiben des Vorsitzenden der Arbeitsgemeinschaft der kommunalen Landesverbände des Landes Schleswig-Holstein vom 16.12.1965, S. 5.

452 Schreiben des Vorsitzenden der Arbeitsgemeinschaft der kommunalen Landesverbände des Landes Schleswig-Holstein vom 16.12.1965, S. 7.

453 Niederschrift über die 10. (öffentliche) Sitzung des Sonderausschusses Verwaltungsgesetz des Schleswig-Holsteinischen Landtages am 27.09.1966, S. 38.

454 Niederschrift über die 10. (öffentliche) Sitzung des Sonderausschusses Verwaltungsgesetz des Schleswig-Holsteinischen Landtages am 27.09.1966, S. 35.

aufgeworfenen Probleme im Rahmen einer Klausurtagung in Tremsbüttel am 18./19.02.1966 ausführlich erörtert. Von Seiten der Verwaltungswissenschaft nahmen an der Klausurtagung die Professoren Carl Hermann Ule[455] von der Hochschule für Verwaltungswissenschaften Speyer, Franz Mayer[456] von der Universität Regensburg sowie Christian-Friedrich Menger[457] und Ekkehart Stein[458] von der

455 F. IV., S. 150 f.

456 Franz Mayer (29.05.1920 – 14.12.1977) wurde 1953 zuerst Regierungsassessor und stieg 1955 zum Regierungsrat und 1957 zum Oberregierungsrat auf. 1958 habilitierte er sich an der Universität Würzburg für Staats- und Verwaltungsrecht und wirkte dort als Privatdozent. 1961 folgte er dann einem Ruf als ordentlicher Professor für Öffentliches Recht an die Hochschule für Verwaltungswissenschaften Speyer. Daneben war Franz Mayer seit 1963 im Nebenamt als Richter des Bayerischen Verwaltungsgerichtshofs tätig. Schließlich wechselte er 1965 an die Universität Regensburg und wurde zugleich zum Stellvertreter des Gründungsrektors bestellt. Nach seiner Wahl zum ersten Rektor der Universität Regensburg 1967 übte er im darauffolgenden Jahr das Amt des Prorektors aus (*Der Präsident der Universität Regensburg*, Gedächtnisreden auf Franz Mayer, S. 35 f.).

457 Christian-Friedrich Menger (01.11.1915 – 07.01.2007) wurde nach Kriegsdienst und Kriegsgefangenschaft 1949 wissenschaftlicher Assistent bei Hans Julius Wolff am Kommunalwissenschaftlichen Institut der Universität Münster. Nach seiner Habilitation erhielt er 1952 seinen ersten Lehrstuhl an der damaligen Hochschule für Arbeit, Politik und Wirtschaft in Wilhelmshaven und folgte 1955 einem Ruf an die Hochschule für Verwaltungswissenschaften Speyer, deren Rektor er von 1957 bis 1959 war. Christian-Friedrich Menger wechselte 1961 an die Universität Kiel und trat schließlich 1967 die Nachfolge seines emeritierten Lehrers Hans Julius Wolff als Geschäftsführender Direktor des Kommunalwissenschaftlichen Instituts an der Universität Münster an, wo er bis zu seiner Emeritierung 1981 lehrte. Zusätzlich gehörte er als Richter im Nebenamt dem Oberverwaltungsgericht Rheinland-Pfalz, dem Oberverwaltungsgericht für die Länder Niedersachsen und Schleswig-Holstein und dem Oberverwaltungsgericht für das Land Nordrhein-Westfalen an (*Köbler/Peters*, Who's who im deutschen Recht, S. 452; *Stüer*, DVBl. 1995, 1344 f.).

458 Ekkehart Stein (24.09.1932 – 03.10.2008) arbeitete von 1959 an als wissenschaftlicher Assistent am Institut für Öffentliches Recht der Universität Bonn. 1965 habilitierte er sich an deren Rechts- und Staatswissenschaftlicher Fakultät und folgte noch im selben Jahr einem Ruf auf den neu errichteten Lehrstuhl für Öffentliches Recht in Kiel. Schließlich wechselte er 1968 auf den ersten Lehrstuhl im Fachbereich Rechtswissenschaft der Universität Konstanz, den er über drei Jahrzehnte bis zu seiner Emeritierung 2000 inne hatte (*Faber/Frank*, Demokratie in Staat und Wirtschaft, S. 433 f.; *Frank/Stintzing*, JZ 2009, 252 f.).

Universität Kiel teil. Die Rechtsprechung wurde vom Präsidenten des Oberverwaltungsgerichts Lüneburg, Professor Richard Naumann, repräsentiert. Von kommunaler Seite waren die Landräte Alfons Galette[459] und Wennemar Haarmann[460] sowie Stadtrat Reinhold Borchert in die Kommission berufen worden. Neben Innenminister Hartwig Schlegelberger[461] und dem Vorsitzenden Staatssekretär Klaus von der Groeben[462] wirkten aus dem Innenministerium außerdem noch der Leitende Ministerialrat Emil Guilleaume[463], Ministerialrat Hans Joachim Knack[464], die Regierungsdirektoren Georg Poetzsch-Heffter[465] und Karl-Robert Schwarze[466],

---

459 F. II., S. 147 ff.

460 Wennemar Haarmann (18.04.1914 - 05.05.1993) war nach Kriegsdienst und Gefangenschaft von 1945 bis 1947 als Assessor und von 1947 bis 1950 als Städtischer Rechtsrat in Hagen beschäftigt. Nach siebenjähriger Tätigkeit als Stadtdirektor in Lüdenscheid bekleidete er von 1957 bis 1975 das Amt des Landrats im Kreis Stormarn, wobei er unter anderem 1960 von der Sachverständigenkommission für die Vereinfachung der Verwaltung als führender Verwaltungspraktiker angehört wurde (Bericht der Sachverständigenkommission für die Vereinfachung der Verwaltung, S. 60). Nach dem Ende seiner Amtszeit nahm er eine Tätigkeit als Rechtsanwalt in Bad Oldesloe auf (*Fischer*, Haarmann, Wennemar, in: Günther, Stormarn Lexikon, S. 141).

461 F. VI., S. 153 ff.

462 F. I., S. 145 ff.

463 Emil Guilleaume (20.06.1907 – ?) arbeitete nach Kriegsende zunächst in der Wirtschaft und trat 1955 in den höheren Verwaltungsdienst des Landes Schleswig-Holstein ein. Als Referent im Innenministerium gehörte er dem Unterausschuss der Innenministerkonferenz 1956/1957 an (*Klappstein/von Unruh*, Rechtsstaatliche Verwaltung durch Gesetzgebung, S. 60, 204). 1962 wurde er zum Leiter der Allgemeinen Abteilung berufen. Danach leitete er von 1964 bis 1968 die für das Landesverwaltungsgesetz Schleswig-Holstein zuständige Abteilung Verfassung, Gesetzgebung und Verwaltung sowie von 1968 bis zu seiner Versetzung in den Ruhestand 1970 die Planungsgruppe (LAS, Abt. 611 Nr. 3450, Bl. 154 f.; *von der Groeben*, Im Dienst für Staat und Gemeinschaft, S. 182 f.).

464 F. III., S. 149 f.

465 Georg Poetzsch-Heffter (06.06.1926 - 22.06.2013) war ein Sohn von Woldemar Friedrich Poetzsch-Heffter (21.06.1881 - 21.09.1935), der ab 1932 als ordentlicher Professor für Öffentliches Recht an der Universität Kiel lehrte (*Volbehr/Weyl*, Professoren und Dozenten der Christian-Albrechts-Universität zu Kiel 1665–1954, S. 44). Georg Poetzsch-Heffter trat 1956 als Oberregierungsrat in den Landesdienst Schleswig-Holstein ein. Von 1971 bis 1988 übte er das Amt des Staatssekretärs in Schleswig-Holstein aus. Dabei erfolgte zunächst seine Berufung zum Chef der Staatskanzlei, bevor er dann von 1983 bis 1987 im Justizministerium und schließlich bis zu seiner Versetzung in den einstweiligen Ruhestand im Innenministerium beschäftigt war (LT-Drucksache 15/2502).

466 S. 91, Fn. 438.

Oberregierungsrat Walter Klappstein[467] sowie Regierungsassessor Wolfgang Clausen[468] an der Erörterung mit.

Die Teilnehmer der Klausurtagung diskutierten ausführlich über die nachfolgenden, bereits im Schreiben der kommunalen Landesverbände vom 16.12.1965 an den Innenminister[469] aufgeführten Grundsatzfragen:

1. Wird das wichtige Ziel der Rechtsvereinheitlichung im Bundesgebiet durch das Vorangehen Schleswig-Holsteins gestört?
2. Ist eine gesetzliche Typisierung der Verwaltungsakte notwendig?
3. Soll das Polizeirecht vollständig in das Allgemeine Verwaltungsrecht integriert werden?
4. Nach welchen Gesichtspunkten soll das Verhältnis des allgemeinen Verwaltungsrechts im Sinne des Entwurfs zum Kommunalverfassungsrecht gestaltet werden?
5. Ist der Behördenbegriff des Entwurfs zu weit?
6. Wie kann das Verhältnis der allgemeinen Verwaltung zu Sonderbehörden geregelt werden?[470]

Diesen Katalog ergänzte Landrat Alfons Galette um die Themen der Abgrenzung zwischen Verordnung und Satzung, der Aufgabenabgrenzung der Zuständigkeiten zwischen Kreisen und größeren kreisangehörigen Städten, der Fach- und Kommunalaufsicht sowie des förmlichen Verwaltungsverfahrens.

Landrat Alfons Galette vertrat die Auffassung, dass Schleswig-Holstein nicht zwingend den Musterentwurf eines Verwaltungsverfahrensgesetzes übernehmen müsse, sondern vielmehr das auf dem Bericht des Innenministers an den Innenausschuss des Landtages von 1958 beruhende Konzept dem Landesverwaltungsgesetz zugrunde legen solle. Denn der Musterentwurf enthalte lediglich die althergebrachten Grundsätze des Verwaltungsrechts und sei deshalb nicht zur Förderung einer auf die Zukunft gerichteten Rechtsentwicklung geeignet.[471] Aus diesem Grund sprach er sich gegen die Zusammenfassung unterschiedlicher Handlungsformen der Verwaltung unter dem Begriff des Verwaltungsaktes sowie eine damit einhergehende Abstrahierung aus und forderte stattdessen eine Typisierung des Verwaltungsaktes (Bewilligung, Genehmigung, Erlaubnis

---

467 S. 91, Fn. 436.
468 Anhang B, S. 191 ff.
469 D. III. 3., S. 93 ff.
470 Protokoll über die Klausurtagung am 18./19.02.1966 in Tremsbüttel, S. 1 f.
471 Protokoll über die Klausurtagung am 18./19.02.1966 in Tremsbüttel, S. 3.

usw.).[472] Weiterhin befürwortete er eine Voll- und nicht nur eine Teilintegration des Polizeirechts in das allgemeine Verwaltungsrecht.[473] Darüber hinaus strebte er eine uneingeschränkte Harmonisierung des neuen Gesetzes mit dem geltenden Kommunalrecht an.[474] Vor allem setzte er sich aber für eine Abkehr von der dualistischen Aufgabenstruktur im Verhältnis zwischen Land und Kommunen ein. Danach nehmen die Kommunen zum einen Selbstverwaltungsaufgaben, zum anderen vom Land zur Erfüllung nach Weisung übertragene Aufgaben wahr. Demgegenüber vertrat Alfons Galette den Standpunkt einer monistischen Aufgabenstruktur, nach der alle von der Gemeinde wahrgenommenen Aufgaben – auch die vom Land zur Erfüllung nach Weisung übertragenen Aufgaben – kommunale Aufgaben sind.[475]

Nach einer kurzen Einführung in das entsprechende Themengebiet folgte jeweils eine kontroverse Debatte. Dabei lehnten die hinzugezogenen Professoren die Ansätze des Landrats Alfons Galette überwiegend ab und stimmten stattdessen mit der vom Innenministerium entwickelten Konzeption des Entwurfs überein. Carl Hermann Ule sprach sich trotz der Gefahr eines Abweichens späterer Gesetze im Interesse des Gesamtentwurfs für ein Vorangehen Schleswig-Holsteins aus: „Ich persönlich würde meine Bedenken, obwohl ich sie literarisch vertreten habe, zurückstellen und sagen: An's Werk!“[476] Nach Auffassung von Franz Mayer könne eine Kodifikation auf der Grundlage des Musterentwurfs nicht die Zersplitterung einer bestehenden Rechtseinheit bewirken, da eine solche aufgrund der enormen Unterschiede zwischen Nord- und Süddeutschland überhaupt nicht vorhanden sei. Während Franz Mayer dem Vorangehen des Bundes wegen der Besonderheiten bei der Regelung der Bundes- im Vergleich zur Landesverwaltung eher skeptisch gegenüberstand, befürwortete er die Initiative des Landes Schleswig-Holstein: „Ich möchte ja sagen zu diesem Entwurf!“[477] Auch Christian-Friedrich Menger äußerte sich zustimmend zu dem Entwurf, indem er ihm die „richtige Mischung zwischen hergebrachten Formen und neuen Vorstellungen“ bescheinigte.[478] Dem von Landrat Alfons Galette eingebrachten Vorschlag einer

472 Protokoll über die Klausurtagung am 18./19.02.1966 in Tremsbüttel, S. 6 f.

473 Protokoll über die Klausurtagung am 18./19.02.1966 in Tremsbüttel, S. 9.

474 Protokoll über die Klausurtagung am 18./19.02.1966 in Tremsbüttel, S. 11.

475 Anhang A, S. 187 ff.; Anhang B, S. 191 ff.; Anhang C, S. 197 ff.; *Galette/Laux*, Kommentare zur Gemeindeordnung, Kreisordnung, Amtsordnung für Schleswig-Holstein, S. 20 ff.; *Maurer*, Allgemeines Verwaltungsrecht, § 23 Rn. 12 ff.

476 Protokoll über die Klausurtagung am 18./19.02.1966 in Tremsbüttel, S. 4.

477 Protokoll über die Klausurtagung am 18./19.02.1966 in Tremsbüttel, S. 5.

478 Protokoll über die Klausurtagung am 18./19.02.1966 in Tremsbüttel, S. 6.

gesetzlichen Typisierung der Verwaltungsakte wurde entgegengehalten, dass dem Problem der Abstraktionshöhe durch eine konkrete Regelung im Erlasswege begegnet werden könne. Das Ziel einer Vereinheitlichung zwischen Verfahrensgesetz und Kommunalrecht bedürfe einer umfassenderen Behandlung, so dass eine Neuordnung im Kommunalverfassungsrecht erst nach Verabschiedung des Landesverwaltungsgesetzes in Betracht komme. Zudem dürfe das förmliche Verwaltungsverfahren im Hinblick auf die Wahrung der Rechtseinheit nicht aus dem Entwurf herausgenommen werden.[479] Nach Erörterung der eingangs erwähnten Gesichtspunkte brachte Carl Hermann Ule zum Ausdruck, dass eine Diskussion zwischen Wissenschaftlern und Praktikern in gewissen zeitlichen Abständen durchaus konstruktiv sein könne. Er schloss seine Ausführungen mit den Worten: „Wir wünschen Ihnen Herr Staatssekretär, dass dieses Werk, das von Ihnen vorgelegt worden ist und das – ich glaube, das kann man wohl sagen – einen Markstein in der Kodifizierung des allgemeinen Verwaltungsrechts in Deutschland darstellen wird, ein voller Erfolg beschieden sein mag.“[480]

Im Ergebnis trug die Klausurtagung in Tremsbüttel nachhaltig zur Klärung der von den kommunalen Landesverbänden aufgeworfenen Grundsatzfragen bei. Der hohe Stellenwert der auf der Klausurtagung von den Vertretern der Verwaltungswissenschaft abgegebenen Stellungnahmen für die weitere Arbeit am Entwurf eines Landesverwaltungsgesetzes zeigte sich vor allem in den entsprechenden Bezugnahmen der ersten Lesung des Landtages.[481]

IV. Das Gesetzgebungsverfahren für das Landesverwaltungsgesetz Schleswig-Holstein

1. Der Regierungsentwurf (1965)

Am 30.11.1965 übersandte Innenminister Hartwig Schlegelberger den Entwurf eines Allgemeinen Verwaltungsgesetzes für das Land Schleswig-Holstein nebst Begründung an das Kabinett mit der Bitte, die Vorlage auf die Tagesordnung der nächsten Kabinettssitzung zu setzen.[482] Das Kabinett stimmte dem nachgebesserten Gesetzentwurf am 14.12.1965 zu und leitete ihn daraufhin am 22.12.1965 an den Präsidenten des Schleswig-Holsteinischen Landtages weiter.[483] Der Regierungsentwurf

479 Protokoll über die Klausurtagung am 18./19.02.1966 in Tremsbüttel, S. 6 ff.

480 Protokoll über die Klausurtagung am 18./19.02.1966 in Tremsbüttel, S. 18.

481 LT Plenarprotokoll 5/55, S. 1940, 1948, 1950, 1952; D. IV. 1. b), S. 103 ff.

482 Kabinettsvorlage Nr. 122/65 vom 30.11.1965.

483 LT-Drucksache 5/650; *Klappstein/von Unruh*, Rechtsstaatliche Verwaltung durch Gesetzgebung, S. 111.

bildete mit 311 Paragraphen und einer 183 Druckseiten umfassenden Begründung die umfangreichste Vorlage, die seit dem Entstehen des Landes Schleswig-Holstein im Landtag zur Beratung stand.[484]

a) Begründung

Der allgemeine Teil der Begründung beschäftigt sich nach einer Einleitung mit den der Konzeption des Regierungsentwurfs zugrundeliegenden Überlegungen sowie seinem Inhalt und Aufbau. In der Einleitung wird zunächst ausgeführt, dass sich der nunmehr über 100 Jahre bestehende Mangel an einer gesetzlichen Regelung der allgemeinen Grundsätze des Verwaltungsrechts gerade seit der Nachkriegszeit durch zahlreiche neue Aufgaben für die Verwaltung vergrößert habe. Der gegenwärtige Zustand im Verwaltungsrecht sei zum einen durch eine überhaupt nicht vorhandene oder lediglich bruchstückhafte Regelung allgemeiner Grundsätze, zum anderen durch eine ungeordnete Vielzahl an Organisations-, Zuständigkeits- und Verfahrensvorschriften in Sondergesetzen geprägt. Schon der Bericht der Sachverständigenkommission für die Vereinfachung der Verwaltung beim Bundesministerium des Innern vom April 1960[485] weise darauf hin, dass sich die Verfahrensvorschriften auf etwa 80 Bundesgesetze verteilen und aus diesem Grund eine Vereinheitlichung des Verfahrensrechts – auch auf Landesebene – erheblich zu einer Verwaltungsvereinfachung beitragen werde. Die Landesregierung habe bereits in dem Bericht des Innenministers an den Innenausschuss des Landtages über Maßnahmen und Möglichkeiten einer Verwaltungsreform im Lande Schleswig-Holstein vom 01.08.1958[486] ein Allgemeines Verwaltungsgesetz als Maßnahme zur Vereinfachung der Verwaltung erachtet und könne sich hinsichtlich einer entsprechenden Kodifizierung zudem auf den Verfassungsauftrag aus Art. 38 Abs. 2 LS[487] berufen.[488] Verfassungsrechtliche Bedenken haben jedoch zu einer eher zurückhaltenden Herangehensweise geführt. Ein in Ermangelung einer einheitlichen Gesetzgebungskompetenz unvermeidbares Nebeneinander bundes- und landesrechtlicher Vorschriften in der Verwaltungspraxis der Länder würde dem Zweck einer Verwaltungsvereinfachung zuwiderlaufen, so dass von Bund und Ländern die Erarbeitung einer

---

484 *Brintzinger*, DÖV 1968, 16; *Staak*, Landesverwaltungsgesetz Schleswig-Holstein: Textausgabe, S. XV.

485 B. I. 5., S. 22 ff.

486 D. II. 4., S. 80 ff.

487 D. I., S. 69 ff.

488 LT-Drucksache 5/650, S. 120.

einheitlichen Kodifikation angestrebt werden müsse. In diesem Zusammenhang habe sich vor allem die Erörterung auf dem 43. Deutschen Juristentag 1960 in München als nützlich erwiesen. Um die Rechtseinheit auf dem Gebiet des Verwaltungsverfahrens zu wahren, sei eine möglichst gleichlautende Übernahme der Vorschriften des Musterentwurfs im Bund und in den übrigen Bundesländern unbedingt notwendig.[489] Neben den Vorschriften des Musterentwurfs müssen in den Entwurf des Landesverwaltungsgesetzes zusätzliche Rechtsgebiete von wesentlicher Bedeutung einbezogen werden. Nur dadurch könne eine umfassende und geschlossene Kodifikation des allgemeinen Verwaltungsrechts entstehen, die sowohl eine umfangreiche Rechts- und Verwaltungsvereinfachung als auch eine Verbesserung von Rechtsstellung und Rechtssicherheit für den Bürger bewirke.[490]

Die Grundlage für die Konzeption des Regierungsentwurfs bilde insbesondere der Gedanke, der Verwaltung das Recht der freien Selbstgestaltung zu erhalten, um die Elastizität der Verwaltung zu bewahren und eine Kasuistik zu vermeiden. Diese Erwägung könne aber nur insoweit Berücksichtigung finden, als Übersichtlichkeit und Verständlichkeit für den Bürger nicht darunter leiden.[491]

Der Aufbau des Entwurfs des Landesverwaltungsgesetzes beruht auf dem Grundsatz, das Allgemeine vor das Besondere zu ziehen. Nach diesem Grundsatz richtet sich sowohl der Aufbau der Teile und Abschnitte als auch der Aufbau der einzelnen Vorschriften in den jeweiligen Abschnitten. Außerdem besteht ein leitender Gesichtspunkt für eine übersichtliche Gliederung des Entwurfs darin, dass den Regelungen über Organisation und Zuständigkeiten der Vorrang gegenüber den Bestimmungen über das Verwaltungshandeln eingeräumt ist. Innerhalb der Bestimmungen über das Verwaltungshandeln sind die Vorschriften über das Zustandekommen der Maßnahmen den Bestimmungen über die Durchsetzung und Anfechtung der Maßnahmen vorangestellt. Unter Berücksichtigung dieser Grundsätze enthält der erste Teil des Entwurfs die Regelungen zur Verwaltungsorganisation (§§ 2–51). Der zweite Teil über das Verwaltungshandeln befasst sich im Abschnitt I mit den allgemeinen Vorschriften. Dabei sind als Titel dieses Abschnitts die einzelnen Formen des Verwaltungshandelns nicht mit ihrer konkreten Bezeichnung, sondern mit ihrer von Wissenschaft und Rechtsprechung nach und nach entwickelten abstrakten Bezeichnung aufgeführt, also Verwaltungshandeln durch Verordnung (§§ 52–63), durch Satzung (§§ 64–69) oder durch

489 LT-Drucksache 5/650, S. 121 f.
490 LT-Drucksache 5/650, S. 122 f.
491 LT-Drucksache 5/650, S. 123 f.

Verwaltungsakt und öffentlich-rechtlichen Vertrag (§§ 70–127). Der folgende Abschnitt II setzt sich mit den besonderen Vorschriften auseinander und gebraucht dabei konkrete Bezeichnungen für die Formen des Verwaltungshandelns. Unter diesen Abschnitt fallen die Titel Förmliches Verwaltungsverfahren (§§ 128–136), Planfeststellungsverfahren (§§ 137–142), Zustellungsverfahren (§§ 143–159), Gefahrenabwehr (§§ 160–188), Erzwingung von Handlungen, Duldungen oder Unterlassungen (§§ 189–220), Ausübung unmittelbaren Zwangs (§§ 221–234) sowie Vollstreckung öffentlich-rechtlicher Geldforderungen (§§ 235–295). Diese Regelungen bilden keine eigenen Sondergebiete, sondern ergänzen und variieren die allgemeinen Vorschriften des Abschnitts I, so dass für den Fall einer nicht vorhandenen Sonderregelung in Abschnitt II auf die allgemeinen Vorschriften des Abschnitts I zurückgegriffen werden kann. Schließlich behandelt der dritte Teil des Entwurfs die Schlussvorschriften (§§ 296–311).[492]

b) *Erste Lesung im Landtag*

Bereits vor der ersten Lesung im Schleswig-Holsteinischen Landtag offenbarte die SPD-Fraktion in einer Parlamentspressekonferenz vom 01.02.1966 ihre grundsätzlichen Bedenken gegen ein Landesverwaltungsgesetz. Während Staatsrat Walter Mentzel[493] (CDU) – später Vorsitzender des Sonderausschusses – erklärte, dass die CDU-Fraktion das Landesverwaltungsgesetz unbedingt „durchbringen" wolle, ersuchte die SPD-Fraktion in einem Brief vom 31.01.1966 den Präsidenten des Schleswig-Holsteinischen Landtages Paul Rohloff, den Entwurf eines Allgemeinen Verwaltungsgesetzes in der Aussprache der nächsten Sitzung des Landtages nicht

---

492 LT-Drucksache 5/650, S. 145.

493 Walter Mentzel (22.01.1899 - 27.03.1978) trat 1930 der NSDAP bei und übte von 1933 bis 1945 das Amt des Bürgermeisters von Kiel aus. 1941 wurde er von Gauleiter Hinrich Lohse in der Verwaltung des Reichskommissariats Ostland als Gebietskommissar für Reval-Stadt/Estland eingesetzt (*Lehmann*, Kreisleiter der NSDAP in Schleswig-Holstein, S. 380 f., 389). Nach Kriegsende ließ er sich zunächst als Rechtsanwalt in Eckernförde nieder. Von 1954 bis 1971 war er Mitglied des Schleswig-Holsteinischen Landtages und von 1958 bis 1969 Fraktionsvorsitzender der CDU. Zudem bekleidete er von 1956 bis 1965 das Amt des Landrats des Kreises Eckernförde. Aufgrund des Erlasses des Ministerpräsidenten vom 27.07.1964 (Amtsbl. Schl.-H. 1964, S. 365) wurde ihm schließlich für hohe Verdienste auf dem Gebiet der Politik der Titel des Staatsrates verliehen (*Friedrich*, Pommern 16 (1978), H. 2, 39; *Pommerscher Zentralverband e.V., Kulturabteilung*, Pommern 9 (1971), H. 4, 36 f.).

zu erörtern.[494] Der Abgeordnete Strack (SPD) begründete dieses Anliegen im Wesentlichen damit, dass Schleswig-Holstein mit diesem Entwurf die Grenze des Vertretbaren weit überschritten habe und zunächst die Entwicklung in anderen Bundesländern abwarten solle. Für die Beratung des Landesverwaltungsgesetzes – einem „Steckenpferd der Ministerialbürokratie im Innenministerium“ – bis zum Ende der Legislaturperiode stehe nicht mehr genügend Zeit zur Verfügung. Das Bedürfnis nach einer eingehenderen Behandlung eines so bedeutenden Gesetzes werde auch dadurch gerechtfertigt, dass das Innenministerium bisher noch keine Verhandlungen mit den kommunalen Spitzenverbänden geführt habe.[495]

Anderthalb Monate später – am 15.03.1966 – leitete Innenminister Hartwig Schlegelberger[496] die erste Lesung des Entwurfs eines Allgemeinen Verwaltungsgesetzes für das Land Schleswig-Holstein mit einem Dank an seine Mitarbeiter Staatssekretär Klaus von der Groeben, Emil Guilleaume, Georg Poetzsch-Heffter sowie Ministerialrat Hans Joachim Knack für ihre wissenschaftlichen Vorarbeiten an dem Gesetz ein.[497] Seine Ausführungen zur Notwendigkeit einer solchen Kodifikation standen unter dem Leitsatz „Einer mußte vorangehen“.[498] Nach einem kurzen Eingehen auf das Ziel des Gesetzes, das Verhältnis zwischen Bürger und Behörde zu verbessern, würdigte Innenminister Hartwig Schlegelberger den Entschluss des Deutschen Juristentages 1960 zu einer Kodifizierung des Verwaltungsrechts und die Erarbeitung des als Kernstück bezeichneten Verwaltungshandelns durch den Bund-Länder-Ausschuss. In diesem Zusammenhang widmete er sich auch dem Problem des Vorangehens Schleswig-Holsteins bei dem Erlass eines Verwaltungsgesetzes und der damit verbundenen Gefahr für die Rechtseinheit. Ein den Musterentwurf umfassendes Landesverwaltungsgesetz bringe die Gewissheit mit sich, dass die Bundesressorts den bisher eingeschlagenen Weg beibehalten und die anderen Bundesländer den Musterentwurf allenfalls mit geringen Abweichungen übernehmen werden, ohne jedoch wesentliche Änderungen vorzunehmen. Um einer Zersplitterung der Rechtseinheit vorzubeugen, müssen zudem die in den anderen Bundesländern bereits weitgehend in eigenständigen Gesetzen festgesetzten, in Schleswig-Holstein jedoch in Anbetracht der bevorstehenden Gesamtkodifikation noch nicht normierten

494 Bericht der Pressestelle der Landesregierung Schleswig-Holstein über die Parlamentspressekonferenz vom 01.02.1966, in: LAS, Abt. 786 Nr. 2737, Bl. 671 f., 674.

495 Bericht der Pressestelle der Landesregierung Schleswig-Holstein über die Parlamentspressekonferenz vom 01.02.1966, in: LAS, Abt. 786 Nr. 2737, Bl. 673.

496 F. VI., S. 153 ff.

497 LT Plenarprotokoll 5/55, S. 1934.

498 LT Plenarprotokoll 5/55, S. 1937.

Verwaltungsrechtsgebiete mit den Bestimmungen des Musterentwurfes über das Verwaltungshandeln in einem einheitlichen Landesverwaltungsgesetz für Schleswig-Holstein zusammengefasst werden. Innenminister Hartwig Schlegelberger kam anschließend noch auf die Klausurtagung in Tremsbüttel vom 18./19.02.1966[499] zu sprechen, deren Teilnehmer aus Wissenschaft und Rechtsprechung im Ergebnis den richtigen Zeitpunkt zur Vorlage eines Gesetzentwurfs für gekommen hielten und auch den Umfang des Gesetzes als sinnvoll erachteten, so dass einem möglichst raschen Erlass des Gesetzes keine weiteren Hindernisse mehr im Wege stünden.[500]

Demgegenüber bezog der Abgeordnete Konrad (SPD) Stellung gegen den von Innenminister Hartwig Schlegelberger als Kernstück beurteilten Abschnitt des Gesetzentwurfes, da sich die Wissenschaft mit dem Musterentwurf bisher noch nicht in der Ausführlichkeit wie mit der Frage der Kodifizierung des Allgemeinen Teils des Verwaltungsrechts vor dem 43. Deutschen Juristentag im Jahr 1960 auseinandergesetzt habe. Vielmehr stehe er auf dem Standpunkt, „zunächst den Musterentwurf ausreifen zu lassen, bevor ihn ein Land zum Gegenstand einer vorprellenden Gesetzgebung mache".[501] Des Weiteren hätten bereits die kommunalen Landesverbände eingewendet, dass eine nahezu unveränderte Übernahme des Musterentwurfes in das Allgemeine Verwaltungsgesetz, ohne die Anzahl der tatsächlich eine entsprechende Einarbeitung des Musterentwurfes durchführenden Bundesländer überblicken zu können, die Rechtseinheit erheblich gefährde. Zudem dürfen die Bestimmungen aus dem Musterentwurf erst dann in den Gesetzentwurf eingefügt werden, wenn der Bund-Länder-Ausschuss eindeutig festgestellt habe, dass eine Ausweitung der Revisibilität auch auf weitere Teile des Musterentwurfes nicht in Betracht komme.[502] Die Gestaltung eigener Bestimmungen für das Zustellungswesen anstelle der bisherigen Regelung in Form einer einzigen Vorschrift mit Verweisung auf das Bundeszustellungsgesetz führe zu einem „Rückfall in den Partikularismus".[503] Der Erlass eines Gesetzes über das Ordnungswesen wäre schon viel eher möglich gewesen, wenn die Anwendung des Preußischen Polizeiverwaltungsgesetzes von 1931 tatsächlich erhebliche Probleme verursacht hätte. Den Schwerpunkt der Ausführungen des Abgeordneten Konrad bildete jedoch nicht etwa die Frage „Warum wird das Gesetz erst jetzt

---

499 D. III. 4., S. 95 ff.

500 LT Plenarprotokoll 5/55, S. 1937 ff.

501 LT Plenarprotokoll 5/55, S. 1944.

502 LT Plenarprotokoll 5/55, S. 1944 f.

503 LT Plenarprotokoll 5/55, S. 1945.

vorgelegt?", sondern die Frage „Warum wird das Gesetz schon jetzt vorgelegt?".[504] Ein derart bedeutendes Gesetz mit einem so beträchtlichen Umfang könne kein Landtag innerhalb der bis zum Ende der Legislaturperiode noch verbleibenden, zu kurzen Zeit beraten und verabschieden. Ein entsprechender Gesetzentwurf müsse vielmehr dem Landtag zu Beginn einer Legislaturperiode vorgelegt und auch nicht von einem Sonderausschuss, sondern von den Abgeordneten des Innenausschusses unter Mitwirkung der Abgeordneten des Finanzausschusses gründlich erörtert werden. Zwar halte die SPD-Fraktion ein Verwaltungsgesetz grundsätzlich für notwendig, aber schon das Protokoll der Tagung in Tremsbüttel lasse erkennen, dass der Gesetzentwurf keine uneingeschränkte Akzeptanz in Wissenschaft und Rechtsprechung finde. Wegen des unpassenden Zeitpunktes für den Erlass eines Allgemeinen Verwaltungsgesetzes für das Land Schleswig-Holstein beantragte die SPD-Fraktion, den Entwurf an die Landesregierung zurückzuüberweisen.[505]

Der Abgeordnete Schoof (CDU) begründete die Zustimmung der CDU-Fraktion zur Vorlage des Entwurfs eines Allgemeinen Verwaltungsgesetzes für das Land Schleswig-Holstein durch die Landesregierung mit dem bestehenden Bedürfnis nach Kodifizierung des Verwaltungsrechts. Dabei müsse der vom Bund-Länder-Ausschuss erarbeitete Musterentwurf aufgrund seiner Ausgereiftheit unbedingt als Teilbereich in das Gesetz aufgenommen werden. Die CDU-Fraktion beantragte die Überweisung des Gesetzes an einen Sonderausschuss, um einerseits eine Zeitersparnis durch Vermeidung eines gleichzeitigen Tätigwerdens in den einzelnen Ausschüssen zu erreichen und andererseits eine möglichst zweckmäßige und wirtschaftliche Bearbeitung des Gesetzes zu gewährleisten.[506]

Der Abgeordnete Wolgast (FDP) hielt die Bedenken der kommunalen Landesverbände, dass die Erörterung über den das Kernstück des Landesverwaltungsgesetzes bildenden Musterentwurf noch nicht weit genug fortgeschritten sei, für unbegründet, da den kommunalen Landesverbänden dafür seit der Veröffentlichung des Musterentwurfes Ende 1963 ausreichend Zeit zur Verfügung gestanden habe. Als Ziele des Gesetzentwurfs seien die Vereinfachung der Verwaltung, ein verbesserter Rechtsschutz für den Bürger, die Herstellung der Rechtseinheit auf dem Gebiet des Verwaltungsrechts sowie insbesondere die Förderung der Ausbildung des Verwaltungsnachwuchses zu nennen. Im Anschluss an die Anregung des Abgeordneten Wolgast, für die anstehenden Beratungen jeweils

---

504 LT Plenarprotokoll 5/55, S. 1946.
505 LT Plenarprotokoll 5/55, S. 1947 ff.
506 LT Plenarprotokoll 5/55, S. 1949 f.

Professoren des Verwaltungsrechts als Sachverständige einzubeziehen, stimmte auch die FDP-Fraktion der Überweisung des Gesetzentwurfs an den Sonderausschuss zu.[507]

Nach einem Schlusswort des Innenministers Hartwig Schlegelberger wurde der Antrag der SPD-Fraktion, den Entwurf eines Allgemeinen Verwaltungsgesetzes für das Land-Schleswig-Holstein an die Landesregierung zurückzuüberweisen[508], abgelehnt, der gemeinsame Antrag der CDU-, SPD- und FDP-Fraktion, für die Beratung dieses Gesetzentwurfs einen Sonderausschuss zu bestellen[509], bei einigen Enthaltungen angenommen. Infolgedessen wurde der Gesetzentwurf nach der ersten Lesung an diesen Sonderausschuss zur Beratung überwiesen.[510]

c) Diskussion in der Literatur

Die Diskussion des Regierungsentwurfs und seiner ersten Lesung in der Literatur beschränkte sich nahezu ausschließlich auf das Land Schleswig-Holstein. Bereits die Veröffentlichung der diesbezüglich abgegebenen Stellungnahmen in den vom Justizminister des Landes herausgegebenen „Schleswig-Holsteinischen Anzeigen" konnte den Anforderungen an eine überregionale Verbreitung nicht genügen.

Zunächst äußerte sich Hans-Uwe Erichsen[511] in einem Beitrag gegen den Entwurf eines Landesverwaltungsgesetzes.[512] Der Gesetzentwurf Schleswig-Holsteins sei nicht „über den Stand der in dem 1931 veröffentlichten Entwurf einer Verwaltungsrechtsordnung für Württemberg bereits ausgewerteten Einsichten hinausgekommen".[513] Wie ernst das für den Entwurf zuständige Innenministerium diese

507 LT Plenarprotokoll 5/55, S. 1951 ff.

508 LT-Drucksache 5/688.

509 LT-Drucksache 5/683.

510 LT Plenarprotokoll 5/55, S. 1954.

511 Hans-Uwe Erichsen (geb. am 15.10.1934) arbeitete von 1964 bis 1969 als wissenschaftlicher Assistent an den Universitäten Kiel und Münster. 1969 habilitierte er sich an der Universität Münster und folgte 1970 einem Ruf an die Universität Bochum auf den Lehrstuhl für Öffentliches Recht und Europarecht. 1981 trat er die Nachfolge seines emeritierten Lehrers Christian-Friedrich Menger an der Universität Münster an, wo er bis zu seiner Emeritierung 2000 als Professor für Öffentliches Recht, Europarecht, Staats- und Verwaltungsrecht sowie als Leiter des Kommunalwissenschaftlichen Instituts wirkte. Zudem bekleidete er von 1986 bis 1990 das Amt des Rektors und war nachfolgend bis 1997 Präsident der Hochschulrektorenkonferenz und bis 1999 Präsident der Vereinigung der Rektorenkonferenzen der Europäischen Union (*Köbler/Peters*, Who's who im deutschen Recht, S. 157).

512 *Erichsen*, SchlHA 1966, 121 ff.

513 *Erichsen*, SchlHA 1966, 129.

negative Kritik nahm, lässt sich daraus schließen, dass sich Staatssekretär Klaus von der Groeben in einem Schreiben vom 20.05.1966 an Professor Franz Mayer aus Regensburg mit der Bitte wendete, die von Hans-Uwe Erichsen – damals noch wissenschaftlicher Assistent – vorgetragenen Bedenken zu entkräften.[514] Dieser Gedanke wurde jedoch wieder verworfen, weil das Innenministerium die in der Zwischenzeit veröffentlichte Entgegnung des Ministerialrats Hans Joachim Knack als ausreichend erachtete.[515] Zu den Ausführungen des Ministerialrats Hans Joachim Knack nahm wiederum Hans-Uwe Erichsen Stellung.[516] Abgesehen von dieser grundsätzlichen Auseinandersetzung leisteten mehrere Verfasser Beiträge zu Teilbereiche des Regierungsentwurfs betreffenden Problemen. So befasste sich Rechtsanwalt und Notar Werner Hoffmann-Fölkersamb mit den Auswirkungen des Entwurfs auf die Anwaltschaft, Klaus Scepanik beschäftigte sich eingehend mit dem Verhältnis zwischen der kommunalen Selbstverwaltung und dem Landesverwaltungsgesetz, Inga Syaßen ging näher auf das Recht der Gefahrenabwehr ein, Rechtsanwalt und Notar Helmut Raudszus widmete sich den für das Notariat grundlegenden Bestimmungen des Entwurfs, Axel Lüdersen setzte sich mit der Zulässigkeit polizeilicher Freiheitsentziehungen auseinander und Norbert Boese machte Ausführungen zum Verwaltungshandeln durch Verordnung.[517]

Auch einige Vertreter des Innenministeriums bezogen Stellung zu dem Entwurf eines Allgemeinen Verwaltungsgesetzes für das Land Schleswig-Holstein. Während Staatssekretär Klaus von der Groeben in seiner Abhandlung den Regierungsentwurf lediglich zur Erklärung der Notwendigkeit eines allgemeinen Verwaltungsgesetzes heranzog[518], erschienen im „Informationsdienst“ mehrere Artikel zu bedeutenden Einzelthemen: Regierungsdirektor Karl-Robert Schwarze erörterte zum einen die Zielsetzung und Konzeption des Gesetzentwurfs, zum anderen die Neuordnung des Polizei- und Ordnungsrechts, Regierungsassessor Jost-Dietrich Busch behandelte die Vollstreckung öffentlich-rechtlicher Geldforderungen und Regierungsassessor Wolfgang Clausen untersuchte

---

514 Schreiben des Staatssekretärs Klaus von der Groeben an Professor Franz Mayer vom 20.05.1966.

515 *Knack*, SchlHA 1966, 130 ff.

516 *Erichsen*, SchlHA 1966, 197 ff.

517 *Hoffmann-Fölkersamb*, SchlHA 1966, 157 ff.; *Scepanik*, SchlHA 1966, 177 ff.; *Syaßen*, SchlHA 1966, 180 f.; *Raudszus*, SchlHA 1966, 193 ff.; *Lüdersen*, SchlHA 1966, 216 ff.; *Boese*, SchlHA 1967, 70 ff.

518 *Von der Groeben*, DVBl. 1966, 289 ff.

die Regelung des Vollzugs von Verwaltungsakten und die Anwendung unmittelbaren Zwangs.[519]

2. Der Sonderausschuss Verwaltungsgesetz (1966/1967)

a) Zusammensetzung und Verfahren des Sonderausschusses

Am 15.03.1966 hielt der Sonderausschuss des Schleswig-Holsteinischen Landtages für die Beratung des Entwurfs eines Allgemeinen Verwaltungsgesetzes für das Land Schleswig-Holstein – Sonderausschuss Verwaltungsgesetz – seine konstituierende Sitzung ab, in der der Abgeordnete Walter Mentzel[520] (CDU) einstimmig zum Vorsitzenden gewählt wurde. Der Sonderausschuss setzte sich aus den Abgeordneten Gerisch, Jensen, Mentzel, Redeker, Rohwedder, Thee und Weimar für die CDU, den Abgeordneten Basedau, Engels, Gramcko, Hagenah und Preuß für die SPD sowie dem Abgeordneten Wolgast für die FDP zusammen.[521] Darüber hinaus nahmen teilweise auch nicht dem Sonderausschuss angehörende Abgeordnete gemäß § 15 der Geschäftsordnung des Schleswig-Holsteinischen Landtages an den Sitzungen teil[522], wie zum Beispiel der Abgeordnete Konrad (SPD) und der Abgeordnete Schoof (CDU) als parlamentarischer Vertreter des Innenministers. Als Vertreter des Innenministeriums wirkten Innenminister Hartwig Schlegelberger[523] an drei Sitzungen, Staatssekretär Klaus von der Groeben[524] an fünf Sitzungen sowie Ministerialrat Hans Joachim Knack[525] und Regierungsdirektor Karl-Robert Schwarze[526] regelmäßig mit. Außerdem war dem Ausschussvorsitzenden als ständiger Sekretär Regierungsassessor Gustav Kuhn[527] aus dem Innenministerium beigegeben. Der

519 *Schwarze*, Informationsdienst der Landesregierung Schleswig-Holstein 1966, 184 ff., 186 f.; *Busch*, Informationsdienst der Landesregierung Schleswig-Holstein 1966, 187 f.; *Clausen*, Informationsdienst der Landesregierung Schleswig-Holstein 1966, 207 ff.

520 S. 103, Fn. 493.

521 LT-Drucksache 5/683.

522 Nach § 15 Abs. 1 der Geschäftsordnung des Schleswig-Holsteinischen Landtages vom 17.12.1956 (GVOBl. Schl.-H. 1957 S. 1) ist jeder Abgeordnete berechtigt, an den Sitzungen eines Ausschusses, dem er nicht angehört, teilzunehmen. Der Vorsitzende kann ihm das Wort erteilen; er muss ihm das Wort erteilen, wenn über einen von ihm im Landtag gestellten Antrag verhandelt wird.

523 F. VI., S. 153 ff.

524 F. I., S. 145 ff.

525 F. III., S. 149 f.

526 S. 91, Fn. 438.

527 Anhang D, S. 203 ff.

Gesetzgebungs- und Beratungsdienst des Landtages[528] wurde an allen Sitzungstagen von Regierungsassessor Uwe Leonardy vertreten.

Das für die Beratung des Entwurfs anzuwendende Verfahren wurde zu Beginn der 2. Sitzung des Sonderausschusses vom 31.05.1966 kurz erörtert. Während sich die Abgeordneten der SPD-Fraktion dafür aussprachen, vor Eintritt in die Einzelberatung den Vorsitzenden des Bund-Länder-Ausschusses für die Erarbeitung des Musterentwurfs Fritz Rietdorf und den Präsidenten des Bundesverwaltungsgerichts Professor Fritz Werner zu der gesamten Problematik zu hören, traten die Abgeordneten der CDU- und FDP-Fraktion dafür ein, zunächst mit der Beratung zu beginnen und die Anhörung erst dann durchzuführen, wenn der Sonderausschuss sich näher mit dem Entwurf befasst habe und den Sachverständigen konkrete Fragen stellen könne. Der Antrag der SPD-Fraktion auf vorherige Anhörung wurde mehrheitlich abgelehnt.[529]

Der Sonderausschuss setzte sich mit dem Entwurf eines Landesverwaltungsgesetzes in insgesamt 25 Sitzungen vom 31.05.1966 bis zum 30.01.1967 auseinander. In einem ersten Durchgang – von der 2. Sitzung am 31.05.1966 bis zur 15. Sitzung am 28.10.1966 – wurden in mehreren Abschnitten die Regelungen des Entwurfs der Reihe nach beraten. Dabei widmete der Sonderausschuss vor allem den landesrechtlichen Regelungen erhöhte Aufmerksamkeit. An viereinhalb Sitzungstagen beschäftigte er sich ausschließlich mit der Verwaltungsorganisation und dem Verwaltungshandeln durch Verordnung und Satzung (§§ 1–69), an fünfeinhalb Sitzungstagen mit dem Polizeirecht, dem Vollzug von Verwaltungsakten, der Ausübung unmittelbaren Zwangs und der Vollstreckung öffentlich-rechtlicher Geldforderungen (§§ 160–295). Demgegenüber wurde die Beratung der aus dem bundeseinheitlichen Musterentwurf übernommenen Bestimmungen über das Verwaltungshandeln durch Verwaltungsakt und durch öffentlich-rechtlichen Vertrag, über das förmliche Verwaltungsverfahren und über das Planfeststellungsverfahren (§§ 70–142) innerhalb von nur 3 Sitzungstagen durchgeführt. Trotz dieser kurzen Beratungszeit wurden die wesentlichen Regelungen eingehend erörtert und teilweise auch geringfügig vom Musterentwurf abweichende Formulierungen in den Regierungsentwurf aufgenommen.[530] Der Sonderausschuss konnte dabei auf die „Münchener Fassung“ des Bund-Länder-Ausschusses vom März 1966

528 Die Abteilung Gesetzgebungs- und Beratungsdienst gab unter dem 10.10.1966 eine „Zusammenstellung von Rechtsvorschriften zu bestimmten Grundsatzfragen der Gefahrenabwehr“ heraus.

529 Niederschrift über die 2. Sitzung des Sonderausschusses Verwaltungsgesetz des Schleswig-Holsteinischen Landtages am 31.05.1966, S. 2.

530 LT Plenarprotokoll 5/76, S. 2760.

zurückgreifen, die bisher noch keinen Eingang in den von der Landesregierung bereits am 14.12.1965 beschlossenen Regierungsentwurf gefunden hatte.[531] Der zweite Durchgang – von der 16. Sitzung am 03.11.1966 bis zur 25. Sitzung am 30.01.1967 – umfasste dagegen die Beratung zurückgestellter Punkte und etwaiger Änderungsanträge zu bestimmten Vorschriften.

b) Bedenken der SPD-Fraktion

Den Beratungen des Entwurfs eines Allgemeinen Verwaltungsgesetzes für das Land Schleswig-Holstein gingen teilweise längere Geschäftsordnungsdebatten voraus, die zumeist durch Stellungnahmen der sozialdemokratischen Landtagsfraktion angestoßen wurden. Bereits in der ersten Lesung des Entwurfs am 15.03.1966[532] hatte die SPD-Fraktion Einwände gegen ein derart umfangreiches Gesetz in einem Bundesland und gegen den Zeitpunkt seines Erlasses erhoben.

Am Anfang der 2. Sitzung des Sonderausschusses vom 31.05.1966 wies der Abgeordnete Hagenah (SPD) darauf hin, dass die wörtliche Übernahme des Musterentwurfs zu einer Gefährdung der Rechtseinheit im Bundesgebiet führen werde, weil das Verhalten der anderen Bundesländer im Hinblick auf die Einbeziehung des Musterentwurfs noch nicht absehbar sei. Der Abgeordnete Gramcko (SPD) äußerte Vorbehalte dahingehend, dass zwischen der Fassung des Regierungsentwurfs und der des geplanten Entwurfs eines Bundesverwaltungsgesetzes beträchtliche Unterschiede bestünden.[533]

Auch zu Beginn der 12. Sitzung des Sonderausschusses vom 12.10.1966 fand eine durch die Abgeordneten Hagenah und Gramcko ausgelöste Geschäftsordnungsdebatte statt. Der Abgeordnete Hagenah betonte, dass dem von Schleswig-Holstein als erstem Bundesland in die Wege geleiteten Landesverwaltungsgesetz nicht die Aufmerksamkeit geschenkt werde, die es als „BGB des Verwaltungsrechts“ verdiene, wenn das Gesetz nur „durchgepeitscht“ werde.[534] Gleichermaßen kritisch äußerte sich der Abgeordnete Gramcko, der in einer zu raschen Umsetzung eines derart umfassenden und schwierigen Gesetzgebungswerks die Gefahr sah, dass einerseits die Auswirkungen einzelner Vorschriften nicht

531 LT Plenarprotokoll 5/76, S. 2761.

532 D. IV. 1. b), S. 103 ff.

533 Niederschrift über die 2. Sitzung des Sonderausschusses Verwaltungsgesetz des Schleswig-Holsteinischen Landtages am 31.05.1966, S. 2 f.

534 Niederschrift über die 12. Sitzung des Sonderausschusses Verwaltungsgesetz des Schleswig-Holsteinischen Landtages am 12.10.1966, S. 3.

hinreichend durchdacht und andererseits regelungsbedürftige Tatbestände nicht zur Kenntnis genommen werden würden.[535]

Nach Abschluss des ersten Durchganges erstatteten die sozialdemokratischen Mitglieder des Sonderausschusses ihrer Fraktion Bericht über die Ergebnisse der bisherigen Beratungen.[536] In der Folge verlas der Abgeordnete Engels (SPD) eingangs der 16. Sitzung des Sonderausschusses am 03.11.1966 eine Stellungnahme der SPD-Fraktion zur Beratung des Entwurfs und einen an den Präsidenten des Schleswig-Holsteinischen Landtages gerichteten Brief vom 01.11.1966. In diesen beiden Schreiben führte die SPD-Fraktion zunächst ihre grundlegenden Bedenken gegenüber einem Entwurf auf, die unter anderem auch vom Verband der Industrie- und Handelskammern des Landes Schleswig-Holstein, von der Arbeitsgemeinschaft der kommunalen Landesverbände und vom Deutschen Städtetag geteilt wurden. Daraufhin unterbreitete die SPD-Fraktion dem Sonderausschuss den Vorschlag, einerseits die auf dem Musterentwurf des Bund-Länder-Ausschusses beruhenden Teile des Regierungsentwurfs vorerst zurückzustellen, um ein entsprechendes Gesetz dann in der nächsten Legislaturperiode auf der Grundlage der in diesem Sonderausschuss gewonnenen Erkenntnisse zu erlassen, andererseits die sich auf bereits geltende Gesetze beziehenden Regelungen, wie zum Beispiel die Bestimmungen zur Gefahrenabwehr, zur Ausübung unmittelbaren Zwangs, zur Vollstreckung öffentlich-rechtlicher Geldforderungen und zum Zustellungsverfahren, weiter zu beraten und noch in dieser Legislaturperiode zu verabschieden.[537]

Staatssekretär Klaus von der Groeben lehnte diesen Vorschlag ab, da aus seiner Sicht nur noch die politische Frage offen bleibe, ob ein Bundesland unter Übernahme des Musterentwurfs mit der Verabschiedung eines Allgemeinen Landesverwaltungsgesetzes vorangehen oder einen entsprechenden Entschluss mehrerer Bundesländer oder des Bundes abwarten solle. Während ein Vorstoß des Bundes zum einen aufgrund der Sonderstellung der Bundesverwaltung innerhalb der öffentlichen Verwaltung, zum anderen wegen der im Grundgesetz normierten Verwaltungskompetenz der Länder nicht in Betracht komme, scheitere ein Vorangehen mehrerer Bundesländer an der Gestaltung einheitlicher Landesverwaltungsgesetze, so dass im Ergebnis ein Bundesland die Kodifizierung des Allgemeinen Verwaltungsrechts in Angriff nehmen müsse. Diese Vorgehensweise

---

535 Niederschrift über die 12. Sitzung des Sonderausschusses Verwaltungsgesetz des Schleswig-Holsteinischen Landtages am 12.10.1966, S. 3.

536 Niederschrift über die 16. Sitzung des Sonderausschusses Verwaltungsgesetz des Schleswig-Holsteinischen Landtages am 03.11.1966, S. 6.

537 Niederschrift über die 16. Sitzung des Sonderausschusses Verwaltungsgesetz des Schleswig-Holsteinischen Landtages am 03.11.1966, S. 3 ff.

führe auch nicht zu einer von den Gegnern einer Kodifizierung erwarteten Gefährdung der Rechtseinheit, denn auf dem Gebiet des Verwaltungsverfahrens bestehe zum gegenwärtigen Zeitpunkt ohnehin kein einheitliches Recht. Vielmehr trage die geplante Zusammenfassung der vom Bund in seine materiellen Gesetze eingefügten Verwaltungsverfahrensvorschriften zu einer Beseitigung der derzeitigen Zersplitterung bei.[538] Abschließend erhob Staatssekretär Klaus von der Groeben verfassungsrechtliche Einwände gegen das vom Deutschen Städtetag in seinem Schreiben vom 25.10.1966 angeregte Verfahren dahingehend, dass die Selbstkoordinierung der Länder als „dritte Ebene" eine Einschränkung der Entscheidungsfreiheit der Parlamente nach sich ziehe.[539] Gegen Ende der Sitzung schloss sich der mittlerweile hinzugestoßene Innenminister Hartwig Schlegelberger überwiegend den Ausführungen des Staatssekretärs Klaus von der Groeben an. Eine Rechtseinheit könne aus verfassungsrechtlichen Gründen nicht garantiert werden, so dass der Entwurf jetzt verabschiedet werden müsse, um ein „Hinausschieben ad Kalendas Graecas" zu vermeiden. Dabei könne die Haltung des Landtages bei der Verabschiedung des Pressegesetzes[540] als Vorbild für ein „Vorprellen" Schleswig-Holsteins dienen. Zudem solle der Regierungsentwurf nicht „auseinandergerissen" werden, damit die Einheit des Entwurfs gewahrt bleibe und eine Fortentwicklung des allgemeinen Verwaltungsrechts ermöglicht werde. Innenminister Hartwig Schlegelberger beendete seine Ausführungen mit dem Fazit, dass der vorliegende Entwurf zwar nicht der Weisheit letzter Schluss sei, aber es sich zweifellos um ein gutes Gesetz handeln werde.[541]

c) Anhörungen

Die Beratungen in den beiden Durchgängen wurden lediglich durch Anhörungen zu Einzelfragen und zur Gesetzgebung im Allgemeinen vorübergehend ausgesetzt.

538 Niederschrift über die 16. Sitzung des Sonderausschusses Verwaltungsgesetz des Schleswig-Holsteinischen Landtages am 03.11.1966, S. 9.

539 Niederschrift über die 16. Sitzung des Sonderausschusses Verwaltungsgesetz des Schleswig-Holsteinischen Landtages am 03.11.1966, S. 11.

540 Gesetz über die Presse (Landespressegesetz) vom 19.06.1964 (GVOBl. Schl.-H. S. 71).

541 Niederschrift über die 16. Sitzung des Sonderausschusses Verwaltungsgesetz des Schleswig-Holsteinischen Landtages am 03.11.1966, S. 15 f.

aa) Anhörung des Präsidenten des Landesrechnungshofs Karl Marbach

Der Präsident des Landesrechnungshofs Karl Marbach[542] nahm in drei Sitzungen des Sonderausschusses vor allem zu zentralen Regelungen der Verwaltungsorganisation Stellung.

In der 4. Sitzung des Sonderausschusses am 23.08.1966 äußerte er sich dahingehend, dass für Schleswig-Holstein als kleines Bundesland grundsätzlich nicht ein dreistufiger, sondern nur ein zweistufiger Behördenaufbau in Betracht komme und dieser Standpunkt durch das Gutachten des Präsidenten des Bundesrechnungshofes über die Organisation der Landesregierung und der Landesverwaltung Schleswig-Holstein aus dem Jahre 1950[543] bestätigt werde. Einen wesentlichen Beitrag zur Wahrung der Zweistufigkeit des Behördenaufbaus habe die Ausgliederung bestimmter Verwaltungsaufgaben in Landesämter geleistet. Präsident Karl Marbach setzte sich mit Nachdruck dafür ein, den derzeitigen Status der Einrichtungen von Landesämtern beizubehalten und diese nicht als Landesoberbehörden einzuordnen, um die Schaffung einer zusätzlichen Verwaltungsstufe zu vermeiden. Als Grundlage diente ihm dabei ein Referentenentwurf zum Grundsatzgutachten des Landesrechnungshofs zur Organisation der Landesverwaltung.[544]

Mit Schreiben vom 26.08.1966 ließ der Präsident des Landesrechnungshofs Karl Marbach dem Vorsitzenden des Sonderausschusses Walter Mentzel einen Auszug aus diesem noch nicht im Kollegium beratenen Referentenentwurf zum Grundsatzgutachten des Landesrechnungshofs zur Organisation der Landesverwaltung zukommen.[545] Das Gutachten setzte sich unter Berücksichtigung der bereits im Bericht des Innenministers an den Innenausschuss des Landtages

---

542 Karl Marbach (04.01.1909 – 03.10.2003) promovierte 1934 an der Christian-Albrechts-Universität zu Kiel. Von 1941 bis 1942 leistete er Kriegsdienst als Kriegsverwaltungsrat und Leiter der Verwaltungsabteilung beim „Befehlshaber Saloniki-Ägäis" („Der Spiegel" 40/1960, 30 ff.). Nach Kriegsende trat er 1946 in die schleswig-holsteinische Landesverwaltung ein. Als Referent und seit 1950 als Leiter der Abteilung Staats- und Selbstverwaltung im Innenministerium prägte er die Gemeindeordnung, die Amtsordnung und die Kreisordnung Schleswig-Holsteins. Zudem war er von 1953 bis 1974 Präsident des Landesrechnungshofes Schleswig-Holstein (Mitteilung der Pressestelle der Landesregierung Schleswig-Holstein vom 15.08.1969, in: LAS, Abt. 605 Nr. 15067).

543 D. II. 1., S. 72 ff.

544 Niederschrift über die 4. Sitzung des Sonderausschusses Verwaltungsgesetz des Schleswig-Holsteinischen Landtages am 23.08.1966, S. 3 ff.

545 Schreiben des Präsidenten des Landesrechnungshofs Schleswig-Holstein vom 26.08.1966.

vom 01.08.1958[546] und im Gutachten des Präsidenten des Bundesrechnungshofs aus dem Jahre 1950[547] gefundenen Lösungsansätze eingehend mit den Organisationsformen für die Verteilung nichtministerieller Aufgaben auseinander[548] und zog die Schlussfolgerung, dass das Landesamt in einem grundsätzlich von einer zweistufigen Verwaltung geprägten Land wie Schleswig-Holstein eine geeignete Organisationsform bilde, „um die Leistungsfähigkeit der Ministerien zu erhöhen, ohne dass diese Art der horizontalen Dekonzentration zu einer Aufsplitterung der Verwaltung führt."[549]

Vor diesem Hintergrund beschloss der Sonderausschuss in der 16. Sitzung am 03.11.1966, an dem zweistufigen Behördenaufbau festzuhalten und die aus den Ministerien ausgegliederten Landesämter – nunmehr unter der Bezeichnung Ämter – weiterhin den obersten Landesbehörden zuzuordnen. Diese Entscheidung fand als von Präsident Karl Marbach vorgeschlagene Ergänzung des § 5 Abs. 2 ihren Niederschlag im Landesverwaltungsgesetz Schleswig-Holstein. Um auch unteren Landesbehörden eine sich auf das ganze Land erstreckende Zuständigkeit einzuräumen, wurden darüber hinaus – ebenfalls auf Vorschlag von Präsident Karl Marbach – die §§ 6 und 7 ergänzt sowie § 305 in die Schlussvorschriften aufgenommen.[550]

bb) Anhörung von Professor Gerhard Wacke sowie von Vertretern der kommunalen Landesverbände und Gewerkschaften

Am Ende der 7. Sitzung vom 08.09.1966 fasste der Sonderausschuss den Beschluss, gemäß §§ 15 und 16 der Geschäftsordnung des Schleswig-Holsteinischen Landtages[551] zu den grundlegenden Vorschriften des Polizei- und Ordnungsrechts

546 D. II. 4., S. 80 ff.

547 D. II. 1., S. 72 ff.

548 *Landesrechnungshof Schleswig-Holstein*, Denkschrift für das Rechnungsjahr 1965, S. 11 ff.

549 *Landesrechnungshof Schleswig-Holstein*, Denkschrift für das Rechnungsjahr 1965, S. 21.

550 Niederschrift über die 16. Sitzung des Sonderausschusses Verwaltungsgesetz des Schleswig-Holsteinischen Landtages am 03.11.1966, S. 14 f.

551 Nach § 15 Abs. 2 der Geschäftsordnung des Schleswig-Holsteinischen Landtages vom 17.12.1956 (GVOBl. Schl.-H. 1957 S. 1) können die Ausschüsse Personen, die dem Landtag nicht angehören, Gelegenheit zur Stellungnahme vor dem Ausschuss geben. Sie können ferner mit Zustimmung des Präsidenten Sachverständige zu ihren Beratungen hinzuziehen. Gemäß § 16 der Geschäftsordnung des Schleswig-Holsteinischen Landtages sind die Sitzungen der Ausschüsse in der Regel nicht öffentlich. Die Ausschüsse können mit Zweidrittelmehrheit die Öffentlichkeit zulassen.

(§§ 160–164) in öffentlicher Sitzung einen Sachverständigen sowie ausgewählte Verbände zu hören.[552]

In der 10. Sitzung des Sonderausschusses am 27.09.1966 wurden dann als Sachverständiger Professor Gerhard Wacke[553] aus Hamburg, als Vertreter der kommunalen Landesverbände Magistratsdirektor Barow und Stadtrat Reinhold Borchert vom Deutschen Städtetag, Landrat Wennemar Haarmann[554] und Geschäftsführer Breusing vom Schleswig-Holsteinischen Landkreistag, Bürgermeister Claussen vom Schleswig-Holsteinischen Gemeindetag sowie Städtischer Oberrechtsrat Dockhorn vom Deutschen Städtebund und als Vertreter der Gewerkschaften Regierungskriminalrat Eggerstedt und Beamtensekretär Günther von der Gewerkschaft Öffentliche Dienste, Transport und Verkehr sowie die Polizeihauptkommissare Haacks und Kienitz von der Gewerkschaft der Polizei gehört.[555]

Im Vordergrund der Anhörung stand die Frage, ob die im Regierungsentwurf geregelte Lockerung der bisherigen Bindung der Polizei an Ersuchen der Ordnungsbehörden nach § 1 Abs. 3 des schleswig-holsteinischen Polizeigesetzes von 1949[556] aufrechterhalten werden sollte. Demgegenüber stellte der Deutsche

---

552 Niederschrift über die 7. Sitzung des Sonderausschusses Verwaltungsgesetz des Schleswig-Holsteinischen Landtages am 08.09.1966, S. 12 f.

553 Gerhard Wacke (02.07.1902 – 10.02.1976) war der Vater von Andreas Wacke, dem inzwischen pensionierten Ordinarius für Bürgerliches und Römisches Recht in Köln. Gerhard Wacke wurde 1933 zum Regierungsassessor ernannt und ein Jahr später zum Regierungsrat in der Finanzverwaltung befördert. Bereits 1933 habilitierte er sich an der Universität Breslau, seine Ernennung zum Dozenten für Steuerrecht erfolgte jedoch erst 1939. Anschließend wurde er zum außerordentlichen Professor für Öffentliches Recht an der Universität Jena berufen. Nach einem kurzzeitigen Lehrauftrag an der Universität Würzburg 1949 war er als Regierungsrat beim Finanzamt Marburg tätig und wurde 1951 an der dortigen Universität zum Honorarprofessor bestellt. 1952 erfolgte seine Ernennung zum Richter am Oberverwaltungsgericht für das Land Nordrhein-Westfalen in Münster. Erneut wirkte er an der dortigen Universität zuerst als Lehrbeauftragter und seit 1953 als Honorarprofessor. Schließlich folgte er 1955 einem Ruf auf das finanz- und steuerrechtlich geprägte Ordinariat für Öffentliches Recht an der Universität Hamburg, das er bis zu seiner Emeritierung 1970 bekleidete. Darüber hinaus übte er eine nebenamtliche Tätigkeit als Richter am Hamburgischen Oberverwaltungsgericht aus (*Oppermann*, JZ 1976, 793; *Vogel*, AöR 97 (1972), 418 ff.; *Vogel*, NJW 1976, 612; *A. Wacke*, Gerhard Wacke, in: Vogel/Tipke, Verfassung, Verwaltung, Finanzen, S. 1 ff.).

554 S. 97, Fn. 460.

555 Niederschrift über die 10. (öffentliche) Sitzung des Sonderausschusses Verwaltungsgesetz des Schleswig-Holsteinischen Landtages am 27.09.1966, S. 1 f.

556 Polizeigesetz für das Land Schleswig-Holstein vom 23.03.1949 (GVOBl. Schl.-H. S. 61).

Städtetag eine engere Bindung der Polizei an Ersuchen der Ordnungsbehörden zur Diskussion, indem Landräte und Bürgermeister als Kreisordnungsbehörden zur Erteilung fachlicher Weisungen an die Polizei befugt sein sollten.[557] Zur Begründung berief sich Stadtrat Reinhold Borchert auf die Stellungnahme des Deutschen Städtetages vom 30.08.1966 zu den sich mit dem Polizei- und Ordnungsrecht befassenden Vorschriften (§§ 160–164). Ihrer Abgabe gingen ausführliche Besprechungen aller kommunalen Landesverbände voraus, deren Vorschläge und Standpunkte schließlich in der Eingabe des Deutschen Städtetages ihren Niederschlag fanden.[558]

Im Rahmen seiner Anhörung befürwortete Gerhard Wacke die Integration des Polizeirechts in das allgemeine Verwaltungsrecht und verwies in diesem Zusammenhang auf den Vorreiter der thüringischen Landesverwaltungsordnung von 1926.[559] Darüber hinaus bekräftigte er die Notwendigkeit einer echten Trennung von Ordnungsbehörden und Polizei, da zur Zeit der überwiegende Teil der polizeilichen Aufgaben sachfremde Schreibtisch- oder Verwaltungsarbeit betreffe. Allerdings erhob Gerhard Wacke Einwendungen gegenüber dem Vorschlag des Deutschen Städtetages, den Landräten und Bürgermeistern ein gewisses Weisungsrecht einzuräumen, da der Befehlsstrang nicht hinreichend geklärt sei.[560]

Innerhalb der Diskussion wurde erneut das grundsätzliche Problem einer Verabschiedung des Landesverwaltungsgesetzes zur Sprache gebracht. So legte Magistratsdirektor Barow vom Deutschen Städtetag dar, dass die Rechtseinheit im Bundesgebiet erheblich gefährdet sei, weil der Musterentwurf als Kernstück des Landesverwaltungsgesetzes bisher in keinem anderen Bundesland Gegenstand eines Gesetzgebungsverfahrens gewesen sei und auch nicht vom Bund übernommen werde, der gerade selbst einen Referentenentwurf auf der Grundlage von Beratungen der Bundesressorts erarbeite. Dieser Referentenentwurf des Bundes werde mit den Ländern abgestimmt und den Kommunalen Spitzenverbänden auf Bundesebene zur Stellungnahme übersandt. Den Ausführungen des Magistratsdirektors Barow hielt Ministerialrat Hans Joachim Knack entgegen, dass im Sonderausschuss stets die aktuelle Fassung der von allen Ländern getragenen Konzeption

557 Niederschrift über die 10. (öffentliche) Sitzung des Sonderausschusses Verwaltungsgesetz des Schleswig-Holsteinischen Landtages am 27.09.1966, S. 3 f.

558 Niederschrift über die 10. (öffentliche) Sitzung des Sonderausschusses Verwaltungsgesetz des Schleswig-Holsteinischen Landtages am 27.09.1966, S. 9.

559 B. I. 1. b), S. 10 f.

560 Niederschrift über die 10. (öffentliche) Sitzung des Sonderausschusses Verwaltungsgesetz des Schleswig-Holsteinischen Landtages am 27.09.1966, S. 18 ff.

des Musterentwurfs vorgetragen werde und der Bund durchaus die Übernahme dieses Musterentwurfs beabsichtige.[561]

Der Sonderausschuss kam hinsichtlich einer Regelung der Zusammenarbeit von Ordnungsbehörden und Polizei darin überein, dass die Polizei Vollzugsmaßnahmen uneingeschränkt und Ermittlungsmaßnahmen nur im Rahmen der vom Innenminister erlassenen Verwaltungsvorschriften durchzuführen habe.[562] Zudem fasste der Sonderausschuss nach ausführlicher Beratung in der 24. Sitzung am 17.01.1967 den Beschluss, zum jetzigen Zeitpunkt kein Weisungsrecht des Landrats und des Bürgermeisters gegenüber der Polizei im Landesverwaltungsgesetz zu verankern. Stattdessen erwartete er, dass sich die Landesregierung weiterhin dieser Problematik widme und dem Landtag gegebenenfalls einen Vorschlag für eine besondere gesetzliche Regelung unterbreite.[563]

cc) Anhörung der Kommunalrentmeister

Am Schluss der 19. Sitzung vom 02.12.1966 traf der Sonderausschuss die Entscheidung, einen Sachverständigen vom Fachverband der Kommunalrentmeister zu der Frage anzuhören, wie sich die Bestimmungen über die Vollstreckung öffentlich-rechtlicher Geldforderungen (§§ 235–295) auf die Organisation und die praktische Arbeit der Kassen als Vollstreckungsstellen auswirken werden.[564]

Als Vertreter des Landesverbandes im Fachverband der Kommunalrentmeister hörte der Sonderausschuss in der 20. Sitzung am 21.12.1966 dann die Sachverständigen Stadtrentmeister Jannsen und Schmidt an. Stadtrentmeister Jannsen bewertete es als positiv, dass in Anbetracht der derzeitigen Entstehung neuen Rechts in mehreren Ländern auch in Schleswig-Holstein entsprechende Bestrebungen bestehen, um das Ziel eines in sich geschlossenen, in allen Ländern möglichst einheitlichen und deshalb aufeinander abgestimmten Vollstreckungsrechts zu erreichen. Abgesehen von wenigen Regelungen billige der Fachverband der Kommunalrentmeister grundsätzlich die Konzeption der vollstreckungsrechtlichen Bestimmungen. Gegenstand der Anhörung waren demnach nur die

---

561 Niederschrift über die 10. (öffentliche) Sitzung des Sonderausschusses Verwaltungsgesetz des Schleswig-Holsteinischen Landtages am 27.09.1966, S. 35 ff.

562 LT Plenarprotokoll 5/76, S. 2765.

563 Niederschrift über die 24. Sitzung des Sonderausschusses Verwaltungsgesetz des Schleswig-Holsteinischen Landtages am 27.01.1967; LT Plenarprotokoll 5/76, S. 2766.

564 Niederschrift über die 19. Sitzung des Sonderausschusses Verwaltungsgesetz des Schleswig-Holsteinischen Landtages am 02.12.1966, S. 7.

§§ 236 und 273, zu denen der Fachverband der Kommunalrentmeister bereits in einem Schreiben vom 08.09.1966 umfassend Stellung genommen hatte.[565]

dd) Anhörung der Professoren Mayer, Menger und Werner

Die sich mit Grundsatzfragen des Gesetzentwurfs befassende Anhörung der Vertreter der Rechtsprechung und Wissenschaft wurde durch folgenden Antrag des Abgeordneten Engels (SPD) in der 19. Sitzung vom 02.12.1966 in Gang gesetzt:

„Der Präsident des Bundesverwaltungsgerichts, Professor Dr. Werner, ist im Sonderausschuß zu folgenden Fragen zu hören:

1. Liegt der Erlaß eines Landesgesetzes nach Maßgabe des Gesetzentwurfs zu einem Schleswig-Holsteinischen Landesverwaltungsgesetz im Interesse einer einheitlichen Fortentwicklung des Verwaltungsrechts, insbesondere allgemeiner verwaltungsrechtlicher Begriffe, oder wäre der Erlaß eines solchen Gesetzes geeignet, einer Rechtszersplitterung Vorschub zu leisten?
2. Sind in dem Entwurf des Landesverwaltungsgesetzes Vorschriften enthalten, die möglicherweise mit der Rechtsetzung, die vom Bundesverfassungsgericht nach seiner jetzigen Rechtsprechung angewandt wird, kollidieren?
3. Gibt § 310 Abs. 2 des Landesverwaltungsgesetzentwurfs insofern zu Bedenken Anlaß, als diese Bestimmung die zeitweilige Geltung unterschiedlicher, unter Umständen einander widersprechender Rechtsvorschriften gesetzlich sanktioniert?
4. Empfiehlt sich die im Landesverwaltungsgesetzentwurf vorgesehene Regelung der Revision?“[566]

Ministerialrat Hans Joachim Knack vertrat den Standpunkt, dass die Beantwortung der zweiten Frage wegen mangelnder Einheitlichkeit der Rechtsprechung in der Auffassung zu einem bestimmten Problem zu hohe Anforderungen an den Präsidenten des Bundesverwaltungsgerichts Fritz Werner stelle, so dass die zweite Frage im Einverständnis mit den SPD-Mitgliedern des Sonderausschusses gestrichen wurde. Die dritte Frage erübrigte sich durch eine in der 19. Sitzung vorgenommene Änderung des § 310 Abs. 2.[567]

---

565 Niederschrift über die 20. Sitzung des Sonderausschusses Verwaltungsgesetz des Schleswig-Holsteinischen Landtages am 21.12.1966, S. 2 f.

566 Niederschrift über die 19. Sitzung des Sonderausschusses Verwaltungsgesetz des Schleswig-Holsteinischen Landtages am 02.12.1966, S. 7.

567 Niederschrift über die 19. Sitzung des Sonderausschusses Verwaltungsgesetz des Schleswig-Holsteinischen Landtages am 02.12.1966, S. 8.

Infolgedessen wurden in der 21. Sitzung vom 21.01.1967 die Professoren Fritz Werner[568] – Präsident des Bundesverwaltungsgerichts – aus Berlin, Franz Mayer[569] aus Regensburg und Christian-Friedrich Menger[570] aus Kiel lediglich zu den Punkten 1 und 4 des Antrages der SPD-Fraktion vom 02.12.1966 angehört.

Zunächst behandelte der Sonderausschuss die Frage, ob der Erlass des Schleswig-Holsteinischen Landesverwaltungsgesetzes im Interesse einer einheitlichen Fortentwicklung des Verwaltungsrechts liege oder eher eine Rechtszersplitterung begünstige.[571] Professor Franz Mayer brachte zum Ausdruck, dass aufgrund unterschiedlicher Verwaltungsorganisation des Bundes und der einzelnen Länder weder der Bundesgesetzgeber noch der Landesgesetzgeber zum jetzigen Zeitpunkt in der Lage sei, ein exakt übereinstimmendes, bundeseinheitliches Recht zu schaffen. Die Rechtseinheit auf dem Gebiet des Verwaltungsrechts könne vielmehr nur der Landesgesetzgeber durch ein „strukturell gleichheitliches Recht" herstellen.[572] Der Landesgesetzgeber habe die allgemeinen Grundsätze des Verwaltungsrechts unter anderem durch die Landesverwaltungsordnung für Thüringen vom 10.06.1926[573] und den Entwurf einer Verwaltungsrechtsordnung für Baden-Württemberg aus dem Jahre 1931[574] nachhaltig geprägt. Vor allem die Ausführungen des Staatsrats Leopold Hegelmaier im Vorwort zu diesem Württembergischen Gesetzentwurf hätten keineswegs an Aktualität eingebüßt, denn ihnen komme gerade in Zusammenhang mit dem Entwurf eines Landesverwaltungsgesetzes in Schleswig-Holstein besondere Bedeutung zu. Vor diesem Hintergrund beantwortete Professor Franz Mayer die eingangs gestellte Frage dahingehend, dass das Schleswig-Holsteinische Landesverwaltungsgesetz „eher ein wesentlicher Baustein für das Unternehmen der möglichsten Annäherung unserer deutschen Verwaltungsrechte" als eine Zuwiderhandlung gegen eine ohnehin zurzeit überhaupt nicht bestehende, deutsche Verwaltungseinheit sei.[575]

---

568 S. 24, Fn. 116.

569 S. 96, Fn. 456.

570 S. 96, Fn. 457.

571 Niederschrift über die 21. Sitzung des Sonderausschusses Verwaltungsgesetz des Schleswig-Holsteinischen Landtages am 21.01.1967, S. 3 ff.

572 Niederschrift über die 21. Sitzung des Sonderausschusses Verwaltungsgesetz des Schleswig-Holsteinischen Landtages am 21.01.1967, S. 6.

573 B. I. 1. b), S. 10 f.

574 B. I. 1. c), S. 11 ff.

575 Niederschrift über die 21. Sitzung des Sonderausschusses Verwaltungsgesetz des Schleswig-Holsteinischen Landtages am 21.01.1967, S. 8.

Demgegenüber hielt der Präsident des Bundesverwaltungsgerichts Professor Fritz Werner an seiner bereits im Gutachten für den 43. Deutschen Juristentag 1960[576] gegen ein Verwaltungsverfahrensgesetz geäußerten Meinung fest. Zum einen stünden einige der im Regierungsentwurf enthaltenen Bestimmungen im Widerspruch zur Rechtsprechung des Bundesverwaltungsgerichts, zum anderen werde die sich in bestimmten Bereichen des Verwaltungsrechts noch in der Entwicklung befindliche Rechtsprechung durch ein solches Gesetz entscheidend gehemmt. Dies diene nicht der Rechtseinheit, sondern führe vielmehr zu Rechtsunklarheiten.[577]

Professor Christian-Friedrich Menger schloss sich der Auffassung von Professor Franz Mayer an, dass eine Rechtseinheit auf dem Gebiet des Verwaltungsverfahrens und der Verwaltungsorganisation nicht vorhanden sei. Der Entwurf eines Landesverwaltungsgesetzes komme der Rechtseinheit in Bezug auf die allgemeinen Grundsätze des Verwaltungsrechts dann zugute, wenn er sich nach dem gegenwärtigen Erkenntnisstand in Rechtsprechung und Wissenschaft richte. Dies gelte – von wenigen Ausnahmen abgesehen – für die überwiegende Zahl an Bestimmungen.[578] Professor Christian-Friedrich Menger hegte nur Bedenken gegen die ausufernden Definitionen des Regierungsentwurfs und unterbreitete deshalb die Anregung, von Definitionen grundsätzlich Abstand zu nehmen und sich stattdessen auf die Rechtsprechung zu berufen. Im Übrigen erachtete er den Entwurf als „eine gesunde Mischung des Bewahrens erprobter Formen und von gewissen fortschrittlichen Richtungen".[579]

Sodann wurde die Frage erörtert, ob sich die im Entwurf eines Landesverwaltungsgesetzes vorgesehene Regelung der Revision empfehle. Der Präsident des Bundesverwaltungsgerichts Professor Fritz Werner lehnte eine Revisibilität nicht etwa wegen der in der Begründung des Gesetzentwurfs angeführten Gefahr einer Überlastung des Bundesverwaltungsgerichts, sondern aus anderen Gründen ab. Eine umfassende Zulassung der Revision führe auch zu Verfahren vor dem Bundesgerichtshof, für den die Revisibilität landesrechtlicher Vorschriften unbekanntes Neuland darstellen würde. Ferner bilde das Landesverwaltungsgesetz Schleswig-Holstein durch die Regelung einer nur teilweisen Revisibilität eine

576 B. I. 6. a), S. 25 f.

577 Niederschrift über die 21. Sitzung des Sonderausschusses Verwaltungsgesetz des Schleswig-Holsteinischen Landtages am 21.01.1967, S. 9 ff.

578 Niederschrift über die 21. Sitzung des Sonderausschusses Verwaltungsgesetz des Schleswig-Holsteinischen Landtages am 21.01.1967, S. 16 f.

579 Niederschrift über die 21. Sitzung des Sonderausschusses Verwaltungsgesetz des Schleswig-Holsteinischen Landtages am 21.01.1967, S. 19.

Ausnahme unter den Gesetzen und seine Auslegung könne durch das insoweit spezialisierte Oberverwaltungsgericht hinreichend gewährleistet werden. Außerdem gefährde die Verfahrensdauer vor dem Bundesverwaltungsgericht von bis zu zwei Jahren den Rechtsfrieden zwischen Bürger und Verwaltung. Schließlich sei die Revisibilität des Landesrechts nicht das geeignete Mittel zur Förderung der Verwaltungsrechtseinheit, denn die wirklich wesentlichen Probleme können ebenso gut über das Verfassungsrecht gelöst werden.[580] Im Gegensatz dazu sprach sich Professor Franz Mayer für eine teilweise Revisibilität aus, da der Wert eines Schleswig-Holsteinischen Landesverwaltungsgesetzes vor allem darin bestehe, dass seine allgemeinen Regelungen vor dem Bundesverwaltungsgericht erörtert werden und ihnen somit eine besondere Vorbildfunktion zukomme.[581] Um eine bundeseinheitliche Rechtsprechung zu gewährleisten, traf der Sonderausschuss die Entscheidung, die Revision nicht nur für die materiell-rechtlichen Bestimmungen über den Verwaltungsakt (§§ 104–115) und den öffentlich-rechtlichen Vertrag (§§ 119–127), sondern auch für die reinen Verfahrensgrundsätze (§§ 70–86) zuzulassen.[582]

Die Anhörung fand ihren Abschluss in einer Bemerkung des Präsidenten des Bundesverwaltungsgerichts Professor Fritz Werner: „Der Worte sind genug gewechselt! […] Ich bin der Meinung, es bedarf jetzt nicht mehr nur juristischer Überlegungen; jetzt muß wohl politisch gehandelt werden."[583]

ee) Anhörung der Vertreter des Kultusministeriums

Bereits in der 15. Sitzung vom 28.10.1966 befasste sich der Sonderausschuss unter Mitwirkung von Regierungsdirektorin Lindemann und Regierungsdirektor Sellschopp aus dem Kultusministerium schwerpunktmäßig mit der Norm des § 308 Abs. 5, die die Ausnahmen vom Anwendungsbereich des Gesetzes festlegt. Der Abgeordnete Hagenah (SPD) bemängelte an dieser Regelung, dass wesentliche Vorschriften für das Verwaltungshandeln durch Verwaltungsakt und öffentlich-rechtlichen Vertrag (§§ 72–129) bei Leistungs-, Eignungs- und ähnlichen Prüfungen von Personen sowie in inneren Hochschul- und Schulangelegenheiten vom Geltungsbereich des Gesetzes ausgeschlossen werden

580 Niederschrift über die 21. Sitzung des Sonderausschusses Verwaltungsgesetz des Schleswig-Holsteinischen Landtages am 21.01.1967, S. 28 ff.

581 Niederschrift über die 21. Sitzung des Sonderausschusses Verwaltungsgesetz des Schleswig-Holsteinischen Landtages am 21.01.1967, S. 35 ff.

582 LT Plenarprotokoll 5/76, S. 2769.

583 Niederschrift über die 21. Sitzung des Sonderausschusses Verwaltungsgesetz des Schleswig-Holsteinischen Landtages am 21.01.1967, S. 37 f.

würden. Daraufhin erwiderte Hans Joachim Knack, dass diese Regelung auf dem Musterentwurf beruhe, der in diesem Zusammenhang die fachlichen Interessen der Kultusminister in sehr weitreichendem Umfang berücksichtige.[584] Im Ergebnis erweiterte der Sonderausschuss den § 308 Abs. 5 unter anderem um die Vorschriften über Bevollmächtigte und Beistände (§ 77), über die ehrenamtliche Tätigkeit (§§ 91–97) und über die Begründung des Verwaltungsaktes (§ 107), so dass nach wie vor die Bestimmungen über die Anhörung Beteiligter (§ 85), über Ausschüsse (§§ 98–103) und über den öffentlich-rechtlichen Vertrag (§§ 119–127) von der Anwendung auf den Schul-, Hochschul- und Prüfungsbereich ausgeschlossen blieben.

Im Mittelpunkt der letzten Sitzung vom 30.01.1967, an der von Seiten des Kultusministeriums neben Regierungsdirektorin Lindemann und Regierungsdirektor Sellschopp auch Kultusminister Claus-Joachim von Heydebreck und Staatssekretär Reinhold Borzikowsky teilnahmen, stand dann die Bestimmung des § 308 Abs. 1, nach der die Regelungen des Gesetzes über die Verwaltungsorganisation keine Anwendung auf den gesamten Bereich des Schul-, Hochschul- und Prüfungswesens finden. Die SPD-Fraktion beantragte, diesen Absatz zu streichen, weil bereits in § 1 Abs. 1 geregelt sei, dass dem Gesetzentwurf speziellere Organisationsbestimmungen vorgehen.[585] Regierungsdirektor Sellschopp verwies dagegen auf seine schon in der 15. Sitzung am 28.10.1966 abgegebene, ausführliche Begründung zur Ausnahmevorschrift des § 308 Abs. 1.[586] Nach Auffassung von Staatssekretär Reinhold Borzikowsky bringe die Ausnahmevorschrift des § 308 Abs. 1 die besonderen Verhältnisse im Bereich von Schulen und Hochschulen zum Ausdruck, die durch die allgemeinen Vorschriften nicht erfasst werden würden. Um jedoch den Eindruck vom „letzten Reservat des Obrigkeitsstaates“[587] zu vermeiden, folgte der Sonderausschuss schließlich der Empfehlung des Vorsitzenden Walter Mentzel, den § 308 Abs. 1 dahingehend zu ergänzen, dass die §§ 2–51 auf den Bereich von Schule

---

584 Niederschrift über die 15. Sitzung des Sonderausschusses Verwaltungsgesetz des Schleswig-Holsteinischen Landtages am 28.10.1966, S. 15.

585 Niederschrift über die 25. Sitzung des Sonderausschusses Verwaltungsgesetz des Schleswig-Holsteinischen Landtages am 30.01.1967, S. 2.

586 Niederschrift über die 15. Sitzung des Sonderausschusses Verwaltungsgesetz des Schleswig-Holsteinischen Landtages am 28.10.1966, S. 19 f.

587 Niederschrift über die 21. Sitzung des Sonderausschusses Verwaltungsgesetz des Schleswig-Holsteinischen Landtages am 21.01.1967, S. 27.

und Hochschule nur insoweit Anwendung finden, als nicht besondere Rechtsvorschriften etwas anderes bestimmen.[588]

Der Sonderausschuss brachte mit der 25. Sitzung am 30.01.1967 die Beratung des Entwurfs eines Allgemeinen Verwaltungsgesetzes für das Land Schleswig-Holstein zum Abschluss. Der Entwurf in der vom Sonderausschuss beschlossenen Fassung wurde mit Mehrheit bei drei Enthaltungen gebilligt.[589]

d) Bericht des Sonderausschusses

In dem Bericht des Sonderausschusses zum Entwurf eines Allgemeinen Verwaltungsgesetzes für das Land Schleswig-Holstein vom 06.02.1967 regte der Sonderausschuss an, den Gesetzentwurf in der von ihm ausgearbeiteten Fassung anzunehmen.[590] Diese Fassung wurde in dem Bericht der ursprünglichen Regierungsvorlage gegenübergestellt, wobei eine Hervorhebung der entsprechenden Änderungen und Ergänzungen durch Fettdruck erfolgte. Der Sonderausschuss erweiterte den bisher aus 311 Paragraphen bestehenden Regierungsentwurf um insgesamt 7 Paragraphen[591] und fügte bei 15 Paragraphen neue Absätze hinzu.[592] Zwar bezog der Sonderausschuss die der „Münchener Fassung" aus dem Jahr 1966 zugrundeliegenden Änderungen in den Ausschussvorschlag mit ein, dennoch ergab sich aus seinen Beratungen eine bemerkenswerte Anzahl an eigenständigen Korrekturen, an denen teilweise auch nach Inkrafttreten des Verwaltungsverfahrensgesetzes des Bundes festgehalten wurde.[593] Zu den wesentlichen Abweichungen des Landesverwaltungsgesetzes von der Bundesfassung gehörten neben den bereits im Regierungsentwurf abgeänderten Vorschriften über das Ermessen (§ 73 LVwG – § 40 VwVfG) und über die Definition des Behördenbegriffs (§ 3 Abs. 2 LVwG – § 1 Abs. 4 VwVfG) auch die im Sonderausschuss entwickelten Bestimmungen über die Akteneinsicht durch Beteiligte

---

588 Niederschrift über die 25. Sitzung des Sonderausschusses Verwaltungsgesetz des Schleswig-Holsteinischen Landtages am 30.01.1967, S. 5.

589 Niederschrift über die 25. Sitzung des Sonderausschusses Verwaltungsgesetz des Schleswig-Holsteinischen Landtages am 30.01.1967, S. 18.

590 LT-Drucksache 5/871.

591 § 45, § 71, § 144, § 165, § 167, § 302, § 305 und § 306. Die Regelung des § 202 des Regierungsentwurfs findet sich nunmehr in § 195 Abs. 2.

592 § 5 Abs. 2, § 54 Abs. 3, § 88 Abs. 2–5, § 92 Abs. 3, § 100 Abs. 2 und 3, § 109 Abs. 2, § 114 Abs. 2, § 125 Abs. 2, § 126 Abs. 3, § 140 Abs. 7 und 8, § 143 Abs. 3, § 176 Abs. 4, § 180 Abs. 4, § 218 Abs. 3 und § 242 Abs. 5.

593 *Klappstein/von Unruh*, Rechtsstaatliche Verwaltung durch Gesetzgebung, S. 121 f.

(§ 88 LVwG – § 29 VwVfG)[594] und über die Unwirksamkeit öffentlich-rechtlicher Verträge (§ 126 Abs. 3 LVwG – § 59 VwVfG)[595], denen eine hohe rechtsstaatliche Bedeutung beigemessen wurde.[596] Besondere Beachtung verdiente dabei die letztgenannte Vorschrift, da nur diese im Abschnitt über den öffentlich-rechtlichen Vertrag einer Abänderung bedurfte. Denn grundsätzlich begrüßte der Sonderausschuss die im Regierungsentwurf festgelegte Regelung des öffentlich-rechtlichen Vertrages (§§ 121–129) als einzig bedeutenden und deshalb auch „gewagte[n] Vorstoß des Musterentwurfs in rechtspolitisches Neuland"[597] und stützte sich dabei auch auf die Aussage des Sachverständigen Professor Franz Mayer, der den Vorstoß des Gesetzgebers in einer derartigen Situation für den richtigen Ansatz hielt, um Rechtsprechung und Rechtswissenschaft aus einer Sackgasse zu befreien.[598]

Während der ursprüngliche Regierungsentwurf in den §§ 31 bis 36 und 72 bis 142 die Regelungen des bundeseinheitlichen Musterentwurfs von 1963 wörtlich enthielt, übernahm der Sonderausschuss zwar überwiegend die durch die „Münchener Fassung" hervorgerufenen Änderungen des Musterentwurfs, wich jedoch teilweise von deren Formulierungen ab. Denn trotz des angestrebten Ziels eines einheitlichen Verwaltungsverfahrens in Bund und Ländern durfte der Sonderausschuss bei seinen Überlegungen nicht außer Acht lassen, dass der Musterentwurf als „reiner Verwaltungsentwurf" keine negativen Auswirkungen auf das „Parlament in seiner Funktion als Gesetzgeber" entfalten sollte.[599]

In der Frage einer Ablösung des bisher geltenden Rechts durch das Verwaltungsgesetz folgte der Sonderausschuss dem Regierungsentwurf dahingehend, dass die landesrechtlichen Bestimmungen der umgehend einer Neuregelung bedürfenden Rechtsgebiete mit Inkrafttreten des Landesverwaltungsgesetzes aufgehoben werden und die übrigen inhaltsgleichen oder entgegenstehenden Rechtsvorschriften spätestens mit Ablauf des 31.12.1971 außer Kraft treten sollten, um innerhalb dieses Zeitraums eine Anpassung der bestehenden Bestimmungen an das Verwaltungsgesetz zu ermöglichen.[600] Den Gedanken einer Aufhebung des gesamten entgegenstehenden Rechts mit Inkrafttreten des Verwaltungsgesetzes verwarf

594 LT Plenarprotokoll 5/76, S. 2761.
595 LT Plenarprotokoll 5/76, S. 2764.
596 *Klappstein/von Unruh*, Rechtsstaatliche Verwaltung durch Gesetzgebung, S. 122, 154 f.
597 LT Plenarprotokoll 5/76, S. 2764.
598 Niederschrift über die 21. Sitzung des Sonderausschusses Verwaltungsgesetz des Schleswig-Holsteinischen Landtages am 21.01.1967, S. 39.
599 LT Plenarprotokoll 5/76, S. 2760.
600 LT-Drucksache 5/650, S. 150; LT Plenarprotokoll 5/76, S. 2769.

der Sonderausschuss, da die Überprüfung einer so großen Anzahl bestehender Einzelregelungen auf deren Vereinbarkeit mit dem Landesverwaltungsgesetz ausgeschlossen sei, solange der Landtag keine endgültige Fassung des Landesverwaltungsgesetzes beschlossen habe. Jedoch wurde durch den neuen § 317 Abs. 2 Satz 2 noch einmal hervorgehoben, dass die bereits bestehenden Vorschriften bis zu ihrem Außerkrafttreten dem Landesverwaltungsgesetz vorgehen.[601] Somit enthielt das Landesverwaltungsgesetz Schleswig-Holstein im Gegensatz zum Verwaltungsverfahrensgesetz des Bundes eine Regelung über das Außerkrafttreten inhaltsgleichen oder entgegenstehenden Rechts.[602]

Unter dem 01.03.1967 wurde schließlich noch eine geringfügige Berichtigung des Sonderausschussberichts zum Entwurf des Landesverwaltungsgesetzes vorgenommen.[603]

3. Die Verabschiedung des Landesverwaltungsgesetzes Schleswig-Holstein

a) Zweite Lesung im Landtag

Zu Beginn der zweiten Lesung des Entwurfs eines Allgemeinen Verwaltungsgesetzes für das Land Schleswig-Holstein am 30.03.1967 erstattete der Vorsitzende des Sonderausschusses Walter Mentzel[604] (CDU) dem Landtag mündlich Bericht über das Ergebnis der Beratungen des Sonderausschusses. Zunächst nahm er Stellung zu den zwei grundlegenden Bedenken einer Stimmenthaltung übenden Minderheit im Sonderausschuss, die darin bestehen, dass zum einen ein Vorangehen Schleswig-Holsteins bei der Einbringung des Musterentwurfs als Gesetzentwurf nicht die entsprechende Übernahme des Musterentwurfs in den übrigen Bundesländern und im Bund gewährleiste, zum anderen die Bedeutung des Gesetzes und die Menge an rechtlichen Problemen unbedingt eine eingehendere Beratung erfordere. Dann widmete sich der Abgeordnete Mentzel den maßgeblichen Änderungen des Gesetzentwurfs.[605]

Die SPD-Fraktion stellte den Antrag, die Landesregierung zu beauftragen, den Entwurf in der Ausschussfassung unverzüglich in einer zur Fachdiskussion geeigneten Form zu veröffentlichen und dabei Rechtswissenschaft und Verwaltungspraxis zur Stellungnahme und zu Vorschlägen für die weitere Verbesserung

---

601 LT Plenarprotokoll 5/76, S. 2769.

602 C. I. 3. b), S. 58 ff.

603 Berichtigung zur LT-Drucksache 5/871.

604 S. 103, Fn. 493.

605 LT Plenarprotokoll 5/76, S. 2756 ff.

des Entwurfs aufzurufen. Des Weiteren werde der Landesregierung empfohlen, ihre Vorlage im gegenwärtigen Stadium der Beratungen unmittelbar vor dem Ende der 5. Wahlperiode im Interesse einer sachlich ausgereiften Gesetzgebung zurückzuziehen und den Gesetzentwurf in der Ausschussfassung dem Landtag alsbald nach Beginn der 6. Wahlperiode zur Fortführung der parlamentarischen Arbeiten wieder vorzulegen.[606] Der Abgeordnete Adler (SPD) trug zur Begründung des Antrages vor, dass der Gesetzentwurf in der Ausschussfassung einerseits gut durchdachte Bestimmungen, andererseits aber auch unausgereifte Vorschriften umfasse. Es wirke sich auf den gesamten Gesetzentwurf negativ aus, dass „regelungsbedürftige besondere Vorschriften mit dem Ballast einer Kodifizierung allgemeinen Verwaltungsrechts belastet" werden würden.[607] Aus diesem Grund habe die SPD-Fraktion in Erwägung gezogen, die besonderen Vorschriften aus der Vorlage herauszulösen und sie dann als selbstständiges Gesetz zu verabschieden, um unter Umständen sogar ein noch früheres Inkrafttreten als bei dem aktuellen Gesetzentwurf zu ermöglichen. Diesen Gedanken habe die SPD-Fraktion jedoch wieder verworfen, weil die besonderen Vorschriften mit den allgemeinen Regelungen in dem Landesverwaltungsgesetz derart eng miteinander verknüpft seien, dass „eine Operation in Richtung auf eine Trennung, Aufteilung und gesonderte Verabschiedung" nicht in Betracht komme.[608] Ein so grundlegendes Gesetz mit Vorreiterfunktion erst ein Jahr vor Ende der Legislaturperiode in den Landtag einzubringen, überschreite die Grenze des Zumutbaren für das Parlament. Stattdessen bedürfe es einer dritten Lesung, in der die Möglichkeiten für einen ausgereifteren Gesetzestext eingehend erörtert werden können, um eine kurzfristige Novellierung zu vermeiden.[609]

Innenminister Hartwig Schlegelberger rechtfertigte die späte Vorlage des Gesetzentwurfs mit der überaus gründlichen Prüfung des Landesverwaltungsgesetzes unter Einbeziehung des Musterentwurfs. Anschließend berief er sich auf einen Brief des Bundesministers des Innern Paul Lücke vom 17.03.1967, in dem dieser den Erlass des Gesetzes als „von eminent politischer Bedeutung für die moderne Verwaltung" erachtete.[610]

Der Abgeordnete Wolgast (FDP) betonte, dass die nahezu unveränderte Übernahme aller Vorschriften des Musterentwurfs eine gute Grundlage für die Herstellung der Rechtseinheit biete. Der überwiegende Teil der durch den Sonderausschuss

606 LT-Drucksache 5/899.
607 LT Plenarprotokoll 5/76, S. 2770.
608 LT Plenarprotokoll 5/76, S. 2771.
609 LT Plenarprotokoll 5/76, S. 2772 ff.
610 LT Plenarprotokoll 5/76, S. 2785.

vorgenommenen Änderungen und Ergänzungen finde seinen Ursprung in der „Münchener Fassung“ von 1966. Zuletzt kündigte er an, dass die FDP-Fraktion gegen den Antrag der SPD-Fraktion stimmen werde.[611]

Im Rahmen der sich an die Aussprache anschließenden Abstimmung wurde der Antrag der SPD-Fraktion[612] abgelehnt, während die beiden lediglich geringfügige Änderungen bezweckenden Anträge der CDU-Fraktion[613] Zustimmung fanden. Nach einjähriger parlamentarischer Beratung verabschiedete der Schleswig-Holsteinische Landtag das Landesverwaltungsgesetz bei einigen Enthaltungen und einigen Gegenstimmen mit Mehrheit.[614]

Das Allgemeine Verwaltungsgesetz für das Land Schleswig-Holstein wurde am 18.04.1967 vom Ministerpräsidenten und allen Landesministern ausgefertigt und am 21.04.1967 verkündet.[615] Gemäß § 318 Abs. 1 LVwG trat es am 01.01.1968 – bereits neun Jahre vor dem Verwaltungsverfahrensgesetz des Bundes – in Kraft.

b) Diskussion in der Literatur

Selbst nach Verabschiedung des Allgemeinen Verwaltungsgesetzes für das Land Schleswig-Holstein bekundete die Literatur ebenso wenig Interesse an der landesrechtlichen Kodifikation wie nach Veröffentlichung des Regierungsentwurfs.[616] Auf kommunaler Ebene gaben sowohl der Abgeordnete Adler (SPD) als auch der Geschäftsführer des Landesverbandes Schleswig-Holstein des Deutschen Städtebundes Magnus G. W. Staak einen allgemeinen Überblick über das Landesverwaltungsgesetz.[617] Der Abgeordnete Adler (SPD), der schon bei der zweiten Lesung im Landtag die grundlegenden Einwendungen der sozialdemokratischen Opposition vorgetragen hatte[618], wiederholte die allgemeinen Bedenken gegen ein Landesverwaltungsgesetz und hegte die Erwartung, dass das Gesetz „im übrigen Bundesgebiet Nachahmer finden möge“, die jedoch nach Möglichkeit die aufgeführten Mängel beheben sollten.[619] Auf überregionaler Ebene diente eine Abhandlung von Carl-Hermann Ule und Klaus-Albrecht Sellmann der Klärung der Frage, in

611 LT Plenarprotokoll 5/76, S. 2790 ff.

612 LT-Drucksache 5/899.

613 LT-Drucksache 5/901; LT-Drucksache 5/902.

614 LT Plenarprotokoll 5/76, S. 2795 ff.

615 Allgemeines Verwaltungsgesetz für das Land Schleswig-Holstein (Landesverwaltungsgesetz – LVwG –) vom 18.04.1967 (GVOBl. Schl.-H. S. 131).

616 D. IV. 1. c), S. 107 ff.

617 *Adler*, Demokratische Gemeinde 1967, 950 ff.; *Staak*, Der Städtebund 1967, 208 ff.

618 D. IV. 3. a), S. 126 ff.

619 *Adler*, Demokratische Gemeinde 1967, 953.

welchem Umfang die aus dem Musterentwurf übernommenen Regelungen des Landesverwaltungsgesetzes Abweichungen von der „Münchener Fassung" aufweisen.[620] Angesichts der fast unveränderten Übernahme der „Münchener Fassung" trage Schleswig-Holstein mit der Verabschiedung des Gesetzes entschieden zur Vereinheitlichung des Verwaltungsverfahrensrechts in der Bundesrepublik Deutschland bei. Die nur vereinzelt vom schleswig-holsteinischen Gesetzgeber vorgenommenen Änderungen an dem allein von der Verwaltung erarbeiteten Musterentwurf könnten als Anhaltspunkt für die grundsätzliche Bereitschaft der Parlamente dienen, die zwischen Bund und Ländern in Form des Musterentwurfs gefundene Einigung aufrechtzuerhalten. Die Bedeutung des Landesverwaltungsgesetzes für künftige Gesetzgebungsvorhaben liege darin, dass einerseits für Bund und Länder eine Verwertung der im Gesetzgebungsverfahren gewonnenen Erkenntnisse möglich sei und andererseits der Musterentwurf auf seine Tauglichkeit in der Praxis geprüft werden könne.[621]

Nach Inkrafttreten des Gesetzes wurden die ausführlichsten und gründlichsten Stellungnahmen zum Allgemeinen Verwaltungsgesetz für das Land Schleswig-Holstein veröffentlicht. Die sich über drei Ausgaben der regionalen Fachzeitschrift „Die Gemeinde" erstreckende Abhandlung von Hans Thiem beinhaltete auf insgesamt 27 Seiten eine detaillierte Zusammenfassung der Entstehungsgeschichte, des Inhalts und der Bedeutung des Schleswig-Holsteinischen Landesverwaltungsgesetzes.[622] Des Weiteren bedarf der Beitrag von Ottobert L. Brintzinger als einzige umfassende Übersicht über das Landesverwaltungsgesetz außerhalb Schleswig-Holsteins besonderer Erwähnung.[623] Nach Ausführungen zur Entstehungsgeschichte und zum Inhalt des Gesetzes ging der Verfasser vor allem auf mögliche Kritikpunkte an der Kodifikation insgesamt, aber auch an bestimmten Einzelregelungen ein. Schließlich betonte Ottobert L. Brintzinger, dass die Befassung des Bundesverwaltungsgerichts mit den Vorschriften des Landesverwaltungsgesetzes „eine fruchtbare Phase in der Verwaltungsrechtsentwicklung" nach sich ziehen könne und dadurch für Verwaltungspraxis und -wissenschaft „ein weites Feld bereitet" sei, wenn die Veröffentlichung der Gerichtsentscheidungen weniger Zeit in Anspruch nehmen würde.[624]

Bereits kurz nach Verkündung des Gesetzes brachte der Geschäftsführer des Landesverbandes Schleswig-Holstein des Deutschen Städtebundes Magnus G. W. Staak,

---

620 *Ule/Sellmann*, DVBl. 1967, 837 ff.

621 *Ule/Sellmann*, DVBl. 1967, 842.

622 *Thiem*, Die Gemeinde 1968, 5 ff., 48 ff., 83 ff.

623 *Brintzinger*, DÖV 1968, 16 ff.

624 *Brintzinger*, DÖV 1968, 28.

der als Regierungsassessor im Innenministerium an den Vorarbeiten für ein Landesverwaltungsgesetz mitgewirkt hatte, die erste Textausgabe mit einer auf das Wesentliche beschränkten Einführung und einem Stichwortverzeichnis heraus.[625] Eine weitere Textausgabe mit Verweisungen und ausführlichem Sachregister wurde von Regierungsdirektor Karl-Robert Schwarze herausgegeben.[626] Gegen Ende des Jahres 1967 erschien auch der erste Kommentar zum Allgemeinen Verwaltungsgesetz für das Land Schleswig-Holstein von Staatssekretär a. D. Klaus von der Groeben und dem Leitenden Ministerialrat Hans Joachim Knack unter Mitarbeit von Regierungsdirektor Karl-Robert Schwarze, Oberregierungsrat Walter Klappstein sowie den Regierungsräten Jost-Dietrich Busch und Wolfgang Clausen.[627] In einer kurzen Einführung betonte Klaus von der Groeben nachdrücklich, dass die Verabschiedung des Gesetzes durch den schleswig-holsteinischen Gesetzgeber „einen Markstein in der Geschichte der parlamentarischen Gesetzgebung der Bundesrepublik" bilde.[628] Das erklärte Ziel der Herausgeber bestand darin, einen Mittelweg zwischen einer für die Verwaltungsbehörden leicht verständlichen Erläuterung und einer gründlichen Darstellung der Bereiche, in denen entweder das bisher entwickelte Gewohnheits- oder Richterrecht in Gesetzesform gegossen oder eine vollkommen neue Regelung gestaltet wurde, zu finden. Dabei konnten die Mitarbeiter des Innenministeriums ihre bei der Erarbeitung des Gesetzentwurfs gewonnenen Erfahrungen und Erkenntnisse in die Kommentierung einfließen lassen.[629] In dem von Regierungsrat Gustav Kuhn herausgegebenen Kommentar wurden insbesondere die im Rahmen der Beratungen des Sonderausschusses erarbeiteten Änderungen durch den Landtag erläutert.[630] Staatssekretär Walter Mentzel, der den Vorsitz des Sonderausschusses innehatte, hob in einem Vorwort zu diesem Kommentar den Sachverstand des ihm seinerzeit als Sekretär beigegebenen Gustav Kuhn hervor.[631] Ein dritter Kommentar wurde 1968 von German Foerster als Loseblattsammlung veröffentlicht.[632] Im Gegensatz zu den

625 *Staak*, Landesverwaltungsgesetz Schleswig-Holstein: Textausgabe.

626 *Schwarze*, Landesverwaltungsgesetz für Schleswig-Holstein: Textausgabe mit Verweisungen und ausführlichem Sachregister.

627 *Von der Groeben/Knack*, Allgemeines Verwaltungsgesetz für das Land Schleswig-Holstein (Landesverwaltungsgesetz): Kommentar.

628 *Von der Groeben/Knack*, Allgemeines Verwaltungsgesetz für das Land Schleswig-Holstein (Landesverwaltungsgesetz): Kommentar, S. VII.

629 *Von der Groeben/Knack*, Allgemeines Verwaltungsgesetz für das Land Schleswig-Holstein (Landesverwaltungsgesetz): Kommentar, S. IX f.

630 *Kuhn*, Landesverwaltungsgesetz: Kommentar, S. VII.

631 *Kuhn*, Landesverwaltungsgesetz: Kommentar, S. V.

632 *Foerster*, Allgemeines Verwaltungsgesetz für das Land Schleswig-Holstein: Kommentar.

beiden anderen Kommentaren befindet sich dieser aufgrund fortlaufender Nachlieferungen auch heute noch auf dem aktuellen Stand.[633]

V. Zusammenfassung

Das Allgemeine Verwaltungsgesetz für das Land Schleswig-Holstein ist das Ergebnis unterschiedlicher Notwendigkeiten und Entwicklungen auf Landes- und Bundesebene. Dementsprechend bildeten einerseits landesrechtliche und -politische Bedürfnisse, wie die Umsetzung des Verfassungsauftrags aus Art. 38 Abs. 2 LS, die Neuregelung bisher noch auf vorkonstitutionellem Recht beruhender, zentraler Rechtsgebiete und die Reform der Organisation der Landesverwaltung, andererseits Bestrebungen des Bundes und der Länder zu einer Verwaltungsreform durch den Musterentwurf eines Verwaltungsverfahrensgesetzes die Grundlage für die Erarbeitung des Landesverwaltungsgesetzes. Das Vorangehen Schleswig-Holsteins führte im Ergebnis zu einer neben dem Verwaltungsverfahren auch andere verwaltungsrechtliche Sachmaterien umfassenden Kodifikation mit einer Vorbildwirkung für Bund und andere Länder.

633 *Foerster/Friedersen/Rohde*, Allgemeines Verwaltungsgesetz für das Land Schleswig-Holstein: Kommentar.

E. Die Anpassung an das Verwaltungsverfahrensgesetz des Bundes durch das Gesetz zur Änderung des Landesverwaltungsgesetzes

I. Vorangehende Änderungsgesetze

In den zehn Jahren zwischen dem Inkrafttreten des Landesverwaltungsgesetzes und dessen umfangreicher Anpassung an das Verwaltungsverfahrensgesetz des Bundes wurden zwar insgesamt neun Änderungsgesetze erlassen, die aber nur die Änderung von Einzelregelungen umfassten, so dass Wesen und Struktur des Landesverwaltungsgesetzes aufrechterhalten bleiben konnten.[634] Auf der einen Seite wurde eine Anpassung an das erneuerte Schul- und Hochschulrecht[635] und an das reformierte Strafrecht[636] vorgenommen, auf der anderen Seite das Landesverwaltungsgesetz mit völlig neuen Landesgesetzen – dem Gesetz über die Errichtung allgemeiner unterer Landesbehörden in Schleswig-Holstein[637] und

---

634 *Busch*, Die Gemeinde 1979, 66.

635 Änderung des § 315 Abs. 1 Satz 1 und Abs. 5 Satz 1 LVwG durch § 28 des Gesetzes über Fachhochschulen im Lande Schleswig-Holstein vom 26.06.1969 (GVOBl. Schl.-H. S. 114), Änderung des § 119 Abs. 3 Satz 1 LVwG durch Art. 2 des Zweiten Gesetzes zur Änderung des Gesetzes über die Unterhaltung und Verwaltung der öffentlichen Schulen (Gesetz über die Errichtung des Landesschulamtes) vom 28.10.1970 (GVOBl. Schl.-H. S. 296), Änderung des § 315 Abs. 5 Satz 1 Nr. 2 LVwG durch § 129 des Gesetzes über die Hochschulen im Lande Schleswig-Holstein (Hochschulgesetz – HSG) vom 02.05.1973 (GVOBl. Schl.-H. S. 153) und Aufhebung des § 119 Abs. 3 LVwG durch § 141 Nr. 6 des Schleswig-Holsteinischen Schulgesetzes (SchulG) vom 02.08.1978 (GVOBl. Schl.-H. S. 255).

636 Änderung des § 232 Abs. 1 Nr. 3 a) LVwG durch Art. 3 des Gesetzes zur Anpassung des schleswig-holsteinischen Landesrechts an das Erste Gesetz zur Reform des Strafrechts und andere strafrechtliche Vorschriften (LStrAnpG I) vom 24.03.1970 (GVOBl. Schl.-H. S. 66) sowie Aufhebung des § 59 LVwG und Änderung der §§ 99, 172 Abs. 3–5, 228 Abs. 2, 232 Abs. 1, 258, 290 Abs. 1 und 313 Abs. 2 LVwG durch Art. 12 des Gesetzes zur Anpassung des schleswig-holsteinischen Landesrechts an das Zweite Gesetz zur Reform des Strafrechts und andere straf- und bußgeldrechtliche Vorschriften des Bundes (LStrAnpG II) vom 09.12.1974 (GVOBl. Schl.-H. S. 453).

637 Streichung des § 17 Abs. 4 LVwG durch § 7 des Gesetzes über die Errichtung allgemeiner unterer Landesbehörden in Schleswig-Holstein vom 25.02.1971 (GVOBl. Schl.-H. S. 64).

dem Stiftungsgesetz[638] – in Einklang gebracht. Zudem diente die Änderung des die Bestimmung der Zuständigkeit zur Ausführung von Bundesrecht regelnden § 28 LVwG der Verwaltungsvereinfachung.[639] Die durch diese Gesetze herbeigeführten Umgestaltungen griffen demnach nicht entscheidend in die Substanz des Landesverwaltungsgesetzes ein.[640]

II. Vorarbeiten für den Entwurf eines Gesetzes zur Änderung des Landesverwaltungsgesetzes

Nach den vom zuständigen Referat des Innenministeriums durchgeführten Vorarbeiten für den Entwurf eines Gesetzes zur Änderung des Landesverwaltungsgesetzes wurde den Fachressorts der Landesregierung, den Abteilungen des Innenministeriums und den Referaten der Abteilung IV 2 mit Schreiben vom 31.12.1976 ein erster Referentenentwurf nebst Begründung mit der Bitte um Stellungnahme übersandt.[641] Im Mai 1977 fand eine Erörterung der maßgeblichen Änderungsvorschläge zu diesem Gesetzentwurf statt, die zu einer entsprechenden Überarbeitung des Referentenentwurfs führte. Diese geänderte Fassung ließ das Innenministerium mit Schreiben vom 21.06.1977 dem Verband der Industrie- und Handelskammern des Landes Schleswig-Holstein und der Arbeitsgemeinschaft der kommunalen Landesverbände mit der Bitte um Stellungnahme zukommen.[642] Zugleich wurden die Vorsitzenden der Landtagsfraktionen über den Entwurf in Kenntnis gesetzt. Dagegen wurden die Handwerkskammern Lübeck und Flensburg erst nachträglich in das Anhörungsverfahren eingebunden. In ihrer Stellungnahme vom 21.09.1977 befürwortete die Arbeitsgemeinschaft der kommunalen Landesverbände die Zielsetzung des Referentenentwurfs, zur

---

638 Aufhebung des § 46 Abs. 2 Satz 2 LVwG durch § 22 Abs. 1 Nr. 12 des Gesetzes über rechtsfähige Stiftungen des bürgerlichen Rechts (Stiftungsgesetz) vom 13.07.1972 (GVOBl. Schl.-H. S. 123).

639 Änderung des § 28 Abs. 2 LVwG und Streichung des § 28 Abs. 4 LVwG durch Art. 1 des Gesetzes zur Übertragung von Aufgaben und zur Vereinfachung von Verwaltungsverfahren (Verwaltungsvereinfachungsgesetz) vom 25.02.1971 (GVOBl. Schl.-H. S. 66).

640 Bekanntmachung der Neufassung des Landesverwaltungsgesetzes vom 19.03.1979 (GVOBl. Schl.-H. S. 181), S. 181; *Klappstein/von Unruh*, Rechtsstaatliche Verwaltung durch Gesetzgebung, S. 148 f.

641 Schreiben des Ministerialdirigenten Hans Joachim Knack vom 31.12.1976.

642 Schreiben des Staatssekretärs Hans Joachim Knack an die Arbeitsgemeinschaft der kommunalen Landesverbände des Landes Schleswig-Holstein vom 21.06.1977.

Wahrung der Rechtseinheit eine weitgehende Anpassung des Landesverwaltungsgesetzes an das Verwaltungsverfahrensgesetz des Bundes vorzunehmen. Während aber der Schleswig-Holsteinische Gemeindetag und der Schleswig-Holsteinische Landkreistag dem Referentenentwurf im Grundsatz zustimmten, äußerten der Städtebund Schleswig-Holstein und der Deutsche Städtetag – Landesverband Schleswig-Holstein – teilweise erhebliche Bedenken.[643]

III. Das Gesetzgebungsverfahren für das Gesetz zur Änderung des Landesverwaltungsgesetzes

1. Der Regierungsentwurf (1978)

In der Kabinettssitzung vom 17.01.1978 erläuterte Innenminister Rudolf Titzck[644] zunächst die Kabinettsvorlage, bevor in der anschließenden Aussprache die nach den Abstimmungsgesprächen mit den Ressorts noch nicht geklärten Fragen diskutiert wurden.[645] Schließlich übersandte die Landesregierung dem Präsidenten des Schleswig-Holsteinischen Landtages am 03.02.1978 den Entwurf eines Gesetzes zur Änderung des Landesverwaltungsgesetzes nebst Begründung.[646]

a) Begründung

Das am 30.03.1967 vom Schleswig-Holsteinischen Landtag verabschiedete und am 01.01.1968 in Kraft getretene Allgemeine Verwaltungsgesetz für das Land Schleswig-Holstein hat sich als Kodifikation des Allgemeinen und Besonderen

---

643 Schreiben der Arbeitsgemeinschaft der kommunalen Landesverbände des Landes Schleswig-Holstein an den Innenminister des Landes Schleswig-Holstein vom 21.09.1977.

644 Rudolf Titzck (21.02.1925 – 16.12.2005) war von 1954 bis 1956 als Regierungsassessor und Regierungsrat in der Verwaltung des Zonengrenzkreises Herzogtum Lauenburg in Ratzeburg tätig. 1956 wurde er zum Referenten im schleswig-holsteinischen Innenministerium und in der damaligen Landeskanzlei des Ministerpräsidenten berufen. Anschließend übte er von 1963 bis 1969 das Amt des Bürgermeisters der Stadt Kiel aus. Nach seiner Ernennung zum Staatssekretär und Chef der Staatskanzlei des Landes Schleswig-Holstein im Jahre 1970 übernahm Rudolf Titzck von 1971 bis 1979 das Amt des Innenministers und von 1979 bis zu seinem Ausscheiden aus der Landesregierung 1983 das Amt des Finanzministers. Schließlich war er von 1983 bis 1987 Präsident des Landtages von Schleswig-Holstein (*Köbler/Peters*, Who's who im deutschen Recht, S. 724 f.).

645 Niederschrift über die Kabinettssitzung am 17.01.1978, S. 4 ff.

646 LT-Drucksache 8/1092.

Verwaltungsrechts dahingehend bewährt, dass mit ihm eine Erleichterung der praktischen Verwaltungstätigkeit, eine Förderung der Ausbildung von Verwaltungsmitarbeitern und eine Eignung für die Tätigkeit der Verwaltungsgerichte verbunden ist. Nach Inkrafttreten des Verwaltungsverfahrensgesetzes des Bundes am 01.01.1977 unterscheidet sich das Landesverwaltungsgesetz jedoch in einer Vielzahl von Bestimmungen von der bundesrechtlichen Regelung.[647]

Obwohl nach § 1 Abs. 3 VwVfG für die Ausführung von Bundesrecht durch die Länder das Verwaltungsverfahrensgesetz des Bundes nicht gilt, soweit die öffentlich-rechtliche Verwaltungstätigkeit der Behörden landesrechtlich durch ein Verwaltungsverfahrensgesetz geregelt ist, müssen diese Unterschiede zur Wahrung der Rechtseinheit zwischen Bund und Ländern beseitigt werden. Bereits während der Beratung des § 1 Abs. 3 VwVfG haben die Länder im Interesse der Rechtseinheit zugesichert, ihre Landesverwaltungsverfahrensgesetze so weit wie möglich an das Bundesverwaltungsverfahrensgesetz anzupassen. Der Gedanke der Rechtseinheit offenbart sich auch bei der durch § 97 Nr. 3 VwVfG geänderten Vorschrift des § 137 Abs. 1 VwGO, nach der die Vorschriften des Verwaltungsverfahrensgesetzes eines Landes, die ihrem Wortlaut nach mit dem Verwaltungsverfahrensgesetz des Bundes übereinstimmen, im Wege der Revision vor dem Bundesverwaltungsgericht anfechtbar sind. Weiterhin wird durch die Anpassung an das Verwaltungsverfahrensgesetz des Bundes der bei der Entwicklung des Landesverwaltungsgesetzes beschrittene Weg des Landesgesetzgebers fortgesetzt, der eine wörtliche Übernahme der von Bund und Ländern ausgearbeiteten Bestimmungen des Musterentwurfs eines Verwaltungsverfahrensgesetzes mit lediglich geringfügigen Abweichungen zum Ziel hatte.[648]

Die Änderungsvorschläge zur Anpassung des Landesverwaltungsgesetzes an das Verwaltungsverfahrensgesetz des Bundes dienen zum einen der Stärkung der Rechte des Bürgers, zum anderen der Verwaltungsvereinfachung. Dabei werden insbesondere die Neuregelungen der Zuständigkeit zur Entscheidung über Widersprüche (§ 119 Abs. 2 LVwG)[649] und der Bestimmung der Vollzugsbeamten (§ 227 Abs. 2 und 3 LVwG) dem Ziel einer Verwaltungsvereinfachung gerecht. Auf eine Anpassung der zentralen Bestimmungen über die Definition der Begriffe Behörde (§ 3 Abs. 2 LVwG – § 1 Abs. 4 VwVfG), Verwaltungsakt (§ 106 LVwG – § 35 VwVfG) und Ermessen (§ 73 LVwG – § 40 VwVfG) sowie über das Recht auf Akteneinsicht (§ 88 LVwG – § 29 VwVfG) wird jedoch

647 LT-Drucksache 8/1092, S. 61.
648 LT-Drucksache 8/1092, S. 61 f.
649 E. III. 4. a), S. 141 f.

weiterhin verzichtet.[650] Der Gedanke der Rechtseinheit findet dadurch Berücksichtigung, dass nach § 304 LVwG nunmehr jede Bestimmung des LVwG, die eine entsprechende Regelung im VwVfG aufweist, revisibel ist, so dass über die in § 137 Abs. 1 VwGO geregelten Fälle hinaus auch die vom Wortlaut des VwVfG abweichenden Vorschriften des LVwG der Revision vor dem Bundesverwaltungsgericht unterliegen.[651]

Abgesehen von dieser Anpassung an das Verwaltungsverfahrensgesetz des Bundes bedarf eine große Anzahl an Bestimmungen aus den sonstigen im Landesverwaltungsgesetz enthaltenen Rechtsgebieten einer Änderung. Dementsprechend muss sowohl eine Angleichung der Vorschriften über das Zustellungsverfahren an die inzwischen geänderte Fassung des Verwaltungszustellungsgesetzes des Bundes als auch eine Anpassung der Bestimmungen über die Vollstreckung öffentlichrechtlicher Geldforderungen an das in der Abgabenordnung 1977 festgesetzte Verwaltungsvollstreckungsrecht des Bundes vorgenommen werden.[652]

b) Erste Lesung im Landtag

Die parlamentarische Beratung des Entwurfs eines Gesetzes zur Änderung des Landesverwaltungsgesetzes und die des ursprünglichen Gesetzentwurfs unterschieden sich wesentlich voneinander. Während in den Jahren 1966/1967 entscheidende Grundsatzfragen der Klärung bedurften und kontrovers diskutiert wurden, bestand nunmehr grundsätzlich Einigkeit in Bezug auf die Notwendigkeit eines Änderungsgesetzes.[653] Dementsprechend nahm die erste Lesung im Landtag am 07.03.1978 nur wenig Zeit in Anspruch. Zunächst fasste Innenminister Rudolf Titzck in einführenden Worten die wesentlichen Gründe für eine Anpassung des Landesverwaltungsgesetzes zusammen.[654] Der Abgeordnete Klingner (SPD) erklärte sich zwar mit dem Grundgedanken einer Vereinheitlichung des Verwaltungsrechts durch Anpassung einverstanden, verwies aber hinsichtlich der konkreten Ausgestaltung des Änderungsgesetzes auf die künftige Beratung im zuständigen Ausschuss.[655] Anschließend hob der Abgeordnete Ruge (FDP) hervor, dass die Bürgerbeteiligung nicht nur im Verhältnis des Bürgers zur Verwaltung an sich, sondern auch zur Selbstverwaltung gestärkt werden müsse. Zudem regte er

---

650 D. IV. 2. d), S. 124 ff.

651 LT-Drucksache 8/1092, S. 62 f.

652 LT-Drucksache 8/1092, S. 63.

653 *Busch*, Die Gemeinde 1979, 66.

654 LT Plenarprotokoll 8/57, S. 3822 f.

655 LT Plenarprotokoll 8/57, S. 3823 f.

eine Anhörung der kommunalen Landesverbände aufgrund ihrer unmittelbaren Befassung mit der Anwendung des Gesetzes an.[656] Die erste Lesung endete mit dem Beschluss, den Regierungsentwurf an den federführenden Innenausschuss und den mitberatenden Rechtsausschuss zu überweisen.[657]

2. Beratungen des Innenausschusses

Der dem Innenausschuss und dem Rechtsausschuss durch Beschluss des Landtages vom 07.03.1978 überwiesene Gesetzentwurf wurde vom federführenden Innenausschuss unter dem Vorsitz des Abgeordneten Rolf Olderog[658] (CDU) in neun Sitzungen vom 18.05.1978 bis zum 09.11.1978 beraten. Als Vertreter des Innenministeriums nahmen an den Sitzungen regelmäßig der Leitende Ministerialrat Karl-Robert Schwarze[659] und Ministerialrat Jost-Dietrich Busch[660] teil. Nach einer zusammenfassenden Einführung des Leitenden Ministerialrats Karl-Robert Schwarze in der 53. Sitzung des Innenausschusses am 18.05.1978 begann der erste Durchgang der Beratung mit der 54. Sitzung am 25.05.1978 und endete mit der 59. Sitzung am 29.06.1978.[661] Im zweiten Durchgang - von der 64. Sitzung am 19.10.1978 bis zur 68. Sitzung am 09.11.1978[662] - wurden die zurückgestellten Punkte auf der Grundlage einer Neufassung des Landesverwaltungsgesetzes beraten, die bereits die Änderungen nach dem Gesetzentwurf und die vom Innenausschuss vorgeschlagenen Änderungen umfasste.[663]

In seiner 55. Sitzung am 01.06.1978 führte der Innenausschuss eine öffentliche Anhörung der kommunalen Landesverbände zu dem Regierungsentwurf

---

656 LT Plenarprotokoll 8/57, S. 3827 ff.

657 LT Plenarprotokoll 8/57, S. 3829.

658 Rolf Olderog (geb. am 29.12.1937) nahm 1969 eine Tätigkeit als persönlicher Referent des schleswig-holsteinischen Wirtschaftsministers an. Als Abgeordneter im Schleswig-Holsteinischen Landtag war er von 1971 bis 1980 innenpolitischer Sprecher der CDU-Fraktion und von 1971 bis 1979 Vorsitzender des Innenausschusses. Schließlich gehörte er von 1980 bis 1998 dem Deutschen Bundestag an (*Deutscher Bundestag*, Amtliches Handbuch des Deutschen Bundestages, 14. Wahlperiode, S. 403).

659 S. 91, Fn. 438.

660 Anhang A, S. 187 ff.

661 53. Sitzung des Innenausschusses des Schleswig-Holsteinischen Landtages am 18.05.1978, 54. Sitzung am 25.05.1978, 55. (öffentliche) Sitzung am 01.06.1978, 57. Sitzung am 15.06.1978 und 59. Sitzung am 29.06.1978.

662 64. Sitzung des Innenausschusses des Schleswig-Holsteinischen Landtages am 19.10.1978, 67. Sitzung am 02.11.1978, 68. Sitzung am 09.11.1978.

663 Niederschrift über die 64. Sitzung des Innenausschusses des Schleswig-Holsteinischen Landtages am 19.10.1978, S. 6.

durch. Dabei vertrat Geschäftsführer Magnus G. W. Staak[664] sowohl den Städtebund Schleswig-Holstein als auch die Arbeitsgemeinschaft der kommunalen Landesverbände, der stellvertretende Geschäftsführer Bischoff den Deutschen Städtetag – Landesverband Schleswig-Holstein – und Geschäftsführer Willing den Schleswig-Holsteinischen Gemeindetag.[665] Zu Beginn der Anhörung trug Magnus G. W. Staak die Stellungnahme der kommunalen Landesverbände zu dem Gesetzentwurf vor und unterbreitete unter anderem den der Rechtssicherheit dienenden Vorschlag, in einem neu eingefügten Abs. 4 des § 108 LVwG eine Rechtsmittelbelehrung für Verwaltungsakte vorzuschreiben.[666] Anschließend entwickelte sich eine rege Diskussion über die Neufassung des § 119 Abs. 2 LVwG, die die Delegation von Widerspruchsentscheidungen auf die erlassende Behörde zum Inhalt hatte.[667]

Die Beratung des beteiligten Rechtsausschusses fand in seiner 36. Sitzung am 03.11.1978 statt. Rechtliche oder verfassungsrechtliche Bedenken gegen den Gesetzentwurf in der vom Innenausschuss überarbeiteten Fassung bestanden jedoch nicht.[668]

Letztlich wurde der Entwurf eines Gesetzes zur Änderung des Landesverwaltungsgesetzes einschließlich der vom Innenausschuss beschlossenen Änderungen in der 68. Sitzung des Innenausschusses am 09.11.1978 bei Stimmenthaltungen angenommen.[669] In seinem Bericht vom 13.11.1978 empfahl der Innenausschuss, den Gesetzentwurf in der von ihm ausgearbeiteten Fassung anzunehmen.[670] Gegenüber dem ursprünglichen Regierungsentwurf wies der Ausschussvorschlag aber nur sehr wenige Änderungen auf.

---

664 Anhang C, S. 197 ff.

665 Niederschrift über die 55. (öffentliche) Sitzung des Innenausschusses des Schleswig-Holsteinischen Landtages am 01.06.1978, S. 1.

666 Niederschrift über die 55. (öffentliche) Sitzung des Innenausschusses des Schleswig-Holsteinischen Landtages am 01.06.1978, S. 6 f.; Niederschrift über die 57. Sitzung des Innenausschusses des Schleswig-Holsteinischen Landtages am 15.06.1978, S. 5 f.; Niederschrift über die 64. Sitzung des Innenausschusses des Schleswig-Holsteinischen Landtages am 19.10.1978, S. 8.

667 Niederschrift über die 55. (öffentliche) Sitzung des Innenausschusses des Schleswig-Holsteinischen Landtages am 01.06.1978, S. 12 ff.; E. III. 4. a), S. 141 f.

668 Niederschrift über die 36. Sitzung des Rechtsausschusses des Schleswig-Holsteinischen Landtages am 03.11.1978, S. 20 f.; Umdruck 8/2783 vom 06.11.1978.

669 Niederschrift über die 68. Sitzung des Innenausschusses des Schleswig-Holsteinischen Landtages am 09.11.1978, S. 10.

670 LT-Drucksache 8/1589, S. 1.

3. Zweite Lesung im Landtag

Als Berichterstatter und Vorsitzender des Innenausschusses schilderte der Abgeordnete Rolf Olderog (CDU) zu Beginn der zweiten Lesung vom 28.11.1978 in groben Zügen die wesentlichen Punkte der Beratung im Innenausschuss.[671] Anschließend brachte er für die CDU-Fraktion einen Änderungsantrag zu § 315 Abs. 5 LVwG ein[672], wonach die in § 108 Abs. 4 LVwG neu eingeführte Verpflichtung zur Erteilung einer Rechtsbehelfsbelehrung für den Schul-, Hochschul- und Prüfungsbereich nicht gelten solle. Im Einvernehmen mit der SPD-Fraktion wurde dem Antrag auch entsprochen.[673] Schließlich wurde das Änderungsgesetz vom Schleswig-Holsteinischen Landtag einstimmig verabschiedet.[674] Im Gegensatz zum Landesverwaltungsgesetz waren die Fraktionen im Landtag während des Gesetzgebungsverfahrens mithin weitgehend einer Meinung und bestätigten damit die dem Landesverwaltungsgesetz inzwischen zukommende Anerkennung.

Das Gesetz zur Änderung des Landesverwaltungsgesetzes wurde am 18.12.1978 ausgefertigt und am 05.01.1979 verkündet.[675] Aufgrund des Art. 7 Nr. 1 des Gesetzes erfolgte am 19.03.1979 die Bekanntmachung einer ab 01.04.1979 geltenden Neufassung des Landesverwaltungsgesetzes, die die Änderungen der Novelle und der neun vorangehenden Änderungsgesetze berücksichtigte.[676] Innenminister Rudolf Titzck nahm jedoch Abstand von der Einfügung einer neuen Paragraphenfolge. Denn die kommunalen Landesverbände hatten bereits während der öffentlichen Anhörung zu Bedenken gegeben, dass das Landesverwaltungsgesetz nunmehr über einen Zeitraum von 10 Jahren ein wesentlicher Bestandteil der Verwaltungspraxis sei und deshalb neue Paragraphenbezeichnungen zu erheblichen Schwierigkeiten in den Behörden führen würden.[677] Vor diesem Hintergrund wurden die ins Änderungsgesetz eingefügten Paragraphenbezeichnungen mit angefügten Buchstaben beibehalten.

---

671 LT Plenarprotokoll 8/71, S. 4795 f.

672 LT-Drucksache 8/1620.

673 LT Plenarprotokoll 8/71, S. 4796 f.

674 LT Plenarprotokoll 8/71, S. 4797.

675 Gesetz zur Änderung des Landesverwaltungsgesetzes vom 18.12.1978 (GVOBl. Schl.-H. 1979 S. 2).

676 Bekanntmachung der Neufassung des Landesverwaltungsgesetzes vom 19.03.1979 (GVOBl. Schl.-H. S. 181); E. I., S. 133 f.

677 Niederschrift über die 55. (öffentliche) Sitzung des Innenausschusses des Schleswig-Holsteinischen Landtages am 01.06.1978, S. 12.

4. Umstrittene Themenbereiche während des Gesetzgebungsverfahrens

a) Änderung der Zuständigkeit für die Widerspruchsentscheidung

Nach § 119 Abs. 2 LVwG des ursprünglichen Referentenentwurfs aus dem Jahre 1976 lag die Zuständigkeit für Widersprüche gegen Verwaltungsakte bei den obersten Landesbehörden. Die auf Grundlage dieses Referentenentwurfs abgegebenen Stellungnahmen der Ressorts und der kommunalen Landesverbände zur Verlagerung der Widerspruchsentscheidungen aus den Ministerien auf die der Aufsicht der Minister unterstehenden Kommunalbehörden ergaben jedoch, dass sich Ressorts, Gemeindetag und Landkreistag grundsätzlich für eine Verlagerung der Widerspruchsinstanz und eine Änderung des § 119 Abs. 2 LVwG einsetzten, während Städtebund und Städtetag dies entschieden ablehnten. Zur Begründung führte der Städtetag insbesondere aus, dass mit der Verlagerung eine erhebliche personelle und finanzielle Belastung der kreisfreien Städte, ein Verlust der Praxisnähe der Aufsichtsbehörde und eine Gefährdung der landeseinheitlichen Anwendung der Rechtsvorschriften einhergehe.[678] Dennoch wurde § 119 Abs. 2 LVwG im Regierungsentwurf als Verordnungsermächtigung neu gefasst, die der Landesregierung die Möglichkeit eröffnete, die Ressorts für die Entscheidung über Widersprüche für zuständig zu erklären.[679]

Im Rahmen der öffentlichen Anhörung der kommunalen Landesverbände setzte sich der Innenausschuss des Schleswig-Holsteinischen Landtages dann eingehend mit der Frage auseinander, ob unter Zugrundelegung der Fassung des Regierungsentwurfs ein Widerspruchsausschuss auf derselben Ebene wie die erlassende Behörde über den Widerspruch entscheiden solle, um eine überzeugende Entscheidung gegenüber dem Bürger, eine Beschleunigung des Verwaltungsverfahrens und eine Entlastung der Verwaltungsgerichte zu ermöglichen.[680] Der Geschäftsführer des Städtebundes Magnus G. W. Staak sprach sich gegen die Einführung von Widerspruchsausschüssen in Weisungsangelegenheiten aus, da dies zum einen dem monokratisch organisierten Behördenzug widerspreche, zum anderen das Verwaltungsverfahren unnötig in die Länge ziehe.[681] Der stellvertretende Geschäftsführer des Städtetages Bischoff schloss sich dieser ablehnenden

678 Kabinettsvorlage Nr. 234/77 vom 17.12.1977, S. 5.

679 Kabinettsvorlage Nr. 234/77 vom 17.12.1977, S. 7.

680 Niederschrift über die 55. (öffentliche) Sitzung des Innenausschusses des Schleswig-Holsteinischen Landtages am 01.06.1978, S. 12 ff.

681 Niederschrift über die 55. (öffentliche) Sitzung des Innenausschusses des Schleswig-Holsteinischen Landtages am 01.06.1978, S. 17 f., 27, 34 f.

Haltung an, weil nach seiner Auffassung durch die zwangsweise Einführung von Widerspruchsausschüssen die Organisationshoheit eingeschränkt werde.[682] Diese Diskussion wurde im Verlauf der weiteren Beratung des Innenausschusses des Öfteren wieder aufgenommen.[683] Die SPD-Fraktion stellte sogar einen Antrag auf Einrichtung von Widerspruchsausschüssen[684], gegen den das Innenministerium jedoch aufgrund der Erfahrungen mit bestehenden Widerspruchsausschüssen sowie aus rechtssystematischen und verwaltungspraktischen Gründen Stellung bezog[685] und der schließlich in der letzten Sitzung am 09.11.1978 mit Mehrheit abgelehnt wurde.[686]

Die endgültige Regelung der Zuständigkeit für die Widerspruchsentscheidung in der Novelle entsprach letztlich der Fassung des Regierungsentwurfs. Kurz vor Inkrafttreten des Änderungsgesetzes machte die Landesregierung dann auch von der ihr durch § 119 Abs. 2 LVwG eingeräumten Verordnungsermächtigung Gebrauch, indem sie am 21.03.1979 die Landesverordnung über die Zuständigkeit der obersten Landesbehörden für Widerspruchsbescheide erließ.[687]

b) Anpassung an den Musterentwurf eines einheitlichen Polizeigesetzes

Um die Voraussetzungen für eine Vereinheitlichung des Polizei- und Ordnungsrechts zu schaffen, verabschiedete die Innenministerkonferenz am 25.11.1977 den Musterentwurf eines einheitlichen Polizeigesetzes des Bundes und der Länder. Auf dieser Sitzung beschloss die Innenministerkonferenz, dass die Landesregierungen so bald wie möglich in ihren Parlamenten mit dem Musterentwurf übereinstimmende Gesetzentwürfe einbringen sollten.[688] Zwar äußerte sich das

---

682 Niederschrift über die 55. (öffentliche) Sitzung des Innenausschusses des Schleswig-Holsteinischen Landtages am 01.06.1978, S. 20, 36.

683 Niederschrift über die 57. Sitzung des Innenausschusses des Schleswig-Holsteinischen Landtages am 15.06.1978, S. 7 f.; Niederschrift über die 64. Sitzung des Innenausschusses des Schleswig-Holsteinischen Landtages am 19.10.1978, S. 9 f.; Niederschrift über die 67. Sitzung des Innenausschusses des Schleswig-Holsteinischen Landtages am 02.11.1978, S. 11 ff.

684 Umdruck 8/2729 vom 18.10.1978.

685 Umdruck 8/2765 vom 25.10.1978.

686 Niederschrift über die 68. Sitzung des Innenausschusses des Schleswig-Holsteinischen Landtages am 09.11.1978, S. 10.

687 Landesverordnung über die Zuständigkeit der obersten Landesbehörden für Widerspruchsbescheide (Zuständigkeitsverordnung für Widerspruchsbescheide – ZVO-WiBe –) vom 21.03.1979 (GVOBl. Schl.-H. S. 240).

688 *Heise/Riegel*, Musterentwurf eines einheitlichen Polizeigesetzes, S. 16.

Innenministerium in der Kabinettsvorlage dahingehend, dass die Anpassung der ordnungs- und vollzugsrechtlichen Regelungen des Landesverwaltungsgesetzes an den Musterentwurf vor allem aus politischen Gründen erforderlich sei. Allerdings müsse dem Bund zunächst Gelegenheit zur Neugestaltung des Verhältnisses zwischen Polizei- und Strafprozessrecht durch eine Änderung der Strafprozessordnung gegeben werden. Dies erfordere jedoch einen beträchtlichen Zeitaufwand, der zu einer Verzögerung der Abstimmung des Gesetzentwurfs mit den Verbänden und seiner Einbringung im Landtag führe, so dass die Verabschiedung des ganzen Gesetzes in der laufenden Wahlperiode keineswegs gewährleistet sei. Als weiteren Gesichtspunkt gegen die unmittelbare Übernahme des Musterentwurfs brachte das Innenministerium vor, dass sich die bestehenden ordnungs- und vollzugsrechtlichen Regelungen des Landesverwaltungsgesetzes als zweckmäßig und praktikabel erwiesen hätten und materiell-rechtlich bereits weitgehend dem Musterentwurf entsprächen.[689]

Letztendlich nahm der Landesgesetzgeber deshalb von der Überlegung einer Anpassung des polizei- und ordnungsrechtlichen Abschnitts an den Musterentwurf eines einheitlichen Polizeigesetzes des Bundes und der Länder Abstand.

IV. Zusammenfassung

Die Anpassung an das Verwaltungsverfahrensgesetz des Bundes durch das Gesetz zur Änderung des Landesverwaltungsgesetzes bedeutete zwar die erste weitreichende Umgestaltung des Landesverwaltungsgesetzes. Allerdings wurde das ursprüngliche Konzept aufrechterhalten und durch die Änderungen lediglich weiterentwickelt, um eine Vereinheitlichung mit den Verwaltungsverfahrensgesetzen des Bundes und der anderen Länder zu erreichen. Mit dem Änderungsgesetz unterstrich der schleswig-holsteinische Gesetzgeber somit nachdrücklich seinen Willen zur Rechtseinheit zwischen Bund und Ländern auf dem Gebiet des Verwaltungsverfahrensrechts. Die Verwaltungsreform in Bund und Ländern fand auf diese Weise auch in Schleswig-Holstein ihren Schlusspunkt.

---

689 Kabinettsvorlage Nr. 234/77 vom 17.12.1977, S. 7 f.

F. Wegbereiter des Landesverwaltungsgesetzes Schleswig-Holstein

Die für die Entstehung des Allgemeinen Verwaltungsgesetzes für das Land Schleswig-Holstein entscheidenden Persönlichkeiten stammten aus Regierung, Verwaltungspraxis und Wissenschaft. Trotz der insbesondere von Rechtsprechung und Literatur erhobenen Bedenken und Einwände setzten sie sich nachhaltig für eine Kodifikation von Verwaltungsverfahrensrecht und Allgemeinem Verwaltungsrecht ein. Darüber hinaus hatten sie einen wesentlichen Anteil an der Gesetzgebung im Bund und in Schleswig-Holstein und prägten – veranlasst durch ihre Vor- und Mitarbeit an Landesverwaltungsgesetz und Verwaltungsverfahrensgesetz des Bundes – die Literatur zu diesen Gesetzen auf längere Zeit.

I. Klaus von der Groeben (07.01.1902 – 23.01.2002)

Klaus von der Groeben wurde am 07.01.1902 als Sohn des ostpreußischen Gutsbesitzers Georg von der Groeben und dessen Frau Eva von Mirbach in Langheim/Ostpreußen geboren. Sein jüngerer Bruder war der Diplomat und Europapolitiker Hans von der Groeben. Im März 1919 legte Klaus von der Groeben zunächst die Reifeprüfung am Collegium Fridericianum in Königsberg ab, um anschließend Rechtswissenschaften an den Universitäten Königsberg, München, Berlin sowie Heidelberg zu studieren und im November 1924 das Erste Staatsexamen in Königsberg zu erlangen. Seine dreijährige Ausbildung zum höheren Verwaltungsbeamten beim Regierungspräsidenten in Hannover und beim Landrat des Kreises Hameln-Pyrmont schloss er im November 1928 mit der Großen Staatsprüfung für den höheren Verwaltungsdienst in Berlin ab. Als Regierungsassessor nahm er die Tätigkeit des Hilfsarbeiters bei den Landräten der Kreise Jerichow II und Neuhaldensleben wahr. 1932 trat er der NSDAP bei[690] und wurde zunächst an die Landstelle Königsberg und dann an das Landratsamt Lyck versetzt.[691]

1933 erfolgte seine Berufung zum Referenten im preußischen Innenministerium in Berlin. Danach übte Klaus von der Groeben von 1936 bis 1945 das Amt des Landrats in Ostpreußen aus, indem er 1936 zum Landrat des Kreises Königsberg und 1939 zum Landrat des neuen Kreises Samland ernannt wurde, den er

---

690 *Lehmann*, Kreisleiter der NSDAP in Schleswig-Holstein, S. 261.

691 LAS, Abt. 611 Nr. 3447; *von der Groeben*, Im Dienst für Staat und Gemeinschaft, S. 3 ff.; *von Unruh*, Die Verwaltung 2002, 289.

im April 1945 als einer der letzten Beamten Ostpreußens verließ. Während des Zweiten Weltkriegs arbeitete er zusätzlich von Oktober 1939 bis April 1940 als Landrat im Kreis Praschnitz, von Februar 1942 bis August 1942 als Personalreferent in der Verwaltung des Reichskommissariats Ukraine in Rowno und schließlich von Frühjahr 1943 bis September 1944 als Landratsverweser im Kreis Labiau.[692]

Nach zweieinhalbjähriger Internierung wegen Zugehörigkeit zum Korps der Politischen Leiter der NSDAP wurde Klaus von der Groeben im Oktober 1947 aus dem Internierungslager entlassen, weil er zur Zeit des Nationalsozialismus wiederholt seine Abscheu über die Kriegsverbrechen zum Ausdruck gebracht hatte und auch in seiner Amtsführung keinem Vorwurf ausgesetzt war.[693] Erst nach einer achtjährigen Unterbrechung seiner juristischen Laufbahn wurde er 1953 zum Geschäftsführer des Schleswig-Holsteinischen Landkreistages bestellt und 1956 zum Landrat des Kreises Stormarn gewählt. Nach seinem Wechsel in das schleswig-holsteinische Innenministerium übernahm er – zunächst als Ministerialdirektor, später als Staatssekretär – von August 1957 bis zu seinem Eintritt in den Ruhestand im Januar 1967 die Position des Amtschefs im Innenministerium.[694] In Würdigung und Anerkennung seiner großen Verdienste um das Land Schleswig-Holstein wurde er im Mai 1967 mit dem Großen Verdienstkreuz mit Stern ausgezeichnet.[695] Nach seiner Pensionierung war er von April 1967 bis März 1981 für die Treuhandverwaltung der mecklenburgischen Domänen im Kreis Herzogtum Lauenburg zuständig. Außerdem wurde ihm 1992 von der Christian-Albrechts-Universität zu Kiel die Ehrendoktorwürde verliehen. Kurz nach seinem 100. Geburtstag verstarb er am 23.01.2002 in Kiel.[696]

Als Landrat des Kreises Stormarn gehörte Klaus von der Groeben der vom Bundesminister des Innern im Herbst 1956 einberufenen Sachverständigenkommission für die Vereinfachung der Verwaltung und deren Unterkommission

---

692 LAS, Abt. 611 Nr. 3447; *von der Groeben*, Im Dienst für Staat und Gemeinschaft, S. 45 ff.; *von Unruh*, Die Verwaltung 2002, 289.

693 LAS, Abt. 611 Nr. 3447; *von der Groeben*, Im Dienst für Staat und Gemeinschaft, S. 139 ff.

694 Mitteilung Nr. 65/57 der Pressestelle der Landesregierung Schleswig-Holstein vom 23.02.1957, in: LAS, Abt. 611 Nr. 3447, Bl. 19.

695 Mitteilung der Pressestelle der Landesregierung Schleswig-Holstein vom 05.05.1967, in: LAS, Abt. 605 Nr. 13634; *von der Groeben*, Im Dienst für Staat und Gemeinschaft, S. 220 f.

696 LAS, Abt. 611 Nr. 3447; *von der Groeben*, Im Dienst für Staat und Gemeinschaft, S. 127 ff.; *von Unruh*, Die Verwaltung 2002, 289 ff.

III „Verwaltungsvereinfachung des Gemeindeverfassungs- und Organisationsrechts“ bis November 1957 an.[697] Bereits kurze Zeit nach seiner Berufung zum Amtschef des Innenministeriums des Landes Schleswig-Holstein konnte er seine theoretischen und praktischen Erfahrungen aus der Kommunalverwaltung in den sich den Problemen einer Verwaltungsreform widmendem Bericht des Innenministers an den Innenausschuss des Landtages von 1958 einfließen lassen.[698] Auf dem 43. Deutschen Juristentag 1960 in München hielt er das für die künftige Entwicklung einer Kodifikation des Verwaltungs- und Verwaltungsverfahrensrechts wegweisende Referat.[699] Darüber hinaus fand 1966 unter seinem Vorsitz die grundlegende Diskussion über das Landesverwaltungsgesetz auf der Klausurtagung in Tremsbüttel statt.[700] Schließlich wirkte er an den entscheidenden Sitzungen des Sonderausschusses Verwaltungsgesetz mit.[701] Zum Zeitpunkt der Verabschiedung des Landesverwaltungsgesetzes im März 1967 befand sich Klaus von der Groeben bereits seit zwei Monaten im Ruhestand.

II. Alfons Galette (28.09.1914 - 19.09.2006)

Alfons Galette wurde am 28.09.1914 in Straßburg geboren. Nach dem 1932 am Realgymnasium in Darmstadt erlangten Abitur nahm er das Studium der Rechtswissenschaften an der Universität Hamburg auf. Im März 1933 trat er der NSDAP und der SA bei.[702] Das Erste Juristische Staatsexamen legte er im Januar 1937 in Frankfurt am Main ab. Anschließend wurde er zum Gerichtsreferendar am Oberlandesgericht Darmstadt und im Oktober 1938 zum Regierungsreferendar beim Regierungspräsidenten in Schleswig ernannt. Nach seiner Einberufung zur Wehrmacht im August 1939 wurde er 1941 bei einem Fronteinsatz so schwer verwundet, dass er fortan oberschenkelamputiert war. Daraufhin setzte er seinen Vorbereitungsdienst fort, den er schließlich im März 1943 mit der Großen Staatsprüfung für den höheren Verwaltungsdienst in Berlin abschloss. In der Folgezeit

697 Bericht der Sachverständigenkommission für die Vereinfachung der Verwaltung, S. 141 f.; *Von der Groeben*, Im Dienst für Staat und Gemeinschaft, S. 173 f.; B. I. 5., S. 22 ff.

698 *Von der Groeben*, Im Dienst für Staat und Gemeinschaft, S. 191 ff.; D. II. 4., S. 80 ff.

699 *Von der Groeben*, Referat auf dem 43. Deutschen Juristentag, S. D 5 ff.; *Von der Groeben*, Im Dienst für Staat und Gemeinschaft, S. 196; *von Unruh*, Die Verwaltung 2002, 290 f.; B. I. 6. b), S. 26.

700 *Von der Groeben*, Im Dienst für Staat und Gemeinschaft, S. 197; D. III. 4., S. 95 ff.

701 *Von der Groeben*, Im Dienst für Staat und Gemeinschaft, S. 197; D. IV. 2., S. 109 ff.

702 LAS, Abt. 611 Nr. 4693, Bl. 18 f.; *Lehmann*, Kreisleiter der NSDAP in Schleswig-Holstein, S. 269.

übernahm er zunächst als Regierungsassessor und ab 1944 als Regierungsrat stellvertretend die Tätigkeit des Landrats des Kreises Plön.

Nach Kriegsende wurde Alfons Galette durch die Britische Militärregierung von diesem Amt entbunden[703] und für eineinhalb Jahre interniert.[704] 1948 promovierte er an der Christian-Albrechts-Universität zu Kiel mit einer Dissertation zum Thema „Die Neugestaltung des Verfassungsrechts der deutschen Landkreise in der britisch besetzten Zone".[705] Im selben Jahr trat er als Beamter in den Dienst des Landes Schleswig-Holstein ein und leitete im Innenministerium ab 1950 als Oberregierungsrat die Abteilung für Öffentliche Sicherheit und ab 1953 als Regierungsdirektor die Kommunalabteilung. 1956 wurde er zum Ministerialrat ernannt. Schließlich übte Alfons Galette von März 1961 bis April 1979 das Amt des Landrats des Kreises Plön aus. Kurz vor seinem 92. Geburtstag verstarb er am 19.09.2006 in Plön.[706]

Als Ministerialrat und Abteilungsleiter im Innenministerium leistete Alfons Galette gründliche Vorarbeit für den Bericht des Innenministers an den Innenausschuss des Landtages von 1958. Ihm kam dabei vor allem ein erheblicher Anteil an der Ausarbeitung der dem Bericht beigefügten Übersichtsskizze zu.[707] Auf dem 43. Deutschen Juristentag 1960 in München setzte er sich mit Nachdruck für eine Kodifikation des Allgemeinen Verwaltungsrechts ein, um dadurch eine Vereinfachung für Verwaltungspraxis und Bürger zu bewirken.[708] Bis März 1961 wirkte Alfons Galette zudem als Vertreter des Landes Schleswig-Holstein im Bund-Länder-Ausschuss mit.[709] Nach seinem Wechsel vom Innenministerium in den Kommunaldienst gehörte er als Vertreter des Landkreistages zunächst dem Arbeitskreis Landesverwaltungsgesetz an, der zur Abgabe einer gemeinsamen Stellungnahme der kommunalen Landesverbände gebildet worden war.[710] Außerdem nahm er 1966 aufseiten der Kommunen an der für die weitere

---

703 LAS, Abt. 611 Nr. 4694, Bl. 68.

704 LAS, Abt. 611 Nr. 4692, Bl. 16.

705 *Galette*, Die Neugestaltung des Verfassungsrechts der deutschen Landkreise in der britisch besetzten Zone.

706 LAS, Abt. 611 Nr. 4692, 4693, 4694; *Kreis Plön*, Verabschiedung von Landrat Dr. Galette am 12. April 1979, S. 3 f.; *Schleswig-Holsteinischer Landkreistag*, Mitteilungen des Schleswig-Holsteinischen Landkreistages 2/1979, 1.

707 D. II. 4. c), S. 83 f.

708 *Galette*, Verhandlungen des 43. DJT, Bd. II (Sitzungsberichte), S. D 82 ff.; B. I. 6. c), S. 26 ff.

709 EVwVerfG 1963, S. 54; B. III. 1., S. 36 ff.

710 D. III. 3., S. 93 ff.

Entwicklung des Landesverwaltungsgesetzes bedeutsamen Klausurtagung in Tremsbüttel teil.[711]

III. Hans Joachim Knack (29.06.1922 – 09.11.1987)

Hans Joachim Knack wurde am 29.06.1922 in Pyritz/Pommern geboren. Von 1932 bis 1940 besuchte er das Bismarck-Gymnasium in Pyritz. Nach bestandener Reifeprüfung studierte er 1942 für ein Jahr Wirtschaftswissenschaften an der Wirtschaftshochschule in Berlin. 1947 nahm er das Studium der Rechtswissenschaften an der Christian-Albrechts-Universität zu Kiel auf und legte 1950 die Erste Juristische Staatsprüfung ab. Dort promovierte Hans Joachim Knack 1952 mit einer Dissertation zum Thema „Die Tarifkonkurrenz".[712] 1954 absolvierte er die Große Juristische Staatsprüfung und trat anschließend in den höheren Verwaltungsdienst des Landes Schleswig-Holstein ein.[713] Als Regierungsdirektor nahm er zunächst die Tätigkeit des Referenten für Bundesratsangelegenheiten im schleswig-holsteinischen Innenministerium wahr. Im April 1961 trat er die Nachfolge des in den Kommunaldienst übergetretenen Alfons Galette als federführender Referent und Leiter der Gesetzgebungsabteilung IV 2 an.[714] Nach Verabschiedung des Landesverwaltungsgesetzes 1967 erfolgte seine Berufung zum Leiter der Verfassungsschutzabteilung. Schließlich wurde er 1977 zum Staatssekretär sowie zum Amtschef im Innenministerium des Landes Schleswig-Holstein ernannt und verstarb am 09.11.1987 im Amt.[715]

Hans Joachim Knack übernahm ab April 1961 die Vertretung des Landes Schleswig-Holstein im Bund-Länder-Ausschuss[716] und lenkte zugleich die Vorarbeiten für den Entwurf eines Landesverwaltungsgesetzes. Ihm kam somit die entscheidende Aufgabe zu, die gleichzeitig ablaufenden Gesetzgebungsvorhaben auf Bundes- und Landesebene zu koordinieren, die Zusammenarbeit der am Musterentwurf und an den Vorarbeiten für ein Landesverwaltungsgesetz mitwirkenden Referenten zu leiten sowie die zu den Entwürfen abgegebenen Stellungnahmen auszuwerten.[717] Demzufolge nahm er 1966 sowohl an der Klausurtagung

711 D. III. 4., S. 95 ff.

712 *Knack*, Die Tarifkonkurrenz, S. 101.

713 LAS, Abt. 786 Nr. 6609.

714 *Klappstein/von Unruh*, Rechtsstaatliche Verwaltung durch Gesetzgebung, S. 96 f.

715 LT-Drucksache 15/2502.

716 EVwVerfG 1963, S. 54; B. III. 1., S. 36 ff.

717 *Klappstein/von Unruh*, Rechtsstaatliche Verwaltung durch Gesetzgebung, S. 70.

in Tremsbüttel[718] als auch – gemeinsam mit Regierungsdirektor Karl-Robert Schwarze – an der zur „Münchener Fassung“ des Musterentwurfs führenden Tagung des Bund-Länder-Ausschusses in München teil.[719] Während des Gesetzgebungsverfahrens wirkte Hans Joachim Knack als Vertreter des Innenministeriums regelmäßig an den Sitzungen des Sonderausschusses Verwaltungsgesetz des Schleswig-Holsteinischen Landtages mit und trat dabei entschieden für die im Regierungsentwurf bisher vorgesehenen Regelungen ein.[720] Als Amtschef des Innenministeriums lenkte er schließlich 1978 die Anpassung des Landesverwaltungsgesetzes an das Verwaltungsverfahrensgesetz des Bundes.[721]

IV. Carl Hermann Ule (26.02.1907 – 16.05.1999)

Carl Hermann Ule wurde am 26.02.1907 in Stettin/Pommern geboren. Er studierte Rechts- und Staatswissenschaften an den Universitäten Freiburg im Breisgau, Berlin und Jena und legte 1929 am Gemeinschaftlichen Thüringischen Oberlandesgericht in Jena das Referendarexamen ab. Bereits 1930 promovierte er bei Otto Koellreutter an der Universität Jena mit einer Dissertation zum Thema „Über die Auslegung der Grundrechte“.[722] Nach absolviertem Assessorexamen arbeitete er von 1933 bis 1940 als Landgerichtsrat in Kiel und München. Anschließend versah er bis Kriegsende das Amt des Marinerichters.[723] Carl Hermann Ule trat 1938 der NSDAP bei[724] und setzte sich zur Zeit des Nationalsozialismus in mehreren Beiträgen im Reichsverwaltungsblatt sowie in seiner 1940 an der Universität München vorgelegten Habilitationsschrift „Herrschaft und Führung im nationalsozialistischen Reich“[725] für das Führerprinzip ein.[726]

Nach Rückkehr aus der Kriegsgefangenschaft wurde er zum Regierungsdirektor im Zentral-Justizamt für die Britische Zone in Hamburg ernannt und übte dort die Tätigkeit des Referenten für Öffentliches Recht aus. 1949 erfolgte dann seine Berufung zum Senatspräsidenten des Oberverwaltungsgerichts Lüneburg, dessen Vizepräsident er außerdem von 1951 bis 1955 war. In diesem Zeitraum

718 D. III. 4., S. 95 ff.
719 B. III. 3., S. 41 ff.
720 D. IV. 2., S. 109 ff.
721 E., S. 133 ff.
722 *Ule*, AöR N.F. 21 (1932), 37 ff.
723 *Ule*, Beiträge zur Rechtswirklichkeit im Dritten Reich, S. 11 ff., 140 ff.
724 *Ule*, Beiträge zur Rechtswirklichkeit im Dritten Reich, S. 31 f.
725 *Ule*, VerwArch 45 (1940), 193 ff., VerwArch 46 (1941), 1 ff.
726 *Klee*, Das Personenlexikon zum Dritten Reich, S. 635; *Seeliger*, Braune Universität, H. 3, S. 91 ff.

lehrte er darüber hinaus als Honorarprofessor an der Universität Göttingen. 1955 folgte Carl Hermann Ule einem Ruf als ordentlicher Professor auf den Lehrstuhl für Öffentliches Recht, insbesondere Allgemeines und Besonderes Verwaltungsrecht, an die Hochschule für Verwaltungswissenschaften Speyer, wo er insgesamt über 25 Jahre wirkte und dreimal das Amt des Rektors bekleidete. Zudem war er von 1956 bis 1971 im Nebenamt als Richter am Oberverwaltungsgericht Koblenz tätig. Nach seiner Emeritierung 1972 erhielt er 1973 seine Zulassung als Rechtsanwalt in Heidelberg, dozierte aber weiterhin bis 1981 an der Hochschule Speyer. Schließlich wurde ihm 1988 von der Keio-Universität zu Tokio die Ehrendoktorwürde verliehen. Carl Hermann Ule verstarb am 16.05.1999 in Heidelberg im 93. Lebensjahr.[727]

Carl Hermann Ule war bereits Mitglied der vom Bundesinnenminister im Jahre 1956 eingesetzten Sachverständigenkommission für die Vereinfachung der Verwaltung und übernahm dort den Vorsitz der Unterkommission II „Verwaltungsaufbau, Verwaltungsverfahren, Verwaltungsgerichtsbarkeit".[728] Seine Beiträge im Rahmen der Aussprache auf der Staatsrechtslehrertagung 1958 in Wien[729] und auf dem 43. Deutschen Juristentag 1960 in München[730], in denen er sich mit Nachdruck für eine Kodifikation des Verwaltungsrechts einsetzte, bildeten einen wesentlichen Anstoß für die Entwicklung einer einheitlichen Regelung des Verwaltungsverfahrens. Zudem wurde er als Gutachter zur Beurteilung des Musterentwurfs in der Fassung der ersten Lesung des Bund-Länder-Ausschusses herangezogen.[731] Carl Hermann Ule setzte sich aber nicht nur mit der bundesrechtlichen Regelung des Verwaltungsverfahrens auseinander, sondern bekundete auch sein Interesse an der gleichlaufenden Entwicklung im Lande Schleswig-Holstein, indem er 1966 als einer von vier Vertretern der Verwaltungswissenschaft an der Klausurtagung in Tremsbüttel teilnahm und sich dort ausdrücklich für ein Vorangehen Schleswig-Holsteins bei der Umsetzung des Musterentwurfs aussprach.[732]

---

727 *Hoppe*, DVBl. 1997, 201 f.; *Laubinger*, NJW 1997, 567 f.; *Laubinger*, NJW 1999, 2237; *Laubinger*, AöR 124 (1999), 503 ff.; *Merten*, DÖV 1999, 775 f.; *Merten*, NVwZ 1999, 1319.

728 Bericht der Sachverständigenkommission für die Vereinfachung der Verwaltung, S. 141 f.; B. I. 5., S. 22 ff.

729 *Ule*, VVDStRL 17 (1959), 224 f., 229 f., 234, 239 f.; B. I. 4. b), S. 19 ff.

730 *Ule*, Verhandlungen des 43. DJT, Bd. II (Sitzungsberichte), S. D 68 ff., D 91, D 143 f., D 147; B. I. 6. c), S. 26 ff.

731 B. III. 1., S. 36 ff.

732 D. III. 4., S. 95 ff.

V. Helmut Lemke (29.09.1907 – 15.04.1990)

Helmut Lemke genannt von Soltenitz wurde am 29.09.1907 als Sohn des Ingenieurchefs der Kaiserlichen Marine, Konteradmiral Franz Lemke, in Kiel geboren.[733] Von 1916 bis 1925 besuchte er dort das humanistische Gymnasium. Nach bestandenem Abitur studierte er Rechts- und Staatswissenschaften an den Universitäten Tübingen und Kiel und legte 1928 die Erste Juristische Staatsprüfung ab. Während seines Referendariats promovierte er 1929 bei Walter Jellinek an der Universität Heidelberg mit einer Dissertation zum Thema „Das preußisch-deutsche Problem in der Reichsreform".[734] 1932 trat er der NSDAP bei.[735] Im Anschluss an die Zweite Juristische Staatsprüfung wirkte er zunächst als Gerichtsassessor bei den Staatsanwaltschaften Kiel und Altona. In der Folge bekleidete er von 1933 bis 1937 das Amt des Bürgermeisters von Eckernförde. In dieser Funktion erklärte er anlässlich der Machtergreifung: „Wir Nationalsozialisten stehen auf dem Boden des Führerprinzips. Wir alle, jeder an seiner Statt, sind dazu aufgerufen, die Hammerschläge des Dritten Reiches auszuführen."[736] Von 1937 bis 1945 war er Bürgermeister in Schleswig. Im Zweiten Weltkrieg leistete er Kriegsdienst bei der Kriegsmarine – zuletzt als Oberleutnant zur See – und wurde nach Kriegsende beim Minenräumdienst eingesetzt.

1948 ließ er sich als Rechtsanwalt und Notar in der Hansestadt Lübeck nieder, dessen Senator und Zweiter Bürgermeister er von 1951 bis 1954 war. Helmut Lemke wurde 1954 zum Kultusminister und 1955 zum Innenminister des Landes Schleswig-Holstein ernannt. Nach der Berufung Kai-Uwe von Hassels zum Bundesminister der Verteidigung übernahm er 1963 als dessen Nachfolger das Amt des Ministerpräsidenten. Während seiner Amtszeit als Landesminister und als Ministerpräsident gehörte er dem Bundesrat an und übte von November 1966 bis Oktober 1967 das Amt des Bundesratspräsidenten aus. Dabei nahm er für vier Monate die Befugnisse des Bundespräsidenten gemäß Art. 57 GG wahr. Außerdem amtierte er von 1964 bis 1971 als Landesvorsitzender der CDU in Schleswig-Holstein. 1971 trat er als Ministerpräsident zurück und wurde in das

733 „Der Spiegel" 32/1963, 25.

734 *Lemke*, Das preußisch-deutsche Problem in der Reichsreform, S. 189.

735 LAS, Abt. 786 Nr. 11409, Bl. 20.

736 „Der Spiegel" 15/1969, 101; „Der Spiegel" 25/1969, 60; *Godau-Schüttke*, Die Heyde/Sawade-Affäre, S. 94.

Amt des Landtagspräsidenten gewählt, aus dem er erst 1983 ausschied. Helmut Lemke verstarb am 15.04.1990 im Alter von 82 Jahren in Lübeck.[737]

Helmut Lemke leistete insbesondere auf politischer Ebene wesentliche Beiträge zur Verwaltungsreform in Schleswig-Holstein und zur Entstehung des Landesverwaltungsgesetzes. Als Innenminister legte er bereits Anfang 1956 – kurz nach seinem Amtsantritt – dem Schleswig-Holsteinischen Landtag ausführlich den aktuellen Stand der Verwaltungsreform und -vereinfachung dar.[738] Sein zukunftsweisender Bericht an den Innenausschuss des Landtages von 1958 diente als Grundlage der Verwaltungsreform und enthielt zudem eine erste Übersichtsskizze eines Landesverwaltungsgesetzes.[739] Darüber hinaus setzte er den Innenausschuss des Landtages durch seinen Zwischenbericht von 1962 über die Probleme und den Stand der Vorarbeiten zu einem Landesverwaltungsgesetz in Kenntnis.[740]

VI. Hartwig Schlegelberger (09.11.1913 – 06.10.1997)

Hartwig Schlegelberger wurde am 09.11.1913 in Berlin geboren. Sein Vater Franz Schlegelberger übte zur Zeit des Nationalsozialismus das Amt des Staatssekretärs im Reichsjustizministerium aus und wurde 1947 im Nürnberger Juristenprozess zu lebenslanger Haft verurteilt, aus der er 1951 wegen Haftunfähigkeit entlassen wurde.[741]

Hartwig Schlegelberger studierte nach dem 1933 am Humanistischen Gymnasium in Berlin-Friedenau absolvierten Abitur Rechts- und Staatswissenschaften an den Universitäten Tübingen und Berlin und legte im Oktober 1936 die Erste Juristische Staatsprüfung und im Oktober 1940 die Zweite Juristische Staatsprüfung ab. Ein Jahr später promovierte er an der Universität Tübingen mit einer Dissertation zum Thema „Die Rechtsgrundlage des Vertrauensschutzes im Handelsrecht".[742]

---

737 LAS, Abt. 605 Nr. 4308; LAS, Abt. 786 Nr. 11409; *Barschel/Jürgensen/Wuttke*, Reden, Ansprachen, Gedanken 1954–1983, S. 11 ff.; *Barschel*, Festschrift für Helmut Lemke zum 70. Geburtstag, S. 211 f.; *Hansen*, Ein Leben für unser Land, S. 1 ff.; *Klee*, Das Personenlexikon zum Dritten Reich, S. 538 f.

738 D. II. 3., S. 76 ff.

739 D. II. 4., S. 80 ff.

740 D. II. 5., S. 84 ff.

741 *Wulff*, Staatssekretär Prof. Dr. Dr. h.c. Franz Schlegelberger.

742 *Schlegelberger*, Die Rechtsgrundlage des Vertrauensschutzes im Handelsrecht.

Von 1943 bis 1945 war er als Oberstabsrichter am Gericht der Kriegsmarine in Berlin eingesetzt. Als Vertreter der Anklage wirkte er an der Verfolgung und Beurteilung wehrkraftzersetzenden Verhaltens mit.[743] Vor dem Hintergrund dieser Tätigkeit beauftragte Ministerpräsident Helmut Lemke 1963 den Ministerialdirigenten Neumann-Silkow mit der Einsichtnahme in die Akten des Gerichts der Kriegsmarine in Berlin und stellte nach deren Überprüfung klar, dass Hartwig Schlegelberger weder als Marinerichter noch als Vertreter der Anklage gegen die Grundsätze der Rechtsstaatlichkeit und Menschlichkeit verstoßen habe, sondern vielmehr an die damals geltende Gesetzeslage gebunden gewesen sei. Weder diese Akten noch weitere Ende der 80er Jahre bekanntgewordene Akten führten zur Eröffnung eines Ermittlungsverfahrens durch die Staatsanwaltschaft Kiel.[744]

Nach Kriegsende und Entlassung aus britischer Kriegsgefangenschaft im Juli 1946 arbeitete Hartwig Schlegelberger zunächst als Angestellter im Kreiswohlfahrtsamt Flensburg und ab 1950 als Kreissyndikus des Kreises Flensburg. 1954 – ein Jahr nach seinem Beitritt zur CDU – folgte die Ernennung zum Landrat des Landkreises Flensburg. Im Schleswig-Holsteinischen Landtag vertrat er als direkt gewählter Abgeordneter seit 1958 die Interessen des Wahlkreises Flensburg-Ost. Im November 1961 wurde er zum Finanzminister im zweiten Kabinett von Ministerpräsident Kai-Uwe von Hassel berufen. Nachdem Helmut Lemke als dessen Nachfolger zum Ministerpräsidenten gewählt worden war, übernahm Hartwig Schlegelberger im Mai 1963 das Amt des Innenministers und zugleich das des stellvertretenden Ministerpräsidenten. Im Anschluss an die Landtagswahl schied er im Mai 1971 aus dem Amt aus, das anschließend Rudolf Titzck wahrnahm. Von 1971 bis 1979 bekleidete Hartwig Schlegelberger das Amt des Vorstandsvorsitzenden der Landesbank und Girozentrale Schleswig-Holstein. Zuletzt war er Vizepräsident des Deutschen Roten Kreuzes und dessen Präsident in Schleswig-Holstein und Berlin, bevor er 1995 nach Vorwürfen über seine NS-Vergangenheit aus gesundheitlichen Gründen seinen Rücktritt erklärte. Als Träger des Großen Verdienstkreuzes mit Stern und Schulterband[745] verstarb Hartwig Schlegelberger am 06.10.1997 in Flintbek im 84. Lebensjahr.[746]

---

743 *Peschel-Gutzeit*, Das Nürnberger Juristen-Urteil von 1947, S. 29.

744 Mitteilung Nr. 171/63 der Pressestelle der Landesregierung Schleswig-Holstein vom 28.05.1963, in: LAS, Abt. 611 Nr. 11258, Bl. 41 f.

745 Mitteilung Nr. 22/74 der Presse- und Informationsstelle der Landesregierung Schleswig-Holstein vom 08.02.1974, in: LAS, Abt. 605 Nr. 15385.

746 Mitteilung der Pressestelle der Landesregierung Schleswig-Holstein vom 02.11.1961, in: LAS, Abt. 611 Nr. 11258; LAS, Abt. 611 Nr. 11259; LAS, Abt. 786 Nr. 11766; *Bästlein*,

Hartwig Schlegelberger übernahm ab 1963 als Innenminister die Aufgabe seines Vorgängers Helmut Lemke, das Landesverwaltungsgesetz Schleswig-Holstein auf politischer Ebene in absehbarer Zeit zur Verabschiedung zu bringen. Zu diesem Zweck nahm er unter anderem 1966 an der Klausurtagung in Tremsbüttel teil.[747] Vor allem leistete Hartwig Schlegelberger aber wesentliche Beiträge im Rahmen der Beratung des Landesverwaltungsgesetzes im Landtag. So machte er zu Beginn der ersten Lesung umfangreiche Ausführungen zur Notwendigkeit einer derartigen Kodifikation.[748] Weiterhin wirkte er an drei Sitzungen des Sonderausschusses Verwaltungsgesetz[749] und an der zweiten Lesung im Landtag mit.[750]

VII. Zusammenfassung

Aus den Biographien der Wegbereiter des Landesverwaltungsgesetzes geht hervor, dass die Mehrheit von ihnen eine nationalsozialistische Vergangenheit aufwies: So gehörten Klaus von der Groeben, Alfons Galette, Carl Hermann Ule sowie Helmut Lemke der NSDAP an und auch Hartwig Schlegelberger wirkte zur Zeit des Nationalsozialismus als Oberstabsrichter am Gericht der Kriegsmarine Berlin. Den aufgeführten Juristen gelang es jedoch, diese Vorwürfe zu entkräften, indem sie entweder ihre bereits während des Dritten Reichs offenbarte ablehnende Haltung gegenüber dem Nationalsozialismus nachweisen konnten oder nach Kriegsende einen Gesinnungswandel – weg von einer nationalsozialistischen und hin zu einer demokratischen Denkweise – vollzogen. Über die Tätigkeit dieser Juristen zur Zeit des Dritten Reichs waren wenige Informationen bekannt, über die Jahre trat jedoch teilweise belastendes Material zutage, das Zweifel an ihrer Glaubwürdigkeit aufkommen ließ.

Die Wegbereiter eines Landesverwaltungsgesetzes Schleswig-Holstein fanden nach Kriegsende und teilweise nach Kriegsgefangenschaft ein Refugium in Schleswig-Holstein. In diesem kleinen Bundesland kamen nach 1945 die verwaltungsrechtlichen Kompetenzen zusammen, ohne die der Aufbau der schleswig-holsteinischen Verwaltung und die Entstehung des Landesverwaltungsgesetzes nicht in dieser Art und Weise vorangetrieben worden wären. Sie wussten durch

---

Der Fall Hartwig Schlegelberger, Grenzfriedenshefte 2008, 289 ff.; *Klee*, Das Personenlexikon zum Dritten Reich, S. 538 f.

747 D. III. 4., S. 95 ff.

748 D. IV. 1. b), S. 103 ff.

749 D. IV. 2., S. 109 ff.

750 D. IV. 3. a), S. 126 ff.

ihre große Verwaltungserfahrung, ihre Redegewandtheit sowie ihre fachliche Eignung die Gegner einer Kodifikation von der Richtigkeit des eingeschlagenen Weges zu überzeugen. In diesem Zusammenhang ist insbesondere der „Vater" des Landesverwaltungsgesetzes, Hans Joachim Knack, hervorzuheben, der die anderen Träger der Entwicklung für die Idee einer Kodifizierung des Allgemeinen Verwaltungsrechts gewinnen und selbst maßgeblich zur Verabschiedung des Gesetzgebungswerks beitragen konnte.

G. Die Bedeutung des Landesverwaltungsgesetzes Schleswig-Holstein

Die Besonderheit des Landesverwaltungsgesetzes Schleswig-Holstein besteht darin, dass der schleswig-holsteinische Gesetzgeber nicht nur das Verwaltungsverfahrensrecht regelte, sondern daneben auch weitere Sachgebiete in das Gesetz einbezog. Denn im Gegensatz zu den Verwaltungsverfahrensgesetzen des Bundes und der anderen Länder umfasst das Landesverwaltungsgesetz Schleswig-Holstein zusätzlich das Organisationsrecht, das Zustellungsrecht, das Polizei- und Ordnungsrecht sowie das Verwaltungsvollstreckungsrecht einschließlich der Ausübung unmittelbaren Zwangs. Trotz des beträchtlichen Regelungsumfangs stellt das Landesverwaltungsgesetz aber keine umfassende Gesamtkodifikation des Verwaltungsrechts dar, weil Gebiete wie das Sozialrecht, das Ordnungswidrigkeitenrecht, das Abgabenrecht und das Schulrecht weiterhin in Einzelgesetzen festgelegt sind.[751]

Die Analyse der Bedeutung des somit als Teilkodifikation zu bezeichnenden Landesverwaltungsgesetzes Schleswig-Holstein bedarf der Betrachtung unter verschiedenen Gesichtspunkten. Denn zum einen ging mit der erstmaligen Kodifikation des Verwaltungsverfahrensrechts eine Konkretisierung des Verfassungsrechts einher, die durch das Vorangehen Schleswig-Holsteins bei der Umsetzung des Musterentwurfs auch in erheblichem Umfang die Verwaltungsverfahrensgesetze des Bundes und der anderen Länder prägte. Zum anderen bildet die Kodifikation aufgrund der ihr innewohnenden Funktionen den Kern des schleswig-holsteinischen Landesrechts.

I. Das Verwaltungsverfahrensrecht als konkretisiertes Verfassungsrecht

Das Verwaltungsverfahrensrecht ist ebenso wie das materielle „Verwaltungsrecht als konkretisiertes Verfassungsrecht“[752] aufzufassen.[753] Zwar enthält das Grundgesetz keine ausdrücklichen Regelungen für das Verwaltungsverfahren,

751 *Friedersen*, in: Foerster/Friedersen/Rohde, LVwG, § 1 S. 97 f.

752 *Werner*, DVBl. 1959, 527 ff.

753 *Kopp*, Verfassungsrecht und Verwaltungsverfahrensrecht, S. 5; *Ule/Becker*, Verwaltungsverfahren im Rechtsstaat, S. 4.

aber eine Vielzahl an verfahrensrechtlichen Punkten – vor allem die Verfahrensgrundsätze – werden entscheidend vom Verfassungsrecht beeinflusst.[754] Darüber hinaus lässt sich eine Reihe von Rechten des Bürgers gegenüber der Verwaltung aus den Grundrechten und den Verfassungsprinzipien herleiten.[755]

1. Grundrechte im Verwaltungsverfahren

Zu den sich entscheidend auf das Verwaltungsverfahren auswirkenden Grundrechten gehören der Grundsatz der Menschenwürde, das Gebot effektiven Rechtsschutzes, der Gleichheitssatz, die Freiheitsgrundrechte und die kommunale Selbstverwaltungsgarantie.

a) Menschenwürde

Aufgrund der Verpflichtung zur Achtung und zum Schutz der Menschenwürde muss ein Verwaltungsverfahren so ausgestaltet sein, dass die Würde des Einzelnen hinreichend berücksichtigt und der Bürger nicht zum bloßen Objekt hoheitlichen Handelns gemacht wird.[756] Deshalb fordert Art. 1 Abs. 1 GG für ein derartiges Verwaltungsverfahren als wichtigste Grundlage, dass der von einer Verwaltungsentscheidung Betroffene als Partei am Verfahren teilnehmen und seine Rechte geltend machen kann.[757]

In diesem Zusammenhang ist insbesondere das Recht der Beteiligten auf rechtliches Gehör von erheblicher Bedeutung. Denn die Würde der Person verlangt, „daß über ihr Recht nicht kurzerhand von Obrigkeits wegen verfügt wird; der einzelne soll nicht nur Objekt der richterlichen Entscheidung sein, sondern er soll vor einer Entscheidung, die seine Rechte betrifft, zu Wort kommen, um Einfluß auf das Verfahren und sein Ergebnis nehmen zu können".[758] Dieser für das gerichtliche Verfahren aufgestellte Grundsatz gilt auch für das Verwaltungsverfahren, da der Betroffene auch hier als Subjekt des Verfahrens anerkannt

---

754 *Ule/Becker*, Verwaltungsverfahren im Rechtsstaat, S. 4.

755 *Klappstein/von Unruh*, Rechtsstaatliche Verwaltung durch Gesetzgebung, S. 178.

756 BVerfG, Entscheidung vom 16.07.1969 – 1 BvL 19/63 –, BVerfGE 27, 1, 6; BVerfG, Urteil vom 21.06.1977 – 1 BvL 14/76 –, BVerfGE 45, 187, 228; BVerfG, Urteil vom 15.02.2006 – 1 BvR 357/05 –, BVerfGE 115, 118, 153; *Held*, Der Grundrechtsbezug des Verwaltungsverfahrens, S. 131; *Kopp*, Verfassungsrecht und Verwaltungsverfahrensrecht, S. 16; *Sachs*, in: Sachs, GG, Art. 1 Rn. 15 f.; *Wittinger*, in: Obermayer/Funke-Kaiser, VwVfG, Einl. Rn. 62.

757 *Hill*, Das fehlerhafte Verfahren, S. 200; *Kopp*, Verfassungsrecht und Verwaltungsverfahrensrecht, S. 21 f.

758 BVerfG, Beschluss vom 08.01.1959 – 1 BvR 396/55 –, BVerfGE 9, 89, 95.

werden muss.[759] Der Gewährleistung des Rechts auf Gehör dient dabei das Recht auf Akteneinsicht, damit der Bürger überhaupt von der Entscheidungsgrundlage Kenntnis erlangen kann.[760] Schließlich ergibt sich aus Art. 1 Abs. 1 GG die Pflicht der Verwaltung zur Begründung ihrer Entscheidung.[761]

b) Effektiver Rechtsschutz

Der unmittelbar nur für das gerichtliche Verfahren geltende Art. 19 Abs. 4 GG garantiert dem Bürger den Rechtsweg zu den Gerichten gegen Akte der öffentlichen Gewalt. Allerdings ergeben sich mittelbar Vorwirkungen für die Ausgestaltung des dem gerichtlichen Rechtsschutzverfahren vorgelagerten Verwaltungsverfahrens, um dem Zweck des Art. 19 Abs. 4 GG in genügender Weise Rechnung tragen zu können.[762] Aufgrund dessen darf das Verwaltungsverfahren den gerichtlichen Rechtsschutz weder vereiteln noch unzumutbar erschweren. Daraus gehen insbesondere die Anforderungen an das Verhalten der Verwaltungsbehörde im Verwaltungsverfahren hervor.[763]

Als wesentliche Folgerung aus Art. 19 Abs. 4 GG muss zunächst die Verpflichtung der Verwaltung zur Begründung ihrer belastenden Entscheidungen angesehen werden, um zum einen dem Bürger eine Grundlage für die Entscheidung über eine mögliche Klagerhebung und -begründung zu schaffen und zum anderen den Gerichten die effektive Kontrolle der Verwaltungsentscheidungen zu

---

759 *Grünewald*, in: Obermayer/Funke-Kaiser, VwVfG, § 28 Rn. 2; *Held*, Der Grundrechtsbezug des Verwaltungsverfahrens, S. 131 f.; *Kallerhoff*, in: Stelkens/Bonk/Sachs, VwVfG, § 28 Rn. 2; *Kopp*, Verfassungsrecht und Verwaltungsverfahrensrecht, S. 30 ff.; *Kopp/Ramsauer*, VwVfG, § 28 Rn. 3; *Wittinger*, in: Obermayer/Funke-Kaiser, VwVfG, Einl. Rn. 62; a.A. *Ule/Laubinger*, Verwaltungsverfahrensrecht, § 1 Rn. 7.

760 *Grünewald*, in: Obermayer/Funke-Kaiser, VwVfG, § 29 Rn. 3; *Kallerhoff*, in: Stelkens/Bonk/Sachs, VwVfG, § 29 Rn. 4; *Kopp*, Verfassungsrecht und Verwaltungsverfahrensrecht, S. 54; *Kopp/Ramsauer*, VwVfG, § 29 Rn. 2; *Wittinger*, in: Obermayer/Funke-Kaiser, VwVfG, Einl. Rn. 62.

761 *Kopp*, Verfassungsrecht und Verwaltungsverfahrensrecht, S. 47 ff.; *Kopp/Ramsauer*, VwVfG, § 39 Rn. 5a; *Ruffert*, in: Knack/Henneke, VwVfG, § 39 Rn. 7; a.A. *Müller-Ibold*, Die Begründungspflicht, S. 148 f.; *Stuhlfauth*, in: Obermayer/Funke-Kaiser, VwVfG, § 39 Rn. 6.

762 BVerfG, Beschluss vom 08.07.1982 – 2 BvR 1187/80 –, BVerfGE 61, 82, 110; *Kopp*, Verfassungsrecht und Verwaltungsverfahrensrecht, S. 149.

763 BVerfG, Beschluss vom 08.07.1982 – 2 BvR 1187/80 –, BVerfGE 61, 82, 110; BVerfG, Urteil vom 24.04.1985 – 2 BvF 2/83, 2 BvF 3/83, 2 BvF 4/83, 2 BvF 2/84 –, BVerfGE 69, 1, 49; *Jarass*, in: Jarass/Pieroth, GG, Art. 19 Rn. 72; *Sachs*, in: Sachs, GG, Art. 19 Rn. 140.

ermöglichen.[764] Außerdem gebietet Art. 19 Abs. 4 GG die Gewährung von Akteneinsicht oder Auskunftserteilung im Hinblick auf die für einen effektiven Rechtsschutz benötigten Informationen.[765] In diesem Zusammenhang muss auch auf das verwaltungsbehördliche Erfordernis hingewiesen werden, alle maßgeblichen Verfahrensvorgänge aktenkundig zu machen.[766] Unter verfassungsrechtlichen Gesichtspunkten besteht jedoch keine Pflicht der Verwaltung zur Erteilung einer Rechtsbehelfsbelehrung.[767]

Schließlich wirkt sich das Gebot effektiven Rechtsschutzes auf die gerichtliche Kontrolldichte dergestalt aus, dass grundsätzlich ein Anspruch auf vollständige Kontrolle der angefochtenen Verwaltungsentscheidungen durch die Gerichte in rechtlicher und tatsächlicher Hinsicht besteht.[768] Im Rahmen seiner Ausgestaltungsbefugnis kann der Gesetzgeber jedoch ausnahmsweise die gerichtliche Kontrolldichte durch die Einräumung von Gestaltungs-, Ermessens- und Beurteilungsspielräumen reduzieren.[769]

---

764 BVerfG, Urteil vom 20.02.2001 – 2 BvR 1444/00 –, BVerfGE 103, 142, 160 f.; BVerwG, Urteil vom 05.12.1986 – 4 C 13/85 –, BVerwGE 75, 214, 239; *Bredemeier*, Kommunikative Verfahrenshandlungen, S. 288 f.; *Held*, Der Grundrechtsbezug des Verwaltungsverfahrens, S. 41 f.; *Jarass*, in: Jarass/Pieroth, GG, Art. 19 Rn. 74; *Kopp*, Verfassungsrecht und Verwaltungsverfahrensrecht, S. 159 ff.; *Kopp/Ramsauer*, VwVfG, § 39 Rn. 5a; *Müller-Ibold*, Die Begründungspflicht, S. 144 f.; *Ruffert*, in: Knack/Henneke, VwVfG, § 39 Rn. 7; *Sachs*, in: Sachs, GG, Art. 19 Rn. 143a; *Schmidt-Aßmann*, in: Maunz/Dürig, GG, Art. 19 Abs. 4 Rn. 254; *Stuhlfauth*, in: Obermayer/Funke-Kaiser, VwVfG, § 39 Rn. 4; *U. Stelkens*, in: Stelkens/Bonk/Sachs, VwVfG, § 39 Rn. 2.

765 *Bredemeier*, Kommunikative Verfahrenshandlungen, S. 289 f.; *Held*, Der Grundrechtsbezug des Verwaltungsverfahrens, S. 42; *Jarass*, in: Jarass/Pieroth, GG, Art. 19 Rn. 73a; *Kopp*, Verfassungsrecht und Verwaltungsverfahrensrecht, S. 156 f.; *Schmidt-Aßmann*, in: Maunz/Dürig, GG, Art. 19 Abs. 4 Rn. 256.

766 BVerfG, Urteil vom 20.02.2001 – 2 BvR 1444/00 –, BVerfGE 103, 142, 160; *Kopp*, Verfassungsrecht und Verwaltungsverfahrensrecht, S. 157 f.; *Schmidt-Aßmann*, in: Maunz/Dürig, GG, Art. 19 Abs. 4 Rn. 255.

767 *Jarass*, in: Jarass/Pieroth, GG, Art. 19 Rn. 74; *Schmidt-Aßmann*, in: Maunz/Dürig, GG, Art. 19 Abs. 4 Rn. 257.

768 BVerfG, Beschluss vom 27.10.1999 – 1 BvR 385/90 –, BVerfGE 101, 106, 123; BVerfG, Beschluss vom 31.05.2011 – 1 BvR 857/07 –, BVerfGE 129, 1, 20; *Jarass*, in: Jarass/Pieroth, GG, Art. 19 Rn. 67; *Kopp*, Verfassungsrecht und Verwaltungsverfahrensrecht, S. 149; *Sachs*, in: Sachs, GG, Art. 19 Rn. 145; *Schmidt-Aßmann*, in: Maunz/Dürig, GG, Art. 19 Abs. 4 Rn. 183.

769 BVerfG, Beschluss vom 08.07.1982 – 2 BvR 1187/80 –, BVerfGE 61, 82, 111; BVerfG, Beschluss vom 16.12.1992 – 1 BvR 167/87 –, BVerfGE 88, 40, 56; *Held*, Der Grundrechtsbezug des Verwaltungsverfahrens, S. 42 ff.; *Jarass*, in: Jarass/Pieroth, GG, Art. 19

c) *Gleichheitssatz*

Der Grundsatz der Gleichbehandlung der Bürger findet auch im Verwaltungsverfahren Anwendung.[770] Aus diesem Grundsatz geht sowohl das Gebot der Rechtssetzungsgleichheit – Gleichheit des Gesetzes – als auch das der Rechtsanwendungsgleichheit – Gleichheit vor dem Gesetz – hervor. Während die Verwaltung das Gebot der Rechtssetzungsgleichheit beim Erlass von Rechtsverordnungen und Satzungen zu berücksichtigen hat[771], erfährt das Gebot der Rechtsanwendungsgleichheit eine Konkretisierung durch den Grundsatz der Selbstbindung der Verwaltung, der im Ermessensbereich zur Bindung an Verwaltungsvorschriften führt.[772] Demgegenüber kann eine Waffengleichheit im Verhältnis zwischen Verwaltung und Bürger nicht aus dem Gleichheitssatz hergeleitet werden, weil der Behörde im Verwaltungsverfahren die Entscheidungsbefugnis obliegt und dadurch stets eine Ungleichheit zwischen ihr und dem Betroffenen besteht.[773]

d) *Freiheitsgrundrechte*

Die Freiheitsgrundrechte wirken sich unmittelbar auf den Inhalt, die Gestaltung, die Auslegung und die Anwendung des Verwaltungsverfahrens aus.[774] Ein effektiver Grundrechtsschutz darf nicht erst im gerichtlichen Verfahren gewährleistet

---

Rn. 69; *Kopp*, Verfassungsrecht und Verwaltungsverfahrensrecht, S. 151 f.; *Sachs*, in: Sachs, GG, Art. 19 Rn. 146.

770 *Bredemeier*, Kommunikative Verfahrenshandlungen, S. 291 f.; *Kopp*, Verfassungsrecht und Verwaltungsverfahrensrecht, S. 166 ff.; *Kopp/Ramsauer*, VwVfG, Einf. I Rn. 18.

771 BVerfG, Beschluss vom 23.06.1981 – 2 BvR 1067/80 –, BVerfGE 58, 68, 79; BVerfG, Beschluss vom 26.02.1985 – 2 BvL 17/83 –, BVerfGE 69, 150, 159 f.; *Jarass*, in: Jarass/Pieroth, GG, Art. 3 Rn. 34; *Wittinger*, in: Obermayer/Funke-Kaiser, VwVfG, Einl. Rn. 64.

772 BVerwG, Urteil vom 08.04.1997 – 3 C 6/95 –, BVerwGE 104, 220, 223; BVerwG, Urteil vom 11.05.2006 – 5 C 10/05 –, BVerwGE 126, 33, 46 f.; *Dürig/Scholz*, in: Maunz/Dürig, GG, Art. 3 Abs. 1 Rn. 428 ff.; *Held*, Der Grundrechtsbezug des Verwaltungsverfahrens, S. 137 f.; *Jarass*, in: Jarass/Pieroth, GG, Art. 3 Rn. 35 f.; *Kopp*, Verfassungsrecht und Verwaltungsverfahrensrecht, S. 170 ff.; *Wittinger*, in: Obermayer/Funke-Kaiser, VwVfG, Einl. Rn. 64.

773 *Bredemeier*, Kommunikative Verfahrenshandlungen, S. 292; *Held*, Der Grundrechtsbezug des Verwaltungsverfahrens, S. 140 f.; a.A. *Kopp*, Verfassungsrecht und Verwaltungsverfahrensrecht, S. 172 ff.

774 *Bredemeier*, Kommunikative Verfahrenshandlungen, S. 305 f.; *Jarass*, in: Jarass/Pieroth, GG, Vorb. vor Art. 1 Rn. 11; *Kopp/Ramsauer*, VwVfG, Einf. I Rn. 19 f.; *Sachs*, in: Sachs, GG, Vor Art. 1 Rn. 34; *Schmitz*, in: Stelkens/Bonk/Sachs, VwVfG,

werden, sondern muss sich auch auf das Verwaltungsverfahren erstrecken. Der für diesen Ansatz wegweisende Mülheim-Kärlich-Beschluss vom 20.12.1979[775] enthält zwei wesentliche Aussagen über das Verhältnis zwischen Grundrechten und Verwaltungsverfahren: Die Grundrechte setzen einerseits als Grundrechtsschutz durch Verfahren „Maßstäbe für eine den Grundrechtsschutz effektuierende Organisationsgestaltung und Verfahrensgestaltung" und andererseits als Grundrechtsschutz im Verfahren „Maßstäbe [...] für eine grundrechtsfreundliche Anwendung vorhandener Verfahrensvorschriften".[776]

Der Grundrechtsschutz durch Verfahren wurde zwar von der Rechtsprechung aus der Eigentumsgarantie des Art. 14 Abs. 1 GG[777] entwickelt und später auf die Grundrechte des Art. 12 Abs. 1 GG[778], Art. 2 Abs. 2 GG[779] sowie Art. 16 Abs. 2 Satz 2 GG a.F.[780] übertragen. Allerdings beschränkt sich der Grundrechtsschutz durch Verfahren nicht nur auf die genannten einzelnen Grundrechte, sondern gilt übergreifend für alle Grundrechte als quer liegende Funktion.[781]

Vor diesem Hintergrund folgt aus den materiellen Grundrechten in erster Linie ein Recht auf Anhörung der betroffenen Bürger.[782] Darüber hinaus gebietet der Grundrechtsschutz in Ergänzung des Anhörungsrechts ein Recht auf Akteneinsicht, da dem Betroffenen in der Regel eine effektive Wahrnehmung

---

§ 1 Rn. 45 ff.; *Ule/Laubinger*, Verwaltungsverfahrensrecht, § 1 Rn. 12 f.; *Wittinger*, in: Obermayer/Funke-Kaiser, VwVfG, Einl. Rn. 59, 65.

775 BVerfG, Beschluss vom 20.12.1979 – 1 BvR 385/77 –, BVerfGE 53, 30.

776 BVerfG, Beschluss vom 14.05.1985 – 1 BvR 233/81, 1 BvR 341/81 –, BVerfGE 69, 315, 355; BVerfG, Beschluss vom 20.12.1979 – 1 BvR 385/77 –, BVerfGE 53, 30, 65 f.; *Papier*, in: Maunz/Dürig, GG, Art. 14 Rn. 48; *Schmitz*, in: Stelkens/Bonk/Sachs, VwVfG, § 1 Rn. 45.

777 BVerfG, Beschluss vom 23.04.1974 – 1 BvR 6/74, 1 BvR 2270/73 –, BVerfGE 37, 132, 141, 148; BVerfG, Beschluss vom 07.12.1977 – 1 BvR 734/77 –, BVerfGE 46, 325, 334; BVerfG, Beschluss vom 27.09.1978 – 1 BvR 361/78 –, BVerfGE 49, 220, 225.

778 BVerfG, Beschluss vom 02.03.1977 – 1 BvR 124/76 –, BVerfGE 44, 105, 119 ff.; BVerfG, Beschluss vom 06.07.1977 – 1 BvR 3/77 –, BVerfGE 45, 422, 430 ff.

779 BVerfG, Beschluss vom 19.06.1979 – 2 BvR 1060/78 –, BVerfGE 51, 324, 346 f.; BVerfG, Beschluss vom 03.10.1979 – 1 BvR 614/79 –, BVerfGE 52, 214, 219; BVerfG, Beschluss vom 20.12.1979 – 1 BvR 385/77 –, BVerfGE 53, 30, 65 f.

780 BVerfG, Beschluss vom 14.11.1979 – 1 BvR 654/79 –, BVerfGE 52, 391, 407 f.

781 *Bredemeier*, Kommunikative Verfahrenshandlungen, S. 298, 306 f.; *Jarass*, in: Jarass/Pieroth, GG, Vorb. vor Art. 1 Rn. 12; *Papier*, in: Maunz/Dürig, GG, Art. 14 Rn. 47.

782 *Bredemeier*, Kommunikative Verfahrenshandlungen, S. 309 f., 315; *Grünewald*, in: Obermayer/Funke-Kaiser, VwVfG, § 28 Rn. 2; *Kopp/Ramsauer*, VwVfG, § 28 Rn. 3; *Laubinger*, VerwArch 73 (1982), 74; *Ritgen*, in: Knack/Henneke, VwVfG, § 28 Rn. 13.

seiner Interessen ohne Kenntnis der Akten nicht möglich ist.[783] Als zwingende Folgerung aus dem Grundsatz des Grundrechtsschutzes durch Verfahren lässt sich schließlich eine Pflicht zur Begründung aus den jeweils betroffenen Grundrechten herleiten.[784]

e) *Kommunale Selbstverwaltungsgarantie*

Die in Art. 28 Abs. 2 Satz 1 GG verankerte kommunale Selbstverwaltungsgarantie gewährleistet den Gemeinden das Recht, alle Angelegenheiten der örtlichen Gemeinschaft im Rahmen der Gesetze in eigener Verantwortung zu regeln. Auch wenn Art. 28 Abs. 2 Satz 1 GG selbst nicht zu den Grundrechten gehört, lässt er sich von seiner Struktur mit einem Grundrecht vergleichen.[785]

Die Selbstverwaltung wird nicht nur als objektives, sondern auch als subjektives Recht garantiert, so dass die Gemeinde die Einhaltung der Selbstverwaltungsgarantie von den sie beeinträchtigenden Trägern öffentlicher Gewalt fordern kann.[786] Aus der kommunalen Selbstverwaltungsgarantie ergibt sich zunächst in verfahrensrechtlicher Hinsicht ein Recht der Gemeinde auf Anhörung, um insbesondere den Schutz vor Gebietsreformen und den Schutz der Planungshoheit sicherzustellen.[787] Als Voraussetzung dieses Anhörungsrechts bedarf die

---

783 *Bredemeier*, Kommunikative Verfahrenshandlungen, S. 310, 316; *Kopp/Ramsauer*, VwVfG, § 29 Rn. 2; *Laubinger*, VerwArch 73 (1982), 75; *Ritgen*, in: Knack/Henneke, VwVfG, § 29 Rn. 18.

784 *Bredemeier*, Kommunikative Verfahrenshandlungen, S. 310 f., 316; *Jarass*, in: Jarass/Pieroth, GG, Vorb. vor Art. 1 Rn. 12; *Kopp/Ramsauer*, VwVfG, § 39 Rn. 5a; *Laubinger*, VerwArch 73 (1982), 75 f.; *Ruffert*, in: Knack/Henneke, VwVfG, § 39 Rn. 7; *U. Stelkens*, in: Stelkens/Bonk/Sachs, VwVfG, § 39 Rn. 2; a.A. *Müller-Ibold*, Die Begründungspflicht, S. 151 f.; *Stuhlfauth*, in: Obermayer/Funke-Kaiser, VwVfG, § 39 Rn. 6.

785 *Faber*, in: Denninger/Hoffmann-Riem/Schneider/Stein, AK-GG, Art. 28 II Rn. 50; *Mehde*, in: Maunz/Dürig, GG, Art. 28 Abs. 2 Rn. 44; *Nierhaus*, in: Sachs, GG, Art. 28 Rn. 40; *Pieroth*, in: Jarass/Pieroth, GG, Art. 28 Rn. 11.

786 *Nierhaus*, in: Sachs, GG, Art. 28 Rn. 42; *Pieroth*, in: Jarass/Pieroth, GG, Art. 28 Rn. 11.

787 BVerfG, Beschluss vom 27.11.1978 – 2 BvR 165/75 –, BVerfGE 50, 50; BVerfG, Beschluss vom 17.01.1979 – 2 BvL 6/76 –, BVerfGE 50, 195, 202; BVerfG, Beschluss vom 07.10.1980 – 2 BvR 584/76, 2 BvR 598/76, 2 BvR 599/76, 2 BvR 604/76 –, BVerfGE 56, 298, 320; BVerfG, Beschluss vom 12.05.1992 – 2 BvR 470/90, 2 BvR 650/90, 2 BvR 707/90 –, BVerfGE 86, 90, 107; BVerfG, Beschluss vom 19.11.2002 – 2 BvR 329/97 –, BVerfGE 107, 1, 24 f.; *Bredemeier*, Kommunikative Verfahrenshandlungen, S. 323; *Faber*, in: Denninger/Hoffmann-Riem/Schneider/Stein, AK-GG, Art. 28 II Rn. 43; *Kallerhoff*, in: Stelkens/Bonk/Sachs, VwVfG, § 28 Rn. 4; *Mehde*, in: Maunz/Dürig, GG, Art. 28 Abs. 2 Rn. 155 ff.; *Nierhaus*, in: Sachs, GG, Art. 28 Rn. 42; *Rennert*, in:

Gemeinde der umfassenden und rechtzeitigen Kenntnis der maßgeblichen Umstände.[788] Ferner steht der Gemeinde in diesem Zusammenhang ein Akteneinsichtsrecht insoweit zu, als dies zur Wahrnehmung des Anhörungsrechts notwendig ist. Das Mitwirkungsrecht der Gemeinde umfasst jedoch weder eine uneingeschränkte Akteneinsicht noch eine mündliche Erörterung.[789] In enger Verbindung zum Anhörungsrecht steht schließlich die Begründungspflicht, die dem Nachweis der Berücksichtigung der während der Anhörung vorgebrachten Ausführungen der Gemeinde dient.[790]

2. Verfassungsprinzipien im Verwaltungsverfahren

Nicht nur die Grundrechte üben einen erheblichen Einfluss auf das Verwaltungsverfahren aus, sondern auch die Verfassungsprinzipien. Den Dreh- und Angelpunkt bildet das Rechtsstaatsprinzip, daneben wirken sich zudem das Demokratieprinzip, das Sozialstaatsprinzip, der Grundsatz der Gewaltenteilung und das Effizienzprinzip auf das Verwaltungsverfahren aus.

a) Rechtsstaatsprinzip

Das Rechtsstaatsprinzip als allgemeiner Rechtsgrundsatz zählt zu den „elementaren Prinzipien des Grundgesetzes“[791] und geht „aus einer Zusammenschau der Bestimmungen des Art. 20 Abs. 3 GG über die Bindung der Einzelgewalten und der Art. 1 Abs. 3, 19 Abs. 4, 28 Abs. 1 Satz 1 GG sowie aus der Gesamtkonzeption des Grundgesetzes“ hervor.[792]

Umbach/Clemens, GG, Art. 28 II Rn. 102, 144; *Ritgen*, in: Knack/Henneke, VwVfG, § 28 Rn. 13.

788 BVerfG, Beschluss vom 12.05.1992 – 2 BvR 470/90, 2 BvR 650/90, 2 BvR 707/90 –, BVerfGE 86, 90, 107 f.; BVerwG, Urteil vom 20.11.1987 – 4 C 39/84 –, NVwZ 1988, 731, 732; *Bredemeier*, Kommunikative Verfahrenshandlungen, S. 323 f.

789 BVerwG, Urteil vom 20.11.1987 – 4 C 39/84 –, NVwZ 1988, 731, 732; *Bredemeier*, Kommunikative Verfahrenshandlungen, S. 326; *Pieroth*, in: Jarass/Pieroth, GG, Art. 28 Rn. 19.

790 BVerfG, Beschluss vom 17.01.1979 – 2 BvL 6/76 –, BVerfGE 50, 195, 203; *Bredemeier*, Kommunikative Verfahrenshandlungen, S. 326.

791 BVerfG, Beschluss vom 25.10.1966 – 2 BvR 506/63 –, BVerfGE 20, 323, 331.

792 BVerfG, Urteil vom 01.07.1953 – 1 BvL 23/51 –, BVerfGE 2, 380, 403; *Jarass*, in: Jarass/Pieroth, GG, Art. 20 Rn. 28.

aa) Grundsatz der Gesetzmäßigkeit der Verwaltung

Einen wesentlichen Kerngedanken des Rechtsstaatsprinzips für das Verwaltungsverfahren bildet der Grundsatz der Gesetzmäßigkeit der Verwaltung. Dieser Grundsatz findet seine Ausprägung sowohl im Vorrang des Gesetzes als auch im Vorbehalt des Gesetzes.

Art. 20 Abs. 3 GG bestimmt die Bindung der Verwaltung an Gesetz und Recht. Darunter fallen das Grundgesetz, die formellen Gesetze, die Rechtsverordnungen und Satzungen sowie das Gewohnheitsrecht.[793] Mithin verpflichtet der Vorrang des Gesetzes die Verwaltung, nicht gegen das geltende Recht zu handeln.[794]

Als wichtigste Folgerung aus diesem Grundsatz ist die Gewährleistung der Richtigkeit von Verwaltungsentscheidungen durch ein Verwaltungsverfahren zu nennen. Um eine richtige Verwaltungsentscheidung herbeiführen zu können, muss die Verwaltung zunächst den entscheidungserheblichen Sachverhalt ermitteln.[795] Für eine richtige Sachverhaltsermittlung besitzt insbesondere der für das Verwaltungsverfahren geltende Untersuchungsgrundsatz einen hohen Stellenwert.[796] Denn im Unterschied zu dem im Zivilprozess vorherrschenden Verhandlungsgrundsatz legt die Verwaltung nach dem Untersuchungsgrundsatz Art und Umfang der Ermittlung selbst fest. Als „Konkretisierung der rechtsstaatlichen Erfordernisse“[797] beruht der Untersuchungsgrundsatz darauf, „dass das öffentliche Interesse an der Feststellung des wahren Sachverhalts Vorrang vor dem Privatinteresse der Beteiligten hat“.[798] Im Verhältnis zum gerichtlichen Verfahren sind die Möglichkeiten einer Sachverhaltsermittlung für die Verwaltung jedoch mangels Förmlichkeit der Beweiserhebung begrenzt.[799] Deshalb ist im Interesse der Aufklärung des für die Entscheidung maßgeblichen Sachverhalts vor

---

793 *Jarass*, in: Jarass/Pieroth, GG, Art. 20 Rn. 28; *Maurer*, Staatsrecht I, § 8 Rn. 16; *Sachs*, in: Sachs, GG, Art. 20 Rn. 107.

794 *Wittinger*, in: Obermayer/Funke-Kaiser, VwVfG, Einl. Rn. 66.

795 *Bredemeier*, Kommunikative Verfahrenshandlungen, S. 236 ff.; *Held*, Der Grundrechtsbezug des Verwaltungsverfahrens, S. 37 f.; *Kopp*, Verfassungsrecht und Verwaltungsverfahrensrecht, S. 62; *Schmidt-Aßmann*, Der Rechtsstaat, in: Isensee/Kirchhof, HStR II, § 26 Rn. 76; *Ule/Laubinger*, Verwaltungsverfahrensrecht, § 1 Rn. 8.

796 *Kallerhoff*, in: Stelkens/Bonk/Sachs, VwVfG, § 24 Rn. 1; *Kopp*, Verfassungsrecht und Verwaltungsverfahrensrecht, S. 71; *Kopp/Ramsauer*, VwVfG, § 24 Rn. 3a; *Ule/Laubinger*, Verwaltungsverfahrensrecht, § 1 Rn. 9.

797 EVwVerfG 1963, S. 75.

798 EVwVerfG 1963, S. 118.

799 *Held*, Der Grundrechtsbezug des Verwaltungsverfahrens, S. 38; *Kopp*, Verfassungsrecht und Verwaltungsverfahrensrecht, S. 74 f.

allem eine Anhörung der Betroffenen notwendig, da teilweise nur sie über die Kenntnis bestimmter Tatsachen und Umstände verfügen.[800] Das sich daher aus dem Vorrang des Gesetzes herleitende Recht auf Gehör ist zudem eng mit dem Recht auf Akteneinsicht verbunden.[801]

Neben der Ermittlung des zutreffenden Sachverhalts ergibt sich aus dem Grundsatz des Vorrangs des Gesetzes unter dem Gesichtspunkt der Selbstkontrolle der Verwaltung eine Begründungspflicht für ihre Entscheidungen.[802] Bevor die Verwaltung demnach von einer gesetzlichen Ermächtigung Gebrauch machen kann, muss sie sowohl in tatsächlicher als auch in rechtlicher Hinsicht sorgfältig überprüfen, ob die gesetzlichen Voraussetzungen für ihr Handeln erfüllt sind.[803] Der Begründungszwang bewirkt somit eine vertiefte Auseinandersetzung der Verwaltung mit der Sach- und Rechtslage, die im Wege der Niederschrift der Begründung zu einer Verringerung rechtswidriger Verwaltungsentscheidungen führt.[804]

Nach dem rechtsstaatlichen Vorbehalt des Gesetzes darf die Verwaltung nicht ohne gesetzliche Grundlage handeln.[805] Dem Geltungsbereich des Vorbehalts des Gesetzes kommt allerdings nicht die Wirkung eines Totalvorbehalts, sondern vielmehr eines Vorbehalts für wesentliche Verwaltungsangelegenheiten zu.[806]

---

800 *Held*, Der Grundrechtsbezug des Verwaltungsverfahrens, S. 38; *Kopp*, Verfassungsrecht und Verwaltungsverfahrensrecht, S. 75 ff.; *Ule/Laubinger*, Verwaltungsverfahrensrecht, § 1 Rn. 8.

801 *Kopp*, Verfassungsrecht und Verwaltungsverfahrensrecht, S. 83 ff.; *Ule/Laubinger*, Verwaltungsverfahrensrecht, § 1 Rn. 8.

802 *Bredemeier*, Kommunikative Verfahrenshandlungen, S. 238; *Kopp*, Verfassungsrecht und Verwaltungsverfahrensrecht, S. 90 ff.; *Ruffert*, in: Knack/Henneke, VwVfG, § 39 Rn. 7; *Ule/Laubinger*, Verwaltungsverfahrensrecht, § 1 Rn. 10; a.A. *Müller-Ibold*, Die Begründungspflicht, S. 138; *Stuhlfauth*, in: Obermayer/Funke-Kaiser, VwVfG, § 39 Rn. 5.

803 Bericht der Sachverständigenkommission für die Vereinfachung der Verwaltung, S. 207 f.; EVwVerfG 1963, S. 145; *Feneberg*, DVBl. 1965, 223; *Held*, Der Grundrechtsbezug des Verwaltungsverfahrens, S. 41; *Ule/Laubinger*, Verwaltungsverfahrensrecht, § 1 Rn. 10.

804 *Bredemeier*, Kommunikative Verfahrenshandlungen, S. 238 f.; *Kopp*, Verfassungsrecht und Verwaltungsverfahrensrecht, S. 90 ff.

805 BVerfG, Urteil vom 14.07.1998 – 1 BvR 1640/97 –, BVerfGE 98, 218, 251; *Herzog/Grzeszick*, in: Maunz/Dürig, GG, Art. 20 Rn. 75; *Jarass*, in: Jarass/Pieroth, GG, Art. 20 Rn. 44; *Maurer*, Staatsrecht I, § 8 Rn. 19; *Sachs*, in: Sachs, GG, Art. 20 Rn. 113; *Schmidt-Aßmann*, Der Rechtsstaat, in: Isensee/Kirchhof, HStR II, § 26 Rn. 63.

806 BVerfG, Beschluss vom 18.12.1984 – 2 BvE 13/83 –, BVerfGE 68, 1, 109; *Bredemeier*, Kommunikative Verfahrenshandlungen, S. 235; *Herzog/Grzeszick*, in: Maunz/Dürig,

Einer allumfassenden gesetzlichen Regelung des Verwaltungsverfahrens bedarf es deshalb nicht, da der Vorbehalt des Gesetzes lediglich die Forderung aufstellt, „dass der Gesetzgeber in grundlegenden normativen Bereichen alle wesentlichen Entscheidungen selbst treffen muss“.[807] Anhand der Wesentlichkeitstheorie wird somit sowohl die Reichweite als auch die Regelungsdichte des Gesetzes bestimmt.[808]

bb) Recht auf ein faires Verfahren

Das auf dem Rechtsstaatsprinzip in Verbindung mit den Freiheitsrechten und Art. 1 Abs. 1 GG beruhende Recht auf ein faires Verfahren gehört zu den wesentlichen Grundsätzen eines rechtsstaatlichen Verfahrens.[809] Danach darf der einzelne nicht zum bloßen Objekt staatlicher Entscheidungen verkommen, sondern ihm muss insbesondere die Möglichkeit gegeben werden, zur Wahrung seiner Rechte auf das Verfahren und dessen Ergebnis Einfluss nehmen zu können.[810] Dieser Gedanke findet auch im Bereich des Verwaltungsverfahrens Anwendung.[811] Dem von einer Entscheidung der Verwaltung in seinen Rechten betroffenen Bürger muss somit die Gelegenheit gegeben werden, sich aktiv an der Gestaltung des Verwaltungsverfahrens zu beteiligen.[812] Als unabdingbare Voraussetzung bedarf der Bürger insofern der eingehenden Kenntnis von Sachverhalt und Verfahren.[813] Vor

---

GG, Art. 20 Rn. 108; *Hofmann*, in: Schmidt-Bleibtreu/Hofmann/Henneke, GG, Art. 20 Rn. 83; *Jarass*, in: Jarass/Pieroth, GG, Art. 20 Rn. 51.

807 BVerfG, Beschluss vom 26.06.1991 – 1 BvR 779/85 –, BVerfGE 84, 212, 226; BVerfG, Beschluss vom 08.08.1978 – 2 BvL 8/77 –, BVerfGE 49, 89, 126; *Jarass*, in: Jarass/Pieroth, GG, Art. 20 Rn. 47; *Sachs*, in: Sachs, GG, Art. 20 Rn. 117; *Schmidt-Aßmann*, Der Rechtsstaat, in: Isensee/Kirchhof, HStR II, § 26 Rn. 64.

808 *Bredemeier*, Kommunikative Verfahrenshandlungen, S. 235 f.; *Herzog/Grzeszick*, in: Maunz/Dürig, GG, Art. 20 Rn. 106; *Maurer*, Staatsrecht I, § 8 Rn. 21.

809 BVerfG, Beschluss vom 07.12.2011 – 2 BvR 2500/09, 2 BvR 1857/10 –, BVerfGE 130, 1, 25; *Jarass*, in: Jarass/Pieroth, GG, Art. 20 Rn. 31a; *Kopp*, Verfassungsrecht und Verwaltungsverfahrensrecht, S. 102 f.

810 BVerfG, Beschluss vom 08.01.1959 – 1 BvR 396/55 –, BVerfGE 9, 89, 95; BVerfG, Beschluss vom 18.01.2000 – 1 BvR 321/96 –, BVerfGE 101, 397, 405; *Jarass*, in: Jarass/Pieroth, GG, Art. 20 Rn. 31b.

811 BVerwG, Beschluss vom 31.08.2000 – 11 B 30/00 –, NVwZ 2001, 94, 95; *Bredemeier*, Kommunikative Verfahrenshandlungen, S. 247; *Hill*, Das fehlerhafte Verfahren, S. 203 f.; *Jarass*, in: Jarass/Pieroth, GG, Art. 20 Rn. 31a; *Kopp*, Verfassungsrecht und Verwaltungsverfahrensrecht, S. 102 f.; *Sachs*, in: Sachs, GG, Art. 20 Rn. 165.

812 *Kopp*, Verfassungsrecht und Verwaltungsverfahrensrecht, S. 108.

813 BVerfG, Beschluss vom 18.01.2000 – 1 BvR 321/96 –, BVerfGE 101, 397, 405.

diesem Hintergrund lässt sich als maßgebliche Folgerung aus dem Grundsatz des fairen Verfahrens ein Anspruch des Bürgers auf rechtliches Gehör herleiten.[814] Eng mit der Pflicht der Behörden zur Gewährung rechtlichen Gehörs hängt ferner das Recht auf Akteneinsicht zusammen.[815] Schließlich gebietet der Grundsatz des fairen Verfahrens eine Begründungspflicht, damit der Bürger die Maßnahmen der Verwaltung nachvollziehen und sein Verhalten danach ausrichten kann.[816]

cc) Grundsatz der Rechtssicherheit

Der Grundsatz der Rechtssicherheit gehört ebenfalls zu den wesentlichen Strukturelementen des Rechtsstaatsprinzips. Er besagt, dass zum einen die Verwaltungsentscheidung für den Bürger unter Berücksichtigung des geltenden Rechts wenigstens in einem gewissen Umfang vorhersehbar sein sollte und zum anderen Bürger und Verwaltung nach Eintritt der Unanfechtbarkeit der Verwaltungsentscheidung grundsätzlich auf deren Rechtsbeständigkeit vertrauen dürfen.[817]

Als wichtige Folgerung aus dem Grundsatz der Rechtssicherheit lässt sich zunächst eine Pflicht der Verwaltung zur Begründung ihrer Entscheidungen ableiten. Denn der Tenor der Entscheidung gibt nur Aufschluss über die Rechtsfolge, während die Begründung den geregelten Lebenssachverhalt widerspiegelt, so dass erst dadurch der Umfang der Bestandskraft der Verwaltungsentscheidung genau bestimmt werden kann.[818]

Gegenüber der Beständigkeit der Rechtsnormen, die vor dem Hintergrund des Vertrauensschutzes des Bürgers vor allem die Rückwirkung von Gesetzen eingrenzt[819], werden an die Bestandskraft der Verwaltungsakte noch höhere

---

814 *Grünewald*, in: Obermayer/Funke-Kaiser, VwVfG, § 28 Rn. 2; *Kallerhoff*, in: Stelkens/Bonk/Sachs, VwVfG, § 28 Rn. 2; *Kopp*, Verfassungsrecht und Verwaltungsverfahrensrecht, S. 116 ff.; *Ritgen*, in: Knack/Henneke, VwVfG, § 28 Rn. 12.

815 *Kallerhoff*, in: Stelkens/Bonk/Sachs, VwVfG, § 29 Rn. 1, 4; *Kopp*, Verfassungsrecht und Verwaltungsverfahrensrecht, S. 120 f.; *Kopp/Ramsauer*, VwVfG, § 29 Rn. 3; *Ritgen*, in: Knack/Henneke, VwVfG, § 29 Rn. 18.

816 *Bredemeier*, Kommunikative Verfahrenshandlungen, S. 247 f.; *Kopp*, Verfassungsrecht und Verwaltungsverfahrensrecht, S. 122 ff.; *Müller-Ibold*, Die Begründungspflicht, S. 139 f.; *Ruffert*, in: Knack/Henneke, VwVfG, § 39 Rn. 7; *Stuhlfauth*, in: Obermayer/Funke-Kaiser, VwVfG, § 39 Rn. 5.

817 *Grzeszick*, in: Maunz/Dürig, GG, Art. 20 Rn. 50; *Kopp*, Verfassungsrecht und Verwaltungsverfahrensrecht, S. 131.

818 *Kopp*, Verfassungsrecht und Verwaltungsverfahrensrecht, S. 137; *Müller-Ibold*, Die Begründungspflicht, S. 141 f.; *Stuhlfauth*, in: Obermayer/Funke-Kaiser, VwVfG, § 39 Rn. 5.

819 *Maurer*, Staatsrecht I, § 8 Rn. 49 f.

Anforderungen gestellt. Der Verwaltungsakt regelt in Vollzug der allgemeinen Gesetze verbindlich den konkreten Einzelfall. Voraussetzung dieser der Rechtssicherheit dienenden Konkretisierungs- und Stabilisierungsfunktion des Verwaltungsaktes ist jedoch dessen Bestandskraft. Bis zu seiner Aufhebung durch einen actus contrarius bleibt der Verwaltungsakt deshalb grundsätzlich – unabhängig von seiner Rechtswidrigkeit – wirksam. Allerdings wird die Bestandskraft der Verwaltungsakte durch deren beschränkte Aufhebbarkeit in Form der Anfechtung durch den Bürger sowie der Rücknahme und des Widerrufs durch die Verwaltung durchbrochen, so dass der Grundsatz der Gesetzmäßigkeit der Verwaltung zumindest in geringem Umfang den Grundsatz der Rechtssicherheit verdrängt.[820]

Ein weiteres Merkmal des Grundsatzes der Rechtssicherheit ist die Rechtsklarheit, die die Widerspruchsfreiheit des Regelungsinhalts der Rechtsnormen und deren Verständlichkeit und Eindeutigkeit für Bürger und Verwaltung erfordert.[821] Eine Erörterung der Widerspruchsfreiheit setzt nach der rechtswissenschaftlichen Methodenlehre zunächst eine Unterscheidung zwischen Normwiderspruch und Wertungswiderspruch voraus. Jener liegt vor, wenn Regelungen für den gleichen Tatbestand einander ausschließende Rechtsfolgen festsetzen, und muss unbedingt beseitigt werden. Dieser besteht, wenn Wertungen für den gleichen Tatbestand einander widersprechen, und sollte möglichst vermieden werden, unterliegt jedoch nur der Einschränkung, nicht gegen die verfassungsrechtlichen Vorgaben zu verstoßen.[822] Das Gebot der Rechtsklarheit ist verletzt, wenn „von einem Gesetz widersprüchliche Rechtsanwendungsbefehle ausgehen und die Widersprüchlichkeit für den Einzelnen zu einer Ungewissheit über das für ihn maßgebliche Recht führt".[823] Daher gilt das Gebot der Rechtsklarheit nicht bei einem bloßen Wertungswiderspruch, sondern nur bei einem

820 *Bredemeier*, Kommunikative Verfahrenshandlungen, S. 243; *Kopp*, Verfassungsrecht und Verwaltungsverfahrensrecht, S. 140 ff.; *Maurer*, Staatsrecht I, § 8 Rn. 52; *Sachs* in: Stelkens/Bonk/Sachs, VwVfG, § 43 Rn. 9 ff.; *Schmidt-Aßmann*, Der Rechtsstaat, in: Isensee/Kirchhof, HStR II, § 26 Rn. 83.

821 BVerfG, Entscheidung vom 12.02.1969 – 1 BvR 687/62 –, BVerfGE 25, 216, 227; BVerfG, Urteil vom 07.05.1998 – 2 BvR 1991/95, 2 BvR 2004/95 –, BVerfGE 98, 106, 118 f.; *Grzeszick*, in: Maunz/Dürig, GG, Art. 20 Rn. 56; *Jarass*, in: Jarass/Pieroth, GG, Art. 20 Rn. 63; *Sachs*, in: Sachs, GG, Art. 20 Rn. 125; *Sommermann*, in: von Mangoldt/Klein/Starck, GG, Art. 20 Abs. 3 Rn. 298.

822 *Jarass*, AöR 126 (2001), 592 f.; *Larenz/Canaris*, Methodenlehre der Rechtswissenschaft, S. 155 f.

823 *Jarass*, AöR 126 (2001), 597.

echten Normwiderspruch, der außerdem nicht durch Auslegung und Kollisionsregeln behebbar sein darf.[824]

b) *Demokratieprinzip*

Das in Art. 20 Abs. 1 GG ausdrücklich festgelegte Demokratieprinzip erfährt insbesondere durch das in Art. 20 Abs. 2 Satz 1 GG enthaltene Prinzip der Volkssouveränität und den auf Art. 20 Abs. 2 Satz 2 GG beruhenden Grundsatz der repräsentativen Demokratie zwei grundlegende Konkretisierungen.[825]

Das Demokratieprinzip erfordert an erster Stelle eine demokratische Legitimation aller staatlichen Organe. Die organisatorisch-personelle Legitimation der Verwaltung ergibt sich aus einer „ununterbrochenen Legitimationskette vom Volk zu den mit staatlichen Aufgaben betrauten Organen und Amtswaltern".[826] Demgegenüber wird die sachlich-inhaltliche Legitimation einerseits durch die Bindung der Verwaltung an die vom Parlament beschlossenen Gesetze, andererseits durch die grundsätzliche „Weisungsgebundenheit der Verwaltung gegenüber der Regierung und deren Verantwortlichkeit gegenüber dem Parlament" hergestellt.[827] Grundsätzlich wirken organisatorisch-personelle und sachlich-inhaltliche Legitimation zusammen; sie stehen jedoch in Wechselwirkung zueinander, so dass eine gegenseitige Ergänzung oder Ersetzung zulässig ist.[828]

---

824 BVerfG, Nichtannahmebeschluss vom 27.01.2011 – 1 BvR 3222/09 –, NJW 2011, 1578, 1580; *Grzeszick*, in: Maunz/Dürig, GG, Art. 20 Rn. 57; *Jarass*, AöR 126 (2001), 597; *Jarass*, in: Jarass/Pieroth, GG, Art. 20 Rn. 63.

825 *Grzeszick*, in: Maunz/Dürig, GG, Art. 20 Rn. 12; *Jarass*, in: Jarass/Pieroth, GG, Art. 20 Rn. 1.

826 BVerfG, Beschluss vom 15.02.1978 – 2 BvR 134/76, 2 BvR 268/76 –, BVerfGE 47, 253, 275; BVerfG, Beschluss vom 01.10.1987 – 2 BvR 1178/86, 2 BvR 1179/86, 2 BvR 1191/86 –, BVerfGE 77, 1, 40; BVerfG, Urteil vom 31.10.1990 – 2 BvF 3/89 –, BVerfGE 83, 60, 73; *Böckenförde*, Demokratie als Verfassungsprinzip, in: Isensee/Kirchhof, HStR II, § 24 Rn. 16; *Bredemeier*, Kommunikative Verfahrenshandlungen, S. 249; *Grzeszick*, in: Maunz/Dürig, GG, Art. 20 Rn. 121; *Pieroth*, in: Jarass/Pieroth, GG, Art. 20 Rn. 9a; *Pünder*, Verwaltungsverfahren, in: Erichsen/Ehlers, Allgemeines Verwaltungsrecht, § 13 Rn. 14.

827 *Pieroth*, in: Jarass/Pieroth, GG, Art. 20 Rn. 10; *Böckenförde*, Demokratie als Verfassungsprinzip, in: Isensee/Kirchhof, HStR II, § 24 Rn. 21; *Bredemeier*, Kommunikative Verfahrenshandlungen, S. 249; *Grzeszick*, in: Maunz/Dürig, GG, Art. 20 Rn. 122; *Pünder*, Verwaltungsverfahren, in: Erichsen/Ehlers, Allgemeines Verwaltungsrecht, § 13 Rn. 14.

828 *Böckenförde*, Demokratie als Verfassungsprinzip, in: Isensee/Kirchhof, HStR II, § 24 Rn. 23; *Grzeszick*, in: Maunz/Dürig, GG, Art. 20 Rn. 127 ff.; *Pieroth*, in: Jarass/Pieroth, GG, Art. 20 Rn. 10.

Das Demokratieprinzip gebietet im Verwaltungsverfahren ferner, dass dem durch die Entscheidung betroffenen Bürger und der Öffentlichkeit eine Kontrollfunktion über die Verwaltung obliegt. Weiterhin verlangt ein dem Demokratieprinzip gerecht werdendes Verwaltungsverfahrensrecht eine aktive und verantwortliche Mitwirkung des Bürgers im Verfahren, aus der auch unmittelbar seine Stellung als Verfahrensbeteiligter folgt. Den Kern dieses Beteiligungsrechts bildet das Recht auf Anhörung im Verfahren zu den tatsächlichen und rechtlichen Voraussetzungen der geplanten Regelung. Der Bürger kann die Kontrolle über die Verwaltung jedoch nicht allein durch mündliche und schriftliche Darlegungen ausüben, sondern ihm muss darüber hinaus die Möglichkeit zu einer eingehenden Erörterung der Angelegenheit in tatsächlicher und rechtlicher Hinsicht eingeräumt werden.[829]

Zudem folgt aus dem Demokratieprinzip das Erfordernis der Publizität des Verwaltungsverfahrens. In einer Demokratie wird die Verwaltung nicht nur durch das Parlament und die Gerichte kontrolliert, sondern auch maßgeblich durch die Öffentlichkeit. Um der Öffentlichkeit überhaupt die Möglichkeit einer Kontrolle über die Verwaltung zu bieten, bedarf das Verwaltungsverfahren zumindest für die Beteiligten, möglichst aber auch für die Öffentlichkeit einer hinreichenden Transparenz. Während sich eine umfassende Öffentlichkeit des Verwaltungsverfahrens angesichts einer damit einhergehenden Beeinträchtigung der Verwaltungstätigkeit nur schwer umsetzen lässt, ist der Grundsatz der Parteiöffentlichkeit – das Recht der Beteiligten zur Information über die wesentlichen Verfahrensvorgänge – als Ausfluss des Demokratieprinzips eine entscheidende Voraussetzung für die vertrauensvolle Zusammenarbeit zwischen Bürger und Verwaltung. In diesem Zusammenhang muss vor allem die erhebliche Bedeutung der Akteneinsicht für die öffentliche Meinungsbildung und im Zuge dessen für die Kontrolle der Verwaltung hervorgehoben werden. Schließlich wird aus dem Grundsatz der Öffentlichkeit auch der Begründungszwang der Verwaltung abgeleitet, um die Transparenz staatlichen Handelns zu wahren.[830]

---

829 *Hill*, Das fehlerhafte Verfahren, S. 206; *Kopp*, Verfassungsrecht und Verwaltungsverfahrensrecht, S. 186 ff.; *Schmidt-Aßmann*, Jura 1979, 507; *Ule/Laubinger*, Verwaltungsverfahrensrecht, § 1 Rn. 11; *Wittinger*, in: Obermayer/Funke-Kaiser, VwVfG, Einl. Rn. 68.

830 *Held*, Der Grundrechtsbezug des Verwaltungsverfahrens, S. 61 ff.; *Hill*, Das fehlerhafte Verfahren, S. 206; *Pieroth*, in: Jarass/Pieroth, GG, Art. 20 Rn. 13; *Kopp*, Verfassungsrecht und Verwaltungsverfahrensrecht, S. 191 ff.; *Kopp/Ramsauer*, VwVfG, § 29 Rn. 3, § 39 Rn. 5a; *Ule/Laubinger*, Verwaltungsverfahrensrecht, § 1 Rn. 11.

c) *Sozialstaatsprinzip*

Das in Art. 20 Abs. 1 GG und Art. 28 Abs. 1 GG verankerte Sozialstaatsprinzip bindet als Verfassungsnorm auch die Verwaltung. Vorwiegend bedarf es jedoch aufgrund seiner hohen Unbestimmtheit in besonderem Maße der Konkretisierung durch den Gesetzgeber[831] und findet daher für die Verwaltung nur im Rahmen der verfassungskonformen Auslegung und Anwendung einfachen Rechts sowie der Ermessensausübung Berücksichtigung.[832]

Zur Wahrung der sozialen Gerechtigkeit folgt für die Verwaltung aus dem Sozialstaatsprinzip eine Fürsorge- und Betreuungspflicht gegenüber dem Bürger.[833] Diese mehrere Einzelpflichten umfassende Betreuungspflicht ist vor allem auf den von der Rechtsprechung entwickelten Grundsatz zurückzuführen, dass „die Beamten nicht nur Diener des Staates, sondern auch Helfer der Staatsbürger" seien.[834] Als Betreuungspflicht werden deshalb unter anderem die Pflicht zur Beratung und zur Erteilung von Auskünften eingeordnet.[835] Dem Bürger steht jedoch kein entsprechender Anspruch zu, da das Sozialstaatsprinzip als objektive Verfassungsnorm keine subjektiven Rechte begründet.[836]

---

831 BVerfG, Beschluss vom 19.10.1983 – 2 BvR 485/80, 2 BvR 486/80 –, BVerfGE 65, 182, 193; *Jarass*, in: Jarass/Pieroth, GG, Art. 20 Rn. 112, 125; *Maurer*, Staatsrecht I, § 8 Rn. 69.

832 *Jarass*, in: Jarass/Pieroth, GG, Art. 20 Rn. 126; *Maurer*, Staatsrecht I, § 8 Rn. 70; *Sachs*, in: Sachs, GG, Art. 20 Rn. 49; *Wittinger*, in: Obermayer/Funke-Kaiser, VwVfG, Einl. Rn. 67; *Zacher*, Das soziale Staatsziel, in: Isensee/Kirchhof, HStR II, § 28 Rn. 121.

833 *Bredemeier*, Kommunikative Verfahrenshandlungen, S. 261; *Ule/Laubinger*, Verwaltungsverfahrensrecht, § 26 Rn. 1; *Wittinger*, in: Obermayer/Funke-Kaiser, VwVfG, Einl. Rn. 67.

834 BGH, Urteil vom 29.11.1954 – III ZR 84/53 –, BGHZ 15, 305, 312; BVerwG, Urteil vom 15.07.1959 – V C 80.57 –, BVerwGE 9, 89, 91; *Laubinger*, Die Verwaltung als Helfer des Bürgers, in: Hochschule für Verwaltungswissenschaften Speyer, Demokratie und Verwaltung, S. 442 ff.

835 *Häberle*, Verfassungsprinzipien „im" Verwaltungsverfahrensgesetz, in: Schmitt Glaeser, Verwaltungsverfahren, S. 59, 64 f.; *Hill*, Das fehlerhafte Verfahren, S. 206; *Kopp/Ramsauer*, VwVfG, § 25 Rn. 2; *Schmidt-Aßmann*, Jura 1979, 507; *Ule/Laubinger*, Verwaltungsverfahrensrecht, § 26 Rn. 2; *Wittinger*, in: Obermayer/Funke-Kaiser, VwVfG, Einl. Rn. 67.

836 *Bredemeier*, Kommunikative Verfahrenshandlungen, S. 262; *Jarass*, in: Jarass/Pieroth, GG, Art. 20 Rn. 112; *Maurer*, Staatsrecht I, § 8 Rn. 71; *Sachs*, in: Sachs, GG, Art. 20 Rn. 50; *Zacher*, Das soziale Staatsziel, in: Isensee/Kirchhof, HStR II, § 28 Rn. 121.

d) *Grundsatz der Gewaltenteilung*

Der in Art. 20 Abs. 2 Satz 2 GG geregelte Grundsatz der Gewaltenteilung bildet für das Grundgesetz ein tragendes Organisations- und Funktionsprinzip, das der gegenseitigen Kontrolle der Staatsorgane und daher dem Ziel der Mäßigung der Staatsherrschaft dient.[837] Er besagt, dass der Gesetzgebung, der vollziehenden Gewalt und der Rechtsprechung grundsätzlich keine Aufgaben zugewiesen werden dürfen, die ihrem Wesen nach zum Kernbereich einer anderen Gewalt gehören.[838]

Aus dem Grundsatz der Gewaltenteilung folgt, dass die Rechtsprechung grundsätzlich die Eigenständigkeit und die Eigenverantwortlichkeit der Verwaltung anerkennen muss und sich im Bereich der hoheitlichen Verwaltung auf die Kontrolle der Gesetzmäßigkeit der Verwaltung beschränkt.[839] Die gerichtliche Kontrolle der Verwaltung umfasst somit lediglich die Überprüfung der Rechtmäßigkeit des Verwaltungshandelns und nicht dessen Zweckmäßigkeit.[840] Eine darüber hinausgehende Begrenzung der gerichtlichen Kontrollbefugnis ist jedoch mit dem rechtsstaatlichen Gebot effektiven Rechtsschutzes nicht zu vereinbaren.[841] Im Rahmen ihrer Kontrollfunktion ist die Rechtsprechung deshalb in der Regel weder an die tatsächlichen noch an die rechtlichen Feststellungen und Wertungen der vollziehenden Gewalt gebunden.[842]

e) *Effizienzprinzip*

Das verfassungsrechtliche Effizienzprinzip respektive der Grundsatz der Leistungsfähigkeit und Wirksamkeit der öffentlichen Verwaltung wird im Grundgesetz zwar nicht ausdrücklich aufgeführt, ergibt sich aber als ein wesentliches Strukturprinzip der Verfassung aus der Verwaltungsfunktion.[843]

---

837 BVerfG, Urteil vom 18.12.1953 – 1 BvL 106/53 –, BVerfGE 3, 225, 247; BVerfG, Beschluss vom 17.07.1996 – 2 BvF 2/93 –, BVerfGE 95, 1, 15; *Jarass*, in: Jarass/Pieroth, GG, Art. 20 Rn. 23; *Maurer*, Staatsrecht I, § 12 Rn. 1; *Sachs*, in: Sachs, GG, Art. 20 Rn. 81.

838 BVerwG, Urteil vom 13.06.1959 – I C 66.57 –, BVerwGE 8, 350, 352; *Kopp*, Verfassungsrecht und Verwaltungsverfahrensrecht, S. 234.

839 *Kopp*, Verfassungsrecht und Verwaltungsverfahrensrecht, S. 235.

840 BVerwG, Beschluss vom 09.06.1983 – I D 44/83 –, BVerwGE 76, 90, 93; *Grzeszick*, in: Maunz/Dürig, GG, Art. 20 Rn. 104.

841 *Bredemeier*, Kommunikative Verfahrenshandlungen, S. 259 ff.; *Sommermann*, in: von Mangoldt/Klein/Starck, GG, Art. 20 Abs. 2 Rn. 223.

842 BVerfG, Entscheidung vom 05.02.1963 – 2 BvR 21/60 –, BVerfGE 15, 275, 282; BVerfG, Beschluss vom 20.02.2001 – 2 BvR 1444/00 –, BVerfGE 103, 142, 156.

843 *Häberle*, Verfassungsprinzipien „im" Verwaltungsverfahrensgesetz, in: Schmitt Glaeser, Verwaltungsverfahren, S. 80 f.; *Held*, Der Grundrechtsbezug des Verwaltungsverfahrens,

Aus dem Effizienzprinzip wird zunächst die Verpflichtung der Verwaltung abgeleitet, die ihr von der Verfassung und vom einfachen Gesetzgeber übertragenen öffentlichen Aufgaben möglichst schnell, wirksam und zweckmäßig zu erfüllen. Die Erfüllung der öffentlichen Aufgaben dient auf der einen Seite einem umfangreichen Grundrechtsschutz des Einzelnen und der Verwirklichung der Verfassungsgrundsätze, auf der anderen Seite darf die Verwaltung dadurch nicht an Leistungsfähigkeit und Wirksamkeit einbüßen. Somit ist eine Abwägung zwischen den Anforderungen an eine effiziente Verwaltungspraxis und der Gewährleistung richtiger Einzelfallentscheidungen vorzunehmen.[844]

Das verfassungsrechtliche Effizienzprinzip erfordert ein möglichst effektives Verfahren, in dem der Bürger an der Erfüllung der der Verwaltung obliegenden öffentlichen Aufgaben mitwirkt. Auf der Grundlage eines die sachliche Richtigkeit der Entscheidungen sichernden Verwaltungsverfahrens wird das Ansehen der Verwaltung und das Vertrauen des Bürgers in ihre Objektivität auch im Falle für ihn ungünstiger Gerichtsentscheidungen gewahrt bleiben. Aus diesem Grund muss die Verwaltung die Entscheidungen im Rahmen eines geordneten Verwaltungsverfahrens in eigener Verantwortung treffen und darf diese nicht auf die Gerichtsbarkeit übertragen. Denn die Verwaltung ist wegen ihres organisatorischen Aufbaus und ihrer personellen und fachlichen Ausstattung am besten zur Erfüllung der ihr gestellten Aufgaben geeignet. Eine Verlagerung der Verantwortung auf die Gerichte würde sowohl eine Beeinträchtigung der Verwaltungseffektivität als auch eine Durchbrechung des Grundsatzes der Gewaltenteilung nach sich ziehen. Infolgedessen lässt sich aus dem Effizienzprinzip auch der Grundsatz der originären Verantwortung der Verwaltung herleiten.[845]

Als wesentlicher Ausfluss des Effizienzprinzips lässt sich weiterhin die Notwendigkeit zur Beteiligung des von der Entscheidung betroffenen Bürgers am Verwaltungsverfahren mit eigenen Rechten[846] und die Notwendigkeit rechtlichen Gehörs anführen.[847] Um von seinem Recht auf Gehör Gebrauch machen zu

---

S. 58; *Kopp*, Verfassungsrecht und Verwaltungsverfahrensrecht, S. 200; *Müller-Ibold*, Die Begründungspflicht, S. 153.

844 *Kopp*, Verfassungsrecht und Verwaltungsverfahrensrecht, S. 201; *Wittinger*, in: Obermayer/Funke-Kaiser, VwVfG, Einl. Rn. 54.

845 *Kopp*, Verfassungsrecht und Verwaltungsverfahrensrecht, S. 205 ff.

846 *Kopp*, Verfassungsrecht und Verwaltungsverfahrensrecht, S. 215 ff.; *Wahl*, VVDStRL 41 (1983), 164 f.

847 *Kopp*, Verfassungsrecht und Verwaltungsverfahrensrecht, S. 217 ff.; *Pünder*, Verwaltungsverfahren, in: Erichsen/Ehlers, Allgemeines Verwaltungsrecht, § 13 Rn. 11, 16.

können, muss dem Bürger zudem die Möglichkeit der Akteneinsicht eingeräumt werden.[848] Darüber hinaus gebietet der Grundsatz der Leistungsfähigkeit und Wirksamkeit der öffentlichen Verwaltung eine Begründung, um insbesondere die Akzeptanz von Verwaltungsentscheidungen bei den Bürgern zu steigern.[849]

II. Funktionen des Landesverwaltungsgesetzes Schleswig-Holstein

Die aufgezeigten beeinflussenden Wirkungen der Grundrechte und der Verfassungsprinzipien auf das Verwaltungsverfahren mussten auch bei der Erarbeitung des Landesverwaltungsgesetzes Schleswig-Holstein beachtet werden. Die dieser Kodifizierung obliegende Aufgabe der einheitlichen Gestaltung des Verwaltungsverfahrensrechts konnte nur unter Berücksichtigung der Grundsätze des Verfassungsrechts bewältigt werden. Die Verwirklichung der verfassungsrechtlichen Anforderungen an das Verwaltungsverfahren im Landesverwaltungsgesetz führte zu mehreren, einer Kodifikation immanenten Funktionen, die gleichzeitig auch die Bedeutung des Landesverwaltungsgesetzes sowohl für das Land Schleswig-Holstein als auch für den Bund und die anderen Länder widerspiegeln. Im Folgenden soll daher näher auf diese Funktionen eingegangen werden.

1. Systematisierungsfunktion

Zunächst wurde mit der Kodifikation des allgemeinen Landesverwaltungsrechts ein wesentlicher Beitrag zu der auf dem Rechtsstaatsprinzip beruhenden Rechtssicherheit geleistet. Denn durch die systematische Zusammenfassung in einem Gesetzgebungswerk wurde einerseits eine Harmonisierung des allgemeinen Verwaltungsrechts erreicht, andererseits eine Rechtsvereinheitlichung verstreuter Einzelbestimmungen, ungeschriebenen Rechts, Lehrmeinungen sowie Richterrechts bewirkt. Infolgedessen konnte ein gewisser Grad an Homogenität und an ausgewogenen Grundstrukturen gewährleistet werden. Das bisher zersplitterte und ungeordnete Verwaltungsrecht stand nunmehr aufgrund der durch das

848 *Kopp*, Verfassungsrecht und Verwaltungsverfahrensrecht, S. 219; *Pünder*, Verwaltungsverfahren, in: Erichsen/Ehlers, Allgemeines Verwaltungsrecht, § 13 Rn. 11, 16.

849 *Bredemeier*, Kommunikative Verfahrenshandlungen, S. 271 f.; *Kopp*, Verfassungsrecht und Verwaltungsverfahrensrecht, S. 225 f.; *Pünder*, Verwaltungsverfahren, in: Erichsen/Ehlers, Allgemeines Verwaltungsrecht, § 13 Rn. 15.

Landesverwaltungsgesetz Schleswig-Holstein herbeigeführten Systematisierung jedem zur Verfügung.[850]

2. Kontinuitätsfunktion

Darüber hinaus förderte das Landesverwaltungsgesetz Schleswig-Holstein die Rechtssicherheit durch die von ihm ausgehende Rechtskontinuität. Grundsätzlich sollen durch Gesetze verbindliche Regelungen zur dauerhaften Ordnung bestimmter Lebensbereiche gesetzt werden. Im Gegensatz zu den Einzelgesetzen kommt der Kodifikation jedoch eine Stabilisierung in Form von sozialethischen und verfassungsrechtlichen Werten zu. Daraus lässt sich eine größere Rechtskontinuität als bei Einzelgesetzen herleiten.[851] Mit dem Landesverwaltungsgesetz schuf der schleswig-holsteinische Gesetzgeber eine zuverlässige Rechtsgrundlage, die trotz einiger Neuregelungen maßgeblich zur Kontinuität des allgemeinen Verwaltungsrechts beitrug.

3. Modernisierungsfunktion

Die Kodifikation des allgemeinen Landesverwaltungsrechts stellte nicht nur eine bloße Zusammenfassung des bisherigen einerseits auf zahlreiche Einzelgesetze verstreuten, andererseits von Rechtsprechung und Wissenschaft entwickelten Verwaltungsrechts dar, sondern führte auch zu dessen planmäßiger Modernisierung und Weiterentwicklung. Durch das Landesverwaltungsgesetz erlangten neue Rechtsinstitute und Begriffe festen Bestand im verwaltungsrechtlichen System. Die sich daraus ergebende Konsequenz war eine behutsame Innovation, die auf bereits bestehenden Strukturen aufbaute, ohne diese grundlegend zu ändern. Insofern nahm der Gesetzgeber mit dem Erlass des Landesverwaltungsgesetzes eine Verknüpfung der Kontinuitäts- und der Modernisierungsfunktion vor.[852]

---

850 *Bredemeier*, Kommunikative Verfahrenshandlungen, S. 244 f.; *Kahl*, Das Verwaltungsverfahrensgesetz zwischen Kodifikationsidee und Sonderrechtsentwicklungen, in: Hoffmann-Riem/Schmidt-Aßmann, Verwaltungsverfahren und Verwaltungsverfahrensgesetz, S. 89 f.; *Klappstein/von Unruh*, Rechtsstaatliche Verwaltung durch Gesetzgebung, S. 174 f.; *Kloepfer*, DÖV 1995, 748 f.; *König*, ZG 1999, 197 f., 199 ff.

851 *Bredemeier*, Kommunikative Verfahrenshandlungen, S. 246; *Kahl*, Das Verwaltungsverfahrensgesetz zwischen Kodifikationsidee und Sonderrechtsentwicklungen, in: Hoffmann-Riem/Schmidt-Aßmann, Verwaltungsverfahren und Verwaltungsverfahrensgesetz, S. 92 f.; *Kloepfer*, DÖV 1995, 749; *König*, ZG 1999, 202 ff.

852 *Bredemeier*, Kommunikative Verfahrenshandlungen, S. 246; *Hoffmann-Riem*, Ermöglichung von Flexibilität und Innovationsoffenheit im Verwaltungsrecht, in: Hoffmann-Riem/Schmidt-Aßmann, Innovation und Flexibilität des Verwaltungshandelns, S. 13 f.;

4. Akzeptanzfunktion

Unter dem der Rechtssicherheit zuzuordnenden Gesichtspunkt der Rechtsklarheit trug das Landesverwaltungsgesetz Schleswig-Holstein durch die Zusammenfassung der Einzelregelungen in einem einheitlichen Gesetzgebungswerk zur Widerspruchsfreiheit des allgemeinen Verwaltungsrechts bei. Für Bürger und Verwaltung bedeutete die Rechtsvereinheitlichung eine bessere Verständlichkeit und Übersichtlichkeit des Rechts. Auf diese Weise erfuhr das allgemeine Verwaltungsrecht eine höhere Nachvollziehbarkeit und damit auch Akzeptanz bei seinen Anwendern. Denn es bedurfte zur Ermittlung des Rechts nicht mehr der eingehenden Auseinandersetzung mit mehreren Sondergesetzen, Kommentaren und Entscheidungen, sondern allein der Heranziehung des Landesverwaltungsgesetzes Schleswig-Holstein. Zwar wurde daher die durch die Vielzahl an Einzelgesetzen hervorgerufene „Rechtsfremdheit des Lebens" reduziert, allerdings teilweise mit der Folge einer durch die Abstraktheit der Kodifikation bewirkten, zunehmenden „Lebensfremdheit des Rechts".[853] Trotz dieser grundsätzlich alle Kodifikationen betreffenden Einschränkung war im Großen und Ganzen eine erhöhte Akzeptanz des durch das Landesverwaltungsgesetz geregelten Rechts zu verzeichnen.

5. Entlastungsfunktion

Das Landesverwaltungsgesetz Schleswig-Holstein trägt nicht nur in erheblichem Maße zu dem aus dem Rechtsstaatsprinzip erwachsenden Grundsatz der Rechtssicherheit bei, sondern auch zur Erhöhung der Effizienz der Staatstätigkeit. Die Kodifikation entlastete den schleswig-holsteinischen Gesetzgeber dahingehend, dass durch die umfassende Regelung des allgemeinen Verwaltungsrechts in den ersten Jahren nach Inkrafttreten des Gesetzes keine neuen Bestimmungen geschaffen werden mussten und auf den Erlass verwaltungsrechtlicher Sonderregelungen verzichtet werden konnte.[854]

Kahl, Das Verwaltungsverfahrensgesetz zwischen Kodifikationsidee und Sonderrechtsentwicklungen, in: Hoffmann-Riem/Schmidt-Aßmann, Verwaltungsverfahren und Verwaltungsverfahrensgesetz, S. 91, 93 f.; *Kloepfer*, DÖV 1995, 750; *König*, ZG 1999, 206 ff.

853 *Kahl*, Das Verwaltungsverfahrensgesetz zwischen Kodifikationsidee und Sonderrechtsentwicklungen, in: Hoffmann-Riem/Schmidt-Aßmann, Verwaltungsverfahren und Verwaltungsverfahrensgesetz, S. 91 f.

854 *Bredemeier*, Kommunikative Verfahrenshandlungen, S. 276; *Kahl*, Das Verwaltungsverfahrensgesetz zwischen Kodifikationsidee und Sonderrechtsentwicklungen, in:

Weiterhin führte das in sich geschlossene und zuverlässige Landesverwaltungsgesetz zu einer Vereinfachung der Verwaltungstätigkeit. Der schleswig-holsteinische Gesetzgeber stellte der Verwaltung einheitliche Verfahrensregeln als Ersatz für die bisher auf zahlreiche Einzelgesetze verstreuten Verfahrensbestimmungen zur Verfügung, so dass das einschlägige Recht nunmehr zügig und ohne Schwierigkeiten in Erfahrung gebracht werden konnte. Ein aufwendiges Nachforschen in einzelnen Spezialgesetzen und Kommentaren erübrigte sich fortan. Dadurch wurde nicht nur die Effizienz des Verwaltungshandelns erhöht, sondern auch der verwaltungsrechtliche Sachverstand der Verwaltungsmitarbeiter erweitert.[855]

Das Landesverwaltungsgesetz Schleswig-Holstein stellte außerdem eine wichtige Grundlage sowohl für die Ausbildung des juristischen als auch für die Ausbildung des Verwaltungsnachwuchses dar und wurde aus diesem Grund im Hinblick auf „die rechtswissenschaftliche Prägung als ein Lehrbuch des Verwaltungsrechts bezeichnet".[856] Bis zum Inkrafttreten des Verwaltungsverfahrensgesetzes des Bundes konnten nur die Jurastudenten Schleswig-Holsteins auf eine Kodifikation des allgemeinen Verwaltungsrechts zurückgreifen, deren übersichtlicher Aufbau und verständlicher Gesetzestext einen entscheidenden Vorteil im Rahmen des Jurastudiums brachte. Im Vergleich zu den Jurastudenten anderer Bundesländer stand den schleswig-holsteinischen Jurastudenten nach Erlass des Verwaltungsverfahrensgesetzes des Bundes nicht nur das Verwaltungsverfahrensgesetz an sich, sondern eine auch andere Materien einbeziehende Kodifikation zur Verfügung. Diese beiden Gesichtspunkte trafen in besonderem Maße auch auf die Ausbildung des Verwaltungsnachwuchses zu. Das Landesverwaltungsgesetz bildete einen wesentlichen Bestandteil der Ausbildung im allgemeinen Verwaltungsrecht und teilweise im besonderen Verwaltungsrecht. Dadurch dass die Vorbereitung der Landes- und Kommunalbeamten auf ihre

---

Hoffmann-Riem/Schmidt-Aßmann, Verwaltungsverfahren und Verwaltungsverfahrensgesetz, S. 93; *Ule/Laubinger*, Verwaltungsverfahrensrecht, § 5 Rn. 2.

855 *Bredemeier*, Kommunikative Verfahrenshandlungen, S. 276; *Held*, Der Grundrechtsbezug des Verwaltungsverfahrens, S. 55 f.; *Kahl*, Das Verwaltungsverfahrensgesetz zwischen Kodifikationsidee und Sonderrechtsentwicklungen, in: Hoffmann-Riem/Schmidt-Aßmann, Verwaltungsverfahren und Verwaltungsverfahrensgesetz, S. 93; *Kloepfer*, DÖV 1995, 750; *König*, ZG 1999, 204 ff.; *Kopp*, Verfassungsrecht und Verwaltungsverfahrensrecht, S. 202 f.; *Ule/Laubinger*, Verwaltungsverfahrensrecht, § 5 Rn. 3.

856 *Schwarz*, 20 Jahre Landesverwaltungsgesetz, in: Vorstand des Lorenz-von-Stein-Instituts für Verwaltungswissenschaften, 20 Jahre Landesverwaltungsgesetz Schleswig-Holstein, S. 24.

Verwaltungstätigkeit auf einer einheitlichen Rechtsgrundlage beruhte, wurde das Zusammenwirken von Land und Kommunen sowie eine einheitliche Rechtsanwendung für den Bürger gefördert. Solange das Landesverwaltungsgesetz somit als Quelle der Ausbildung des Verwaltungsnachwuchses dient, wird es sich auch für die Verwaltungspraxis als geeignet erweisen.[857]

Schließlich hatte die Kodifikation auch eine Entlastung der Rechtsprechung zur Folge, weil diese auf dem Gebiet des Verwaltungsrechts nicht mehr in vollem Umfang ihre Aufgabe der Entwicklung und Konkretisierung von Richterrecht wahrnehmen musste. Mit Inkrafttreten des Landesverwaltungsgesetzes wurde ferner eine Vielzahl an zuvor auftretenden Streitfragen aus dem Weg geräumt.[858] Das Landesverwaltungsgesetz bewährte sich auch in Bezug auf die gerichtliche Kontrolle des Verwaltungsvollzugs. Die Rechtsprechung trug zwar mit der Auslegung vor allem unbestimmter Rechtsbegriffe weiterhin zur Konkretisierung des Gesetzes bei, Gesetzesänderungen oder -aufhebungen mussten jedoch nicht vorgenommen werden. Zudem waren alle Vorschriften des Landesverwaltungsgesetzes verfassungsgemäß und boten – im Gegensatz zu anderen Landesgesetzen – keinen Anlass zur verfassungsgerichtlichen Beanstandung oder Kontrolle.[859]

6. Rechtsbereinigungsfunktion

Das Landesverwaltungsgesetz Schleswig-Holstein wurde dem verfassungsrechtlichen Effizienzprinzip auch noch unter einem anderen Gesichtspunkt hinreichend gerecht. Im Rahmen einer materiellen Rechtsbereinigung traten zunächst mit Inkrafttreten des Landesverwaltungsgesetzes die in § 317 Abs. 1 LVwG aufgelisteten 23 Aufhebungsregelungen außer Kraft. Darüber hinaus enthielt § 317 Abs. 2 LVwG eine pauschale Aufhebungsklausel, die das Außerkrafttreten aller übrigen inhaltsgleichen oder entgegenstehenden Rechtsvorschriften nach Ablauf einer Übergangsfrist von vier Jahren festsetzte. Diese umfassende Rechtsbereinigung der auf zahlreiche Spezialgesetze verteilten Sondervorschriften des

---

857 *Schwarz*, 20 Jahre Landesverwaltungsgesetz, in: Vorstand des Lorenz-von-Stein-Instituts für Verwaltungswissenschaften, 20 Jahre Landesverwaltungsgesetz Schleswig-Holstein, S. 24.

858 *Bredemeier*, Kommunikative Verfahrenshandlungen, S. 276; *Kahl*, Das Verwaltungsverfahrensgesetz zwischen Kodifikationsidee und Sonderrechtsentwicklungen, in: Hoffmann-Riem/Schmidt-Aßmann, Verwaltungsverfahren und Verwaltungsverfahrensgesetz, S. 93; *Ule/Laubinger*, Verwaltungsverfahrensrecht, § 5 Rn. 4.

859 *Schwarz*, 20 Jahre Landesverwaltungsgesetz, in: Vorstand des Lorenz-von-Stein-Instituts für Verwaltungswissenschaften, 20 Jahre Landesverwaltungsgesetz Schleswig-Holstein, S. 23.

Landes Schleswig-Holstein bildete eine Grundvoraussetzung für ein effizientes und effektives Verwaltungshandeln.[860]

7. Publizitätsfunktion

Die Kodifikation des allgemeinen Landesverwaltungsrechts diente auch dem aus dem Demokratieprinzip abgeleiteten Erfordernis der Transparenz des Verwaltungsverfahrens. Zwar führte die Publizität des Landesverwaltungsgesetzes Schleswig-Holstein nicht dazu, dass jede Regelung für den Bürger nachvollziehbar und verständlich wurde. Die Transparenz im Verwaltungsverfahren erhöhte sich jedoch durch die Kodifikation erheblich, so dass sich für den Bürger mehr Möglichkeiten zur Kontrolle der Verwaltung boten und die Akzeptanz von Verwaltungsentscheidungen zunahm.[861]

8. Legislativfunktion

Vor Erlass des Landesverwaltungsgesetzes Schleswig-Holstein übernahmen Rechtsprechung und Wissenschaft die Aufgabe der Ausgestaltung des Verwaltungsverfahrens. Damit wurde der Rechtsprechung jedoch eine Aufgabe zugewiesen, die ihrem Wesen nach zum Kernbereich der Gesetzgebung gehört. Darüber hinaus bestand die Gefahr, dass die Verwaltung bei nicht hinreichend bestimmten Rechtsgrundlagen die Funktion des Gesetzgebers ausübt. Mit Inkrafttreten des Landesverwaltungsgesetzes hob der schleswig-holsteinische Gesetzgeber diese im Widerspruch zum Grundsatz der Gewaltenteilung stehenden Entwicklungen auf. Nunmehr wurde das Verwaltungsverfahrensrecht von der verfassungsmäßig zuständigen Gewalt gestaltet.[862]

Der Landesgesetzgeber nahm die ihm obliegende Aufgabe der Regelung des Verwaltungsverfahrens auch nach Inkrafttreten des Landesverwaltungsgesetzes gewissenhaft wahr. Dessen Auswirkungen auf die Landesgesetzgebung waren sowohl unmittelbarer als auch mittelbarer Natur. Einen unmittelbaren Bezug zur Organisations- und Verfahrensregelung des Landesverwaltungsgesetzes wiesen das Gesetz über die Errichtung allgemeiner unterer Landesbehörden in

---

860 *Kahl*, Das Verwaltungsverfahrensgesetz zwischen Kodifikationsidee und Sonderrechtsentwicklungen, in: Hoffmann-Riem/Schmidt-Aßmann, Verwaltungsverfahren und Verwaltungsverfahrensgesetz, S. 93; *Klappstein/von Unruh*, Rechtsstaatliche Verwaltung durch Gesetzgebung, S. 174 f.; *Kloepfer*, DÖV 1995, 748 f.

861 *Klappstein/von Unruh*, Rechtsstaatliche Verwaltung durch Gesetzgebung, S. 177 f.; *Kloepfer*, DÖV 1995, 749; *König*, ZG 1999, 198 f.

862 *Klappstein/von Unruh*, Rechtsstaatliche Verwaltung durch Gesetzgebung, S. 174.

Schleswig-Holstein[863] und das Verwaltungskostengesetz des Landes Schleswig-Holstein[864] auf. Ein mittelbarer Einfluss auf die Landesgesetzgebung ergab sich vor allem daraus, dass die verfahrensrechtlichen Vorschriften des Landesverwaltungsgesetzes mit der Zeit allgemeine Gültigkeit beanspruchten und deshalb die spezialgesetzlichen Verfahrensbestimmungen nur noch in Einzelfällen Anwendung fanden. Diese Entwicklung gründete sich darauf, dass das Landesverwaltungsgesetz für etliche landesrechtliche Bestimmungen das sofortige Außerkrafttreten und für alle übrigen inhaltsgleichen oder entgegenstehenden Rechtsvorschriften das Außerkrafttreten nach Ablauf einer Übergangsfrist von vier Jahren festsetzte. Neben dieser Rechtsbereinigung erwies sich aber insbesondere die Anerkennung der den Verfahrensregelungen des Landesverwaltungsgesetzes zukommenden Vorbildfunktion durch Landesregierung und Landtag sowie deren überwiegender Verzicht auf den Erlass von neuen spezialgesetzlichen Verfahrensvorschriften als Grundlage einer Vereinheitlichung des Verwaltungsverfahrensrechts. Dem Landesverwaltungsgesetz wurde daher eine „erhebliche politische Bedeutung für die Übersichtlichkeit und Transparenz des Verwaltungshandelns“ beigemessen.[865]

9. Modellfunktion

Das Landesverwaltungsgesetz Schleswig-Holstein übernahm im Bereich des Verwaltungsverfahrensrechts eine Vorreiterfunktion für den Bund und die anderen Bundesländer. Dabei war ein Vorangehen Schleswig-Holsteins bei der Kodifikation des Verwaltungsverfahrensrechts aus mehreren Gründen geboten.

Zunächst bestand auf dem Gebiet des Verwaltungsverfahrens zum Zeitpunkt der Verabschiedung des Landesverwaltungsgesetzes keine Rechtseinheit, da zum einen eine Vielzahl von Bundesgesetzen voneinander abweichende Vorschriften über das Verwaltungsverfahren enthielt, zum anderen die unterschiedliche Verwaltungsorganisation der Bundesländer ein einheitliches Verwaltungsverfahren verhinderte. Weiterhin mussten alle Landtage und der Bundestag das Verwaltungsverfahrensgesetz wegen der auf dem Grundgesetz beruhenden Verteilung

863 Gesetz über die Errichtung allgemeiner unterer Landesbehörden in Schleswig-Holstein vom 25.02.1971 (GVOBl. Schl.-H. S. 64).

864 Verwaltungskostengesetz des Landes Schleswig-Holstein vom 17.01.1974 (GVOBl. Schl.-H. S. 37).

865 *Schwarz*, 20 Jahre Landesverwaltungsgesetz, in: Vorstand des Lorenz-von-Stein-Instituts für Verwaltungswissenschaften, 20 Jahre Landesverwaltungsgesetz Schleswig-Holstein, S. 22 f.

der Gesetzgebungskompetenz für das Verwaltungsverfahren auf Bund und Länder gesondert beraten und verabschieden. Wie auch bei den Beamtengesetzen, der Verwaltungsgerichtsordnung oder dem Bundesbaugesetz war das Vorangehen eines Landes dadurch zu rechtfertigen, dass der Bundestag ein derart komplexes Gesetz nicht als erstes verabschieden konnte, sondern vielmehr erst nach einer entsprechenden Erprobung auf Länderebene zum Erlass eines bundeseinheitlichen Gesetzes berufen war. Die Eignung Schleswig-Holsteins als Vorreiter ergab sich daraus, dass das Land einerseits entscheidend bei den Bemühungen um ein einheitliches Verwaltungsverfahren mitgewirkt hatte, andererseits im Gegensatz zu den übrigen Bundesländern die Möglichkeit einer Ersetzung unzeitgemäßer Bestimmungen offen stand.

Außerdem bedurfte das Verwaltungsverfahren nach Art. 38 Abs. 2 LS der Regelung durch Gesetz und nicht der Ausgestaltung durch die Rechtsprechung. Die Rechtsprechung benötigte zur hinreichenden und einheitlichen Klärung wesentlicher Rechtsfragen teilweise mehrere Jahre, so dass der Verwaltung in diesem Zeitraum keine gesicherte Rechtsgrundlage zur Verfügung stand. Zudem war die Kompetenz des Bundesverwaltungsgerichts auf dem Gebiet des Verwaltungsverfahrens stark eingeschränkt. Aus diesem Grund musste durch Zusammenfassung der unüberschaubaren Rechtsprechung in einem Gesetzgebungswerk eine Vereinfachung des Verwaltungshandelns sowie eine bessere Verständlichkeit und größere Übersichtlichkeit für den Bürger herbeigeführt werden. Schließlich konnte durch die nahezu unveränderte Übernahme des Musterentwurfs auch die bisher gefestigte und bundeseinheitliche Rechtsprechung in das Landesverwaltungsgesetz integriert werden.[866]

Der Modellcharakter des Landesverwaltungsgesetzes Schleswig-Holstein wirkte sich in zweierlei Hinsicht auf die Gesetzgebungsarbeiten an den Verwaltungsverfahrensgesetzen des Bundes und der Länder aus. Auf der einen Seite kodifizierte der schleswig-holsteinische Gesetzgeber erstmals das Verwaltungsverfahrensrecht, so dass Bund und Länder die im Gesetzgebungsverfahren gewonnenen Erkenntnisse für ihre Kodifikationen verwerten konnten. Auf der anderen Seite bot sich die Gelegenheit, den bisher nur einen theoretischen Entwicklungsstand aufweisenden Musterentwurf auf seine Tauglichkeit in der Praxis zu überprüfen.

866 LT Plenarprotokoll 5/76, S. 2757.

10. Rezeptionsfunktion

Das Landesverwaltungsgesetz Schleswig-Holstein bildete nicht nur das zentrale Modell für die Verwaltungsverfahrensgesetze des Bundes und der Länder, sondern machte im Gegenzug seinerseits Gebrauch von der Vorbildwirkung des Musterentwurfs.[867]

Angesichts der Zusammenarbeit von Bund und Ländern stellte der Musterentwurf eine wesentliche Grundlage für die Herstellung der Rechtseinheit dar. Er bestimmte maßgeblich den Umfang des Landesverwaltungsgesetzes. Ohne den Musterentwurf wäre das Landesverwaltungsgesetz in Bezug auf das Verwaltungsverfahren lediglich auf seine Grundzüge beschränkt worden und eine Regelung der Handlungsformen Verwaltungsakt und öffentlich-rechtlicher Vertrag voraussichtlich ausgeblieben. Die Übernahme des 1963 vorgelegten Musterentwurfs in den Regierungsentwurf für ein Landesverwaltungsgesetz führte dann während der parlamentarischen Behandlung zu einer ständigen Anpassung des Gesetzentwurfs an die jeweils aktuelle Fassung des Musterentwurfs und mündete schließlich in die Eingliederung der „Münchener Fassung“ in das Landesverwaltungsgesetz. Demgegenüber begründeten teilweise Abweichungen vom Musterentwurf eine eigenständige Stellung des Landesverwaltungsgesetzes.

III. Zusammenfassung

Dem Landesverwaltungsgesetz Schleswig-Holstein ist eine wesentliche Bedeutung sowohl für das Land an sich als auch für den Bund und die anderen Länder beizumessen. Als konkretisiertes Verfassungsrecht findet das in das Landesverwaltungsgesetz integrierte Verwaltungsverfahrensrecht seinen Ursprung in den Grundrechten und den Verfassungsprinzipien, aus denen sich im Wesentlichen die Grundsätze des Verwaltungsverfahrens und die Rechte der Bürger gegenüber der Verwaltung herleiten lassen. Durch die Verwirklichung der verfassungsrechtlichen Vorgaben an das Verwaltungsverfahrensrecht im Landesverwaltungsgesetz kommen dieser Kodifikation verschiedene Funktionen zu. Vor diesem Hintergrund wird die Wechselwirkung zwischen dem Landesverwaltungsgesetz Schleswig-Holstein und dem Verwaltungsverfahrensgesetz des Bundes durch die Modell- und Rezeptionsfunktion erneut verdeutlicht.

867 *Kahl*, Das Verwaltungsverfahrensgesetz zwischen Kodifikationsidee und Sonderrechtsentwicklungen, in: Hoffmann-Riem/Schmidt-Aßmann, Verwaltungsverfahren und Verwaltungsverfahrensgesetz, S. 97.

H. Schlussbetrachtung

Das Allgemeine Verwaltungsgesetz für das Land Schleswig-Holstein war die erste Kodifikation des Verwaltungsverfahrensrechts und zentraler Materien des Verwaltungsrechts in der Bundesrepublik Deutschland und diente deshalb als Vorreiter für die Verwaltungsverfahrensgesetze des Bundes und der anderen Länder.

Die Grundlage für den verfahrensrechtlichen Teil des Landesverwaltungsgesetzes Schleswig-Holstein bildeten der 1963 vom Bund-Länder-Ausschuss vorgelegte Musterentwurf und seine überarbeitete „Münchener Fassung“ von 1966. Neben der Integration des Musterentwurfs verwirklichte das 1968 in Kraft getretene Landesverwaltungsgesetz Schleswig-Holstein auch landesrechtliche und -politische Vorgaben durch die Umsetzung des Verfassungsauftrags aus Art. 38 Abs. 2 LS, die Neuregelung bisher noch auf vorkonstitutionellem Recht beruhender Rechtsgebiete sowie die Reform der Landesverwaltungsorganisation. Erst 1977 – neun Jahre nach dem Landesverwaltungsgesetz Schleswig-Holstein – trat das Verwaltungsverfahrensgesetz des Bundes in Kraft. Auf dessen Grundlage wurde die Entwicklung einer Vereinheitlichung des Verwaltungsverfahrensrechts durch den Erlass einheitlicher Landesverwaltungsverfahrensgesetze sowie durch die Anpassung der Abgabenordnung und des Sozialgesetzbuchs – Verwaltungsverfahren – vorangetrieben. Zudem bekräftigte der schleswig-holsteinische Gesetzgeber seinen Willen zur Rechtseinheit auf dem Gebiet des Verwaltungsverfahrensrechts, indem er das Landesverwaltungsgesetz Schleswig-Holstein 1978 an das Verwaltungsverfahrensgesetz des Bundes anpasste.

Auf diese Weise fand die Wechselwirkung zwischen dem Land Schleswig-Holstein und dem Bund ihr vorläufiges Ende: Den Ausgangspunkt markierte der von Bund und Ländern erarbeitete Musterentwurf eines Verwaltungsverfahrensgesetzes, dem der Erlass des Landesgesetzes, die Verabschiedung des Bundesgesetzes und schließlich die Anpassung des Landesgesetzes folgten. Diese Entwicklung wurde entscheidend durch bekannte Persönlichkeiten aus Verwaltungspraxis und Wissenschaft geprägt.

Die Bedeutung des Landesverwaltungsgesetzes Schleswig-Holstein für das Land selbst, aber auch für den Bund und die anderen Länder lässt sich nur dadurch erschließen, dass das in das Landesverwaltungsgesetz eingefügte Verwaltungsverfahrensrecht als konkretisiertes Verfassungsrecht zu charakterisieren ist. Denn nicht nur die Grundsätze des Verwaltungsverfahrens, sondern auch die Rechte des Bürgers gegenüber der Verwaltung sind auf die Grundrechte und die Verfassungsprinzipien zurückzuführen. Ausgehend von diesem Hintergrund zeigt sich die außerordentliche Bedeutung des Landesverwaltungsgesetzes Schleswig-Holstein in seinen differenzierenden Funktionen. Als erste und einzige umfassende Kodifikation des Verwaltungs- und Verwaltungsverfahrensrechts beansprucht das Landesverwaltungsgesetz Schleswig-Holstein damit auch heute noch einen Sonderstatus unter den Landesgesetzen.

Anhang A

Gespräch mit Jost-Dietrich Busch[868]

Jost-Dietrich Busch wurde am 29.04.1935 in Wilhelmshaven geboren. Nach bestandenem Abitur 1954 studierte er Rechtswissenschaften an den Universitäten Marburg, Kiel und Bonn und legte 1958 in Köln die Erste Juristische Staatsprüfung sowie 1963 in Hamburg die Zweite Juristische Staatsprüfung ab. 1964 promovierte er dann an der Universität Marburg mit einer Dissertation zum Thema „Die Strafbarkeit der erfolglosen Teilnahme und die Geschichte des § 49a StGB". Im selben Jahr trat er in den höheren Verwaltungsdienst des Landes Schleswig-Holstein ein und arbeitete fast ein Jahr am Entwurf eines Landesverwaltungsgesetzes mit. Nach Abordnungen zum Kreis Oldenburg in Holstein von 1964 bis 1966 und zur Internationalen Atomenergie-Organisation in Wien von 1968 bis 1973 kehrte er ans Innenministerium des Landes Schleswig-Holstein zurück und wurde zum Referatsleiter für Landesverfassung und Landesgesetzgebung sowie 1982 auch zum stellvertretenden Abteilungsleiter berufen. Zudem war er Vertreter des öffentlichen Interesses beim Verwaltungsgericht Schleswig und beim Oberverwaltungsgericht Lüneburg. Von 1992 bis zu seiner Versetzung in den Ruhestand 1997 war er als Leiter des Referats für Kommunales Verfassungsrecht und als stellvertretender Leiter der Kommunalabteilung tätig. Neben seiner amtlichen Tätigkeit hat er umfangreiche Lehr- und Prüferaufgaben in der juristischen Ausbildung wahrgenommen und zahlreiche Veröffentlichungen vorgelegt. Seit 2008 ist er korrespondierendes Mitglied am Lorenz-von-Stein-Institut für Verwaltungswissenschaften an der Christian-Albrechts-Universität zu Kiel.

Mit wem arbeiteten Sie bei Ihrem Eintritt in die Landesverwaltung 1964 zusammen?

Ich bin im Februar 1964 in den höheren Verwaltungsdienst des Landes Schleswig-Holstein eingetreten und habe dann ungefähr bis November 1964 mit Hans Joachim Knack, Karl-Robert Schwarze und Walter Klappstein zusammengearbeitet.

Wenn man die Organisationspläne des Innenministeriums vergleicht, sieht man, dass die ganze Arbeit von der Abteilung IV 2 über Verfassung, Verwaltung und Gesetzgebung geleistet wurde. Deren Leiter war zunächst Ministerialrat Emil Guilleaume, später Hans Joachim Knack und schließlich Karl-Robert Schwarze.

868 Das Gespräch wurde am 27.04.2014 geführt.

Über die Etablierung dieser Grundsatzabteilung IV 2 berichtete 1964 auch „Der Spiegel".[869] Die Abteilung IV 2 wurde dann aber 2006 aufgelöst und ihre Referate wurden in andere Abteilungen eingegliedert.

Wer waren aus Ihrer Sicht die Motoren des Landesverwaltungsgesetzes?
Auf Seiten der Landesregierung war es in erster Linie Hans Joachim Knack. Nicht übersehen werden darf aber auch die förderliche Rolle des Landtags und insbesondere des Sonderausschusses unter dem Abgeordneten Walter Mentzel.

War Alfons Galette auch eine treibende Kraft?
Nicht mehr. Alfons Galette verließ das Innenministerium und wurde Landrat des Kreises Plön. Soweit ich das in Erinnerung habe, war er eher gegen ein Landesverwaltungsgesetz. Alfons Galette vertrat den monistischen Verwaltungsbegriff. Er wollte den Unterschied zwischen Fach- und Rechtsaufsicht nicht wahrnehmen. Diese dem Landesverwaltungsgesetz widersprechende Auffassung ging auch aus seinen Aufsätzen und Stellungnahmen hervor.

War Klaus von der Groeben in ähnlicher Weise in die Arbeit am Landesverwaltungsgesetz eingebunden wie Hans Joachim Knack?
Nein, Klaus von der Groeben stand mit der Autorität seines Namens, seiner Fachkompetenz und seiner Stellung als Staatssekretär im Innenministerium für die politische Durchsetzung des Entwurfs eines Landesverwaltungsgesetzes. Er hat auch die Initiative durch seinen Vortrag in München gegeben. Dabei wurde er von Magnus G. W. Staak unterstützt. Das Referat stellte zwar eine grundlegende politische Weichenstellung dar, aber an der Erarbeitung des Landesverwaltungsgesetzes im Einzelnen war er nicht intensiv beteiligt.

Für welches Sachgebiet des Landesverwaltungsgesetzes waren Sie zuständig?
Ich habe mich insbesondere mit dem vollzugs- und vollstreckungsrechtlichen Teil befasst, aber auch an der Formulierung des § 73 LVwG – Ermessen – ausgiebig mitgewirkt. Deswegen habe ich auch im Kommentar zum Verwaltungsverfahrensgesetz die Kommentierung der Parallelvorschrift zum Ermessen, § 40 VwVfG, übernommen. Hier hat mich besonders die positive Kritik von Christoph Degenhart zur 6. Auflage des Kommentars erfreut, der von einer „meisterhafte[n] Darstellung der Ermessensfehlerlehre bei § 40 durch Busch" und insoweit von einem „Kabinettstück[ ] juristischer Kommentierkunst" spricht.[870]

---

869 „Der Spiegel" 12/1964, 58 f.
870 *Degenhart*, LKV 1999, 502.

Haben Sie auch für den Musterentwurf Paragraphen bearbeitet?
Nein, habe ich nicht. Da ging es nachher nur noch um den § 1 Abs. 3 VwVfG. Und da habe ich die Meinung der Länder vertreten. Der Bund wollte Gesetzgebungszuständigkeit und Verwaltungsanwendung in einer Hand. In einem Telefongespräch habe ich mich dann mit dem zuständigen Referatsleiter im Bundesinnenministerium, Ministerialrat Dr. Schleicher, über die Kompromissfassung des § 1 Abs. 3 VwVfG abgestimmt.

Wir haben uns zwar gelegentlich auch noch zu Sitzungen getroffen, aber da wurden die Paragraphen nicht mehr bearbeitet. Diese Aufgabe übernahm vorwiegend das Bundesinnenministerium. Unser Gesetz lehnte sich an den Münchener Entwurf an, bis 1977 das Bundesgesetz in Kraft trat, und dann haben wir unser Gesetz relativ schnell angepasst.

Im Zusammenhang mit der Vorschrift des § 1 Abs. 3 VwVfG ist noch darauf hinzuweisen, dass es spezielles Bundesrecht – gerade im Planfeststellungsverfahren – gibt, das von der unmittelbaren Wirkung des inhaltsgleichen Bundesgesetzes ausgeht. Das ist eine Problematik, die man gar nicht so gesehen hat, aber von besonderer Bedeutung ist: Die Aushebelung des § 1 Abs. 3 VwVfG durch spezielles Bundesrecht. Was gilt denn nun eigentlich? Das Planfeststellungsverfahren ist in 5 oder 6 Bundesgesetzen geregelt, wie zum Beispiel dem Fernstraßengesetz, dem Eisenbahngesetz oder dem Wasserstraßengesetz. Die einen beanspruchen für sich die Geltung, die anderen verweisen auf das Landesrecht über § 1 Abs. 3 VwVfG.

1973 kehrten Sie ans Innenministerium des Landes Schleswig-Holstein zurück. Als zuständiger Referent nahmen Sie an der Beratung zur Novelle 1978 im Schleswig-Holsteinischen Landtag teil. Welche Änderungen wurden am Landesverwaltungsgesetz vorgenommen?
Über die Änderungen des Landesverwaltungsgesetzes, die durch die Novelle 1978 mit einhergingen, habe ich einen Aufsatz geschrieben, der 1979 in der Zeitschrift „Die Gemeinde“ veröffentlicht wurde.[871] Einen weiteren Überblick über die Entwicklung und den Stand des Landesverwaltungsgesetzes in Schleswig-Holstein habe ich 1985 in einem wiederum in der Zeitschrift „Die Gemeinde“ publizierten Aufsatz gegeben.[872]

871 *Busch*, Die Gemeinde 1979, 66 ff.
872 *Busch*, Die Gemeinde 1985, 281 ff.

Sie arbeiteten sowohl an dem Kommentar von Klaus von der Groeben und Hans Joachim Knack zum Allgemeinen Verwaltungsgesetz für das Land Schleswig-Holstein[873] als auch an dem Kommentar von Hans Joachim Knack zum Bundesverwaltungsverfahrensgesetz[874] – 1. bis 8. Auflage – mit. Welche Themenbereiche haben Sie für das Bundesverwaltungsverfahrensgesetz kommentiert?
Den § 40 VwVfG (Ermessen) sowie die §§ 63–80 VwVfG (Förmliches Verwaltungsverfahren, Planfeststellungsverfahren und Widerspruchsverfahren). Die Kommentierung zum Planfeststellungsverfahren machte eine unheimliche Mühe, weil dieses Rechtsinstitut in dieser Zeit geradezu explodiert ist. In diesem Zusammenhang sind vor allem der Frankfurter und der Münchener Flughafen sowie die Fernstraßen und die Bundesbahn zu nennen. Am Umfang der einzelnen Auflagen des Kommentars sieht man auch, wie das Planfeststellungsrecht nach und nach immer mehr gewachsen ist. Auch die Kommentierung des Widerspruchsverfahrens erforderte einen erheblichen Aufwand, weil ich sie umfassend unter Einbeziehung der VwGO angelegt habe. Leider ist diese Konzeption in der 9. Auflage von meinem Nachfolger nicht übernommen worden.

Weshalb bildet das Landesverwaltungsgesetz Ihrer Meinung nach den Mittelpunkt des schleswig-holsteinischen Landesrechts?[875]
Das Landesverwaltungsgesetz ist das umfangreichste Gesetz nicht nur von der Paragraphenzahl, sondern auch vom Anwendungsbereich her. Das gesamte Organisationsrecht, Verwaltungsverfahrensrecht, Vollzugsrecht und Vollstreckungsrecht wurden in einem Gesetz zusammengefasst und die einzelnen Teile aufeinander abgestimmt. Zu dieser Aussage stehe ich auch heute noch und sie wird auch von Bernd Hoefer in seiner Textsammlung übernommen.[876] Das Landesverwaltungsgesetz ist immer noch von erheblicher Wichtigkeit.

Wie haben Sie das Vorangehen Schleswig-Holsteins bei der Kodifikation eines Verwaltungsgesetzes beurteilt?
Die Gründe für ein Vorangehen Schleswig-Holsteins stehen in dem Vorwort von Hans Joachim Knack zur ersten Auflage des Kommentars zum Verwaltungsverfahrensgesetz. Ich hatte keinen Grund hiervon abzuweichen.

---

873 *Von der Groeben/Knack*, Allgemeines Verwaltungsgesetz für das Land Schleswig-Holstein (Landesverwaltungsgesetz): Kommentar.

874 *Knack*, Verwaltungsverfahrensgesetz (VwVfG): Kommentar.

875 *Busch*, Das Landesverwaltungsgesetz als Mittelpunkt des schleswig-holsteinischen Landesrechts.

876 *Hoefer*, Gesetze des Landes Schleswig-Holstein, S. V.

Anhang B

Gespräch mit Wolfgang Clausen[877]

Wolfgang Clausen wurde am 25.12.1935 in Kiel geboren. 1956 nahm er das Studium der Rechtswissenschaft an den Universitäten Kiel und Würzburg auf und schloss es 1960 mit der Ersten Juristischen Staatsprüfung ab. Sein Referendariat verbrachte er im Bezirk des Schleswig-Holsteinischen Oberlandesgerichts. 1964 legte er die Zweite Juristische Staatsprüfung ab und promovierte im selben Jahr am Institut für Internationales Recht der Universität Kiel mit einer von Eberhard Menzel betreuten Dissertation zum Thema „Die Staatwerdung Ghanas: Studie über die Verfassungsentwicklung kolonialer Gebiete zum unabhängigen Staat". Anschließend trat Wolfgang Clausen in den höheren Verwaltungsdienst des Landes Schleswig-Holstein ein und war bis 1973 Referent im Innenministerium und in der Staatskanzlei des Landes Schleswig-Holstein, wo er zuletzt das Amt des Ministerialrats bekleidete. Von 1973 bis 1985 übte er das Amt des Landrats des Kreises Ostholstein aus. Im Anschluss wurde er zum Staatssekretär des Kultusministeriums des Landes Schleswig-Holstein berufen. 1989 – ein Jahr nach dem Ende seiner Amtszeit – nahm er eine Tätigkeit als Rechtsanwalt in Oldenburg in Holstein und in Kiel auf. Inzwischen arbeitet er für eine Rechtsanwaltskanzlei in Hamburg.

In welche Abteilung kamen Sie bei Ihrem Eintritt in die Landesverwaltung 1964?
In die allgemeine Gesetzgebungsabteilung. Abteilungsleiter war damals noch Emil Guilleaume und Referent für Gesetzgebungsvorhaben Hans Joachim Knack, dem ich als junger Assessor zugeordnet worden bin.

Wie entwickelte sich die Idee zur Kodifikation des allgemeinen Verwaltungsrechts?
Hans Joachim Knack hatte schon vor meiner Zeit das Projekt einer Kodifikation des allgemeinen Verwaltungsrechts in Gang gesetzt. Alles fing mit einem Vortrag von Staatssekretär Klaus von der Groeben auf dem Deutschen Juristentag an, der dort über die Notwendigkeit eines Verwaltungsverfahrensgesetzes eine Rede gehalten hat. Diese Rede ist in der Fachwelt sehr interessiert und wohlwollend aufgenommen worden. Als Studenten haben wir damals ein wenig darunter gelitten,

877 Das Gespräch fand am 06.06.2014 statt.

dass das allgemeine Verwaltungsrecht völlig unkodifiziert war. Wir mussten uns anhand der Rechtsprechung die Grundsätze des allgemeinen Verwaltungsrechts selbst erarbeiten. Es existierten zwar Lehrbücher, aber das allgemeine Verwaltungsrecht war nicht in Gesetzesform zugänglich. Schleswig-Holstein hat dann auch dafür gesorgt, dass eine Bund-Länder-Kommission unter dem Vorsitz des Staatssekretärs des Innenministeriums des Landes Nordrhein-Westfalen Fritz Rietdorf eingerichtet worden ist, die einen Musterentwurf eines Verwaltungsverfahrensgesetzes erarbeitet hat. In dieser Kommission war Hans Joachim Knack Vertreter des Landes Schleswig-Holstein. Der Musterentwurf ist erstmals 1963 erschienen und in einer überarbeiteten Fassung 1966 veröffentlicht worden. An dieser „Münchener Fassung“ habe ich dann auch mitgewirkt.

Wie ging die Erarbeitung des Landesverwaltungsgesetzes konkret vonstatten? Welche Aufgaben übernahmen Sie in diesem Zusammenhang?

Schleswig-Holstein hat auf Veranlassung von Hans Joachim Knack und Klaus von der Groeben als erstes Land die Initiative ergriffen und den Musterentwurf in die Realität eines Gesetzes gegossen. Dabei bestand die Überlegung, nicht ein reines bloßes Verwaltungsverfahrensgesetz mit den allgemeinen Regeln, die in dem Musterentwurf niedergelegt waren, zu schaffen, sondern gleichzeitig auch große gesetzgeberische Lücken und Zersplitterungen für Schleswig-Holstein zu beseitigen und ein geschlossenes Verwaltungsverfahrensgesetz zu formen, das auch andere Bereiche mit umfasst. Meine erste Aufgabe im Innenministerium war, Teilbereiche zu ordnen und zu einem Gesetzentwurf zusammenzuführen. Der erste Teilbereich war die Verwaltungsorganisation, der zweite das normale Verwaltungsverfahren und der dritte das Vollstreckungsrecht, das Vollzugsrecht sowie das Zustellungswesen. Diese Teilbereiche sind von verschiedenen Personen erarbeitet worden, unter anderem von Walter Klappstein, Jost-Dietrich Busch, teilweise noch Magnus G. W. Staak und mir. Meine Hauptaufgabe bestand dann darin, diese verschiedenen Teile zu einem geschlossenen Gesetzentwurf zusammenzuführen und reif zu machen für die Vorlage im Landtag. Diese Arbeit war bis 1966 abgeschlossen.

Ich habe ungewöhnlich lange als Assessor und Regierungsrat im Innenministerium gearbeitet, weil es damals üblich war, nach einer wenige Monate dauernden Einarbeitungsphase, die jungen Juristen in einen Landkreis zu schicken, um Verwaltungserfahrung zu sammeln. Dagegen blieb ich so lange im Innenministerium, bis der Entwurf landtagsreif war. Im Anschluss bin ich zur weiteren Ausbildung in den damaligen Kreis Eutin zu dessen Landrat Bernhard Ohmstede, der nachher Staatssekretär im Innenministerium geworden ist, geschickt worden. Die eigentliche Landtagsberatung habe ich deshalb nicht mitverfolgen können.

Am 18./19.02.1966 wohnten Sie als Regierungsassessor der Klausurtagung in Tremsbüttel bei. Welche Haltung nahmen die Vertreter der Verwaltungswissenschaft, der kommunalen Landesverbände und des Innenministeriums während der Erörterung ein?

Vor der Zuleitung des Entwurfs in den Landtag fand in Tremsbüttel eine sehr interessante wissenschaftliche Tagung mit verschiedenen Professoren und Fachleuten statt. Auf der einen Seite gab es einige glühende Befürworter eines Verwaltungsverfahrensgesetzes, die auch Schleswig-Holstein ermuntert haben, den ersten Schritt zu tun. Denn der Musterentwurf war ja schön und gut, aber irgendwann musste jemand die Initiative ergreifen. Weil jedoch kein Land und auch nicht der Bund zunächst dazu bereit waren, hat dann Schleswig-Holstein – auch aufgrund dieser Tagung – tatsächlich den ersten Schritt gemacht. Auf der anderen Seite gab es auch Widerstände. Die Gegner eines Verwaltungsverfahrensgesetzes meinten, dass eine Kodifikation unmöglich sei, weil sich das Verwaltungsverfahrensrecht durch die Rechtsprechung so rasant entwickele, dass es lieber der allgemeinen Entwicklung durch die Rechtsprechung überlassen bleiben solle.

Außerdem gab es einige mehr systematische Gegner, zu denen ich den damaligen Landrat des Kreises Plön Alfons Galette zähle. Der hat eine eigene Meinung zum Verhältnis Land – Kommunen vertreten, die unserer Auffassung im Innenministerium überhaupt nicht entsprach. Wir waren der Meinung – und das ist auch heute herrschende Meinung –, dass es zum einen kommunaleigene Aufgaben gibt, zum anderen landeseigene Aufgaben, die das Land selbst durchführt, und schließlich Aufgaben, die das Land den Kommunen zur Erfüllung nach Weisung übertragen hat, das heißt nicht als Selbstverwaltungsaufgaben, sondern zur Erfüllung nach Weisung unter Aufsicht und nach Weisung des Landes. In den originären kommunalen Aufgaben kann das Land nur bei Rechtsverstößen Weisungen erteilen. Bei den anderen Sachen, die das Land zur Erfüllung nach Weisung übertragen hat, kann es auch Zweckmäßigkeitsweisungen geben. Alfons Galette hatte die davon abweichende Auffassung, dass es nur Landesaufgaben, die das Land selbst durchführt, und Selbstverwaltungsaufgaben der Kommunen gibt. Wenn das Land eine Sache zur Erfüllung nach Weisung überträgt, dann sei das nichts anderes als eine Übertragung zur eigenen Verantwortung. Er leugnete also dieses Institut der Erfüllung nach Weisung. Diese für uns abenteuerliche Meinung vertrat Alfons Galette auch in dem damaligen Kommentar zur Gemeinde-, Kreis- und Amtsordnung für Schleswig-Holstein, den er betreut hat.[878] Wir haben diese gegensätzlichen Standpunkte in der Sitzung in

878 *Galette/Laux*, Kommentare zur Gemeindeordnung, Kreisordnung, Amtsordnung für Schleswig-Holstein, S. 20 ff.

Tremsbüttel ausführlich diskutiert und uns bemüht, in den Entwurf klare Regelungen über das Weisungsverhältnis im Organisationsteil des Gesetzes hineinzuschreiben, so dass kein Zweifel mehr bestand und sich diese Meinung von Alfons Galette nicht verfestigen konnte.

Sie arbeiteten sowohl an dem Kommentar von Klaus von der Groeben und Hans Joachim Knack zum Allgemeinen Verwaltungsgesetz für das Land Schleswig-Holstein[879] als auch an dem Kommentar von Hans Joachim Knack zum Bundesverwaltungsverfahrensgesetz[880] – 1. bis 8. Auflage – mit. Was kennzeichnete diese beiden Werke?
Wir haben den ersten Kommentar speziell zum Landesverwaltungsgesetz geschrieben, der zwar nicht sehr umfangreich und nicht sehr erschöpfend war, aber erste Anhaltspunkte für die Handhabung dieses Gesetzes bot.

Beim Kommentar zum Bundesverwaltungsverfahrensgesetz habe ich auch mitgewirkt und acht Auflagen betreut. Das war auch eine sehr intensive Arbeit, weil sich natürlich sofort eine reiche Rechtsprechung ergab. Aber dieses Bundesgesetz und auch die anschließenden Landesgesetze waren nur ein schmaler Teil dessen, was in Schleswig-Holstein als Landesverwaltungsgesetz praktiziert wurde. Die anderen Länder sind dem Beispiel Schleswig-Holsteins nicht gefolgt und haben den Regelungsinhalt des Entwurfs des Verwaltungsverfahrensgesetzes nicht erweitert, sondern haben alle nur ein reines Verwaltungsverfahrensgesetz mit den knapp 60 oder 70 Paragraphen des Musterentwurfs erlassen. Dabei enthielten einige Landesverwaltungsverfahrensgesetze einen vollen Text, andere nur eine Bezugnahme auf das Bundesverwaltungsverfahrensgesetz, dass dieses für Landesbehörden und Landesentscheidungen entsprechend anzuwenden ist.

Wer waren die Motoren des Gesetzes?
Das war im Wesentlichen Hans Joachim Knack. Er war ein sehr eifriger Verfechter der Idee, dass man das allgemeine Verwaltungsrecht kodifizieren müsse. Zudem hat er sowohl den Staatssekretär Klaus von der Groeben als auch den Innenminister Hartwig Schlegelberger dafür begeistert. Ich habe später mit Hartwig Schlegelberger sehr viel zusammengearbeitet, weil ich dann Referent für Bundesratsangelegenheiten und Innenministerkonferenzen und er Vorsitzender des Bundesratsinnenausschusses war. Er zeigte sich gegenüber rechtspolitischen und rechtstheoretischen Problemen sehr aufgeschlossen und hat das

---

879 *Von der Groeben/Knack*, Allgemeines Verwaltungsgesetz für das Land Schleswig-Holstein (Landesverwaltungsgesetz): Kommentar.

880 *Knack*, Verwaltungsverfahrensgesetz (VwVfG): Kommentar.

Landesverwaltungsgesetz von der Spitze des Hauses her sehr gefördert, indem er unter anderem begeisternde Reden im Landtag hielt.

Wie haben Sie das Vorangehen Schleswig-Holsteins bei der Kodifikation eines Verwaltungsverfahrensgesetzes beurteilt?

Ein Land musste den ersten Schritt tun. Ohne das Voranschreiten Schleswig-Holsteins wäre der Musterentwurf eines Verwaltungsverfahrensgesetzes höchstwahrscheinlich im Sande verlaufen. Erst als die anderen Länder sahen, dass das Landesverwaltungsgesetz in Schleswig-Holstein funktioniert, haben sie sich auch mit einigen Jahren Verspätung getraut, entsprechende Gesetze zu erlassen. Aber kein Land hat ein derart umfassendes Gesetzeswerk wie das Landesverwaltungsgesetz Schleswig-Holstein verkündet, sondern lediglich Verwaltungsverfahrensgesetze.

Ist in der umfassenden Regelung des Landesverwaltungsgesetzes ein Vorteil zu sehen?

Ja, Schleswig-Holstein hat die zersplitterte Rechtsmaterie eines wichtigen Teils des öffentlichen Rechts in einem Gesetzeswerk zusammengefasst und dadurch sowohl für die Ausbildung der Studenten als auch für die Verwaltungspraxis aus meiner Sicht ein großes Werk getan. Denn es gibt nichts Schlimmeres für Studenten, als versprengte Rechtsquellen zusammenzubinden und überhaupt zu finden, wo was geregelt ist. Wenn man ein Verwaltungsgesetz für ein Bundesland hat, dann bedeutet es eine große Arbeitserleichterung, damit zu arbeiten. Wir haben uns damals bemüht, in den Materien, die Schleswig-Holstein neben dem Verwaltungsverfahren geregelt hat, die bisherige Rechtsprechung mit einzufangen und ein Gesetz zu schaffen, das dem aktuellen Stand der wissenschaftlichen Erkenntnis und der Rechtsprechung entspricht. Es hat sich herausgestellt, dass es keine Vorschrift gab, die als fehlerhaft korrigiert werden musste. Natürlich bedarf ein Gesetz gelegentlicher Korrekturen, aber die juristischen Grundtendenzen sind bis heute unverändert geblieben. Das sehe ich als eine große Tat von Schleswig-Holstein an. Ich kann meinem damaligen Chef Hans Joachim Knack nur große Bewunderung entgegenbringen, dass er die Entschlusskraft und das Durchhaltevermögen gehabt hat, das Landesverwaltungsgesetz Schleswig-Holstein durchzusetzen.

Anhang C

Gespräch mit Magnus G. W. Staak[881]

Magnus G. W. Staak wurde am 03.01.1932 in Rostock geboren. Nach dem 1952 an der Kieler Gelehrtenschule absolvierten Abitur studierte er Rechtswissenschaften an den Universitäten Kiel und Bonn und legte 1955 die Erste Juristische Staatsprüfung ab. 1959 promovierte er in Kiel mit einer Dissertation zum Thema „Funktionen und staatsrechtliche Stellung eines Bundeswirtschaftsrates". Im Anschluss an die Zweite Juristische Staatsprüfung in Hamburg arbeitete er von 1959 bis 1967 in der Landesverwaltung Schleswig-Holstein. Dort war er zunächst in einem Referat für Ordnungsrecht tätig, bevor er Referent in der Abteilung Zivile Verteidigung wurde. Anschließend arbeitete er in der Planungsgruppe der Landesregierung im Innenministerium in der Abteilung Verfassung, Gesetzgebung und Verwaltung. Nach seiner Tätigkeit im Innenministerium wechselte er in den Kommunaldienst und war von 1967 bis 1991 Geschäftsführendes Vorstandsmitglied des Städtebundes und Geschäftsführer des Städteverbandes Schleswig-Holstein. Als Vorsitzender der Lorenz-von-Stein-Gesellschaft für Verwaltungswissenschaften trug er zur Gründung des gleichnamigen Instituts bei. Der 13. Schleswig-Holsteinische Landtag übertrug ihm die Leitung der Enquete-Kommission „Kommunalverfassungsreform".

Sie haben an der Erarbeitung des Landesverwaltungsgesetzes Schleswig-Holstein mitgewirkt. Welches verwaltungsrechtliche Material stand Ihnen während Ihres Studiums – vor Erlass dieser Kodifikation – zur Verfügung?
Meine Generation, die ab 1952 studierte, hatte als Rechtsgrundlage noch das „Blaue Wunder". Der Professor für Verwaltungsrecht Hermann Held gab einen kleinen Band mit Verwaltungsvorschriften heraus, da zu dieser Zeit noch keine Gesetzestexte verfügbar waren.[882] Das „Blaue Wunder" bildete eine Grundlage der Verwaltungspraxis ab 1945. Der Band enthielt unter anderem auch § 25 MRVO Nr. 165 – Verordnung Nr. 165 der Britischen Militärregierung über die Verwaltungsgerichtsbarkeit in der Britischen Zone vom 15.09.1948 –, der den Verwaltungsakt definierte. Diese Zusammenfassung verdeutlicht aber auch die Unsicherheit, die nach Kriegsende auf dem Gebiet des Verwaltungsrechts bestand.

881 Das Gespräch wurde am 26.04.2014 geführt.
882 *Held*, Verfassungs- und Verwaltungsrecht in Schleswig-Holstein.

Können Sie noch andere Faktoren anführen, die diese Unsicherheit belegen?
Ein weiterer Aspekt ist der, dass die Landesexistenz in Frage gestellt wurde. In seinem Beitrag zum ersten Kommentar zur Landessatzung für Schleswig-Holstein äußerte Werner Groß in den einleitenden Absätzen Zweifel an der Landesqualität Schleswig-Holsteins.[883] Auch dieser Gesichtspunkt spielte in der Diskussion über den organisationsrechtlichen Teil eine entscheidende Rolle.

Im Jahr 1959 nahmen Sie dann Ihre Arbeit im schleswig-holsteinischen Innenministerium auf. Welche Aufgabe wurde Ihnen für die Erarbeitung des Landesverwaltungsgesetzes übertragen?
Ich war für das Organisationsrecht und Walter Klappstein für das Verfahrensrecht zuständig. Nach meinem Ausscheiden übernahm Wolfgang Clausen meinen Part.

Im Grunde faszinierte uns zu Beginn der Arbeiten am Landesverwaltungsgesetz, dass es drei Bereiche gab, die getrennt rechtlich geordnet werden mussten: Das Verwaltungsorganisationsrecht, das Verwaltungsverfahrensrecht und die integrierten ordnungsrechtlichen Teile. In der ersten Phase der Entwicklung eines Landesverwaltungsgesetzes interessierten uns jedoch nur das Verwaltungsorganisationsrecht und das Verwaltungsverfahrensrecht. Als eine der Grundlagen für die Überlegungen zur Kodifikation des Verwaltungsorganisations- und des Verwaltungsverfahrensrechts in Schleswig-Holstein diente dabei das „Gutachten über die Organisation der Landesregierung und Landesverwaltung Schleswig-Holstein", das der Präsident des Bundesrechnungshofs 1950 vorlegte.[884] Als im Jahr 1959 Walter Klappstein im Kreis Ostholstein und ich im Kreis Rendsburg waren, wurde lebhaft über das Landesverwaltungsrecht diskutiert und darüber, ob eine rechtliche Grundlage für die „Nachfolgeorganisation nach der alten klassischen Verwaltung dieser Provinz Schleswig-Holstein" geschaffen werden soll. Der Beantwortung dieser Frage kam am Anfang eine höhere Priorität zu als dem Verwaltungsverfahrensrecht.

Welchen Eindruck hatten Sie von den Wegbereitern des Landesverwaltungsgesetzes bei Ihrem Eintritt in die Landesverwaltung?
Im Innenministerium kamen die Personen überwiegend aus der alten Verwaltung. Manche waren persönlich dem nationalsozialistischen Gedankengut verhaftet gewesen. Allerdings muss ihnen auch zugestanden werden, dass sie

---

883 *Lauritzen*, Die Selbstverwaltung in Schleswig-Holstein, S. 153 f.

884 *Der Präsident des Bundesrechnungshofes*, Gutachten über die Organisation der Landesregierung und Landesverwaltung Schleswig-Holstein.

fachlich gute Leistungen vollbrachten und zu den Förderern eines Landesverwaltungsgesetzes zählten, vor allem des organisationsrechtlichen Teils.

Für Alfons Galette war die Frage „Weisungsangelegenheiten, Auftragsangelegenheiten, eigene kommunale Angelegenheiten" eines der entscheidenden, zentralen Probleme der Neuordnung. Auch das Verhältnis zwischen Landesorganisationsrecht und kommunaler Organisation gehörte zu einem der Probleme des einleitenden Teils des Landesverwaltungsgesetzes und wurde nie ganz überzeugend gelöst. Der § 3 LVwG – die Abgrenzung zu beliehenen Unternehmen – führte zu stundenlangen Auseinandersetzungen. Die Ausführungen in einem wesentlich von Galette geprägten Kommentar zum Kommunalverfassungsrecht zeigen aber, dass er nach wie vor den Rang der kommunalen Selbstverwaltung gegenüber der Staatsverwaltung anders bewertete, als es im Landesverwaltungsgesetz geschah.[885]

Innenminister Helmut Lemke war jemand, der den Wunsch hatte, der Verwaltung festere, auch wissenschaftliche Grundlagen zu geben. Damals hat er sich sehr früh für die Bildung eines Instituts für Verwaltungswissenschaften eingesetzt, das interdisziplinär forschen und arbeiten sowie die Landesregierung durch gutachterliche Arbeit unterstützen sollte. Das Institut hat sich dann im Verlauf der Zeit verschiedenen Aspekten des Verwaltungsrechts, Verwaltungsorganisationsrechts und Verwaltungsverfahrensrechts zugewandt. Auch darin wird deutlich, dass die Kodifikation keine aus dem Nichts geborene Entdeckung gewesen ist und dass die Initiativen nicht nur aus der bundesweiten, sondern sehr entscheidend eben auch aus der speziellen schleswig-holsteinischen Diskussion entwickelt worden sind.

Im Jahr 1960 hielt der Amtschef des Innenministeriums Klaus von der Groeben auf dem 43. Deutschen Juristentag in München ein für die Kodifikation des Verwaltungsrechts wegweisendes Referat. Inwiefern haben Sie an den Vorarbeiten zu diesem Referat mitgewirkt?

Walter Klappstein und ich sind zum Deutschen Juristentag nach München gefahren. Dort ging es nicht um die Kodifikation des Verwaltungsorganisationsrechts, sondern um die des Verwaltungsverfahrensrechts. Klaus von der Groebens Referat war im wesentlichen von Alfons Galette unter der Mitwirkung von Walter Klappstein erarbeitet worden. Schleswig-Holstein gab dann das eindeutige Bekenntnis ab: „Wir bleiben dabei und wir sind dafür!", auch wenn stimmungsmäßig erkennbar war, dass die Bundesverwaltungsrichter und ein

885 *Galette/Laux*, Kommentare zur Gemeindeordnung, Kreisordnung, Amtsordnung für Schleswig-Holstein, S. 20 ff.

Teil der Wissenschaft die Zeit für eine Kodifikation noch nicht für gekommen hielten. Mit diesem Bekenntnis begann die ganz konkrete Arbeit am Landesverwaltungsgesetz.

Wie ging diese konkrete Arbeit vonstatten?
In der Folge kam es darauf an, die Entwürfe – noch ohne das Ordnungsrecht – im Lande zu diskutieren, wobei es zwei Gesprächskreise gab: Den Gesprächskreis Verwaltung koordinierte Hans Joachim Knack, der den Entwurf in der Verwaltung zur Anerkennung führte. Außerdem gab es einen Gesprächskreis im Landtag, den Gustav Kuhn als Zuarbeiter für den Landtagsinnenausschuss begleitete. In den Sitzungen dieses Sonderausschusses leistete der Arbeitskreis Knack Formulierungshilfen für die Landtagsberatungen.

Zum Zweck einer gemeinsamen Stellungnahme der kommunalen Landesverbände wurde 1965 ein Arbeitskreis Landesverwaltungsgesetz eingerichtet. Warum äußerten die kommunalen Landesverbände grundsätzliche Bedenken gegen eine Kodifizierung des Gesetzes?
Der organisationsrechtliche Teil der kommunalen Landesverbände war zu diesem Zeitpunkt noch schwammig und unklar. Die Kreisgebietsreform erfolgte erst 1969/70, so dass die Kommunen vor allem Detailfragen wie Katasterämter oder das Landesvermessungsamt interessierten. Zunächst fehlte in den Überlegungen das Ordnungsrecht, das die Kommunen in der alltäglichen Praxis am meisten beschäftigte. Sie fragten sich, wo eigentlich ihre Probleme geregelt werden.

Was hat Sie dazu bewogen, 1967 eine Textausgabe zum Landesverwaltungsgesetz Schleswig-Holstein zu veröffentlichen?
Der Grund dafür war recht einfach: Der Deutsche Gemeindeverlag erwartete, dass diese Textausgabe zeitgleich mit dem Gesetz herauskommen werde.

Wie haben Sie das Vorangehen Schleswig-Holsteins bei der Kodifikation eines Verwaltungsverfahrensgesetzes beurteilt?
Das Vorangehen Schleswig-Holsteins haben wir als entscheidenden Vorteil empfunden. Auch in der bundesweiten Diskussion hatten wir das Gefühl, dass wir mit der Ausweitung auf das Ordnungsrecht und andere Bereiche eine wesentlich tragfähigere Grundlage für die Verwaltungspraxis in diesem kleinen Bundesland entwickelt hatten als die Länder, die nur Teilbereiche kodifizierten.

Wieso ist Schleswig-Holstein dafür besonders geeignet gewesen?
Schleswig-Holstein ist klein und überschaubar. In der Verwaltungspraxis kennt jeder jeden; vieles wird „zurechtgeschnackt". Der Vergleich zu anderen größeren

Ländern ist deshalb nicht angebracht. Das ist aber nur in einer verwaltungsorganisationsrechtlichen Ordnung mit einem hohen Abstraktionsgehalt und ohne allzu starre Zwischenregelungen möglich. Wir verzichten in großem Umfang auf rechtliche Strukturen, wo sie nicht notwendig sind.

Welche Bedeutung messen Sie dem Landesverwaltungsgesetz Schleswig-Holstein für die Entstehung des Verwaltungsverfahrensgesetzes des Bundes bei?
Diese Entwicklung habe ich zwar nur am Rande verfolgt. Aber ich habe immer die grotesken Unterschiede bedauert, die nach einer Vereinheitlichung in den abstrakten Organisationsformen und in den verfahrensrechtlichen Grundnormen bestehen. In diesem Zusammenhang ist das Verfahrensrecht weiter geführt worden als das Organisationsrecht. Da sind die Hemmungen im Organisationsrecht größer als im Verfahrensrecht. Während zum Beispiel der Begriff des Verwaltungsaktes verfahrensrechtlich bundesweit einheitlich geklärt ist, sind im organisationsrechtlichen Teil nicht einmal die Grundnormen vereinheitlicht.

Anhang D

Gespräch mit Gustav Kuhn[886]

Gustav Kuhn wurde am 05.02.1932 in Marburg geboren. Nach dem 1953 in Kiel absolvierten Abitur studierte er Rechtswissenschaften an den Universitäten Heidelberg und Kiel und legte 1958 in Kiel die Erste Juristische Staatsprüfung sowie 1963 in Hamburg die Zweite Juristische Staatsprüfung ab. 1964 promovierte er an der Universität Kiel mit einer Dissertation zum Thema „Geltung der Grundrechte für Minderjährige". Im gleichen Jahr trat er in den höheren Verwaltungsdienst des Landes Schleswig-Holstein ein. Nach Abordnung zur Stadtverwaltung Heide in Holstein von 1964 bis 1966 war Gustav Kuhn zunächst Assistent bei der Beratung des Landesverwaltungsgesetzes im Schleswig-Holsteinischen Landtag und anschließend von 1967 bis 1969 Referent in der Hochschulabteilung des Kultusministeriums, wo er insbesondere an der Erarbeitung des Hochschulbauförderungsgesetzes und des Landeshochschulgesetzes mitwirkte. Daraufhin arbeitete er als Hochschulreferent in der Planungsabteilung des Ministeriums und Verbindungsreferent zum Kultusministerium in der Staatskanzlei. Von 1971 bis zu seiner Versetzung in den Ruhestand 1992 war er Abteilungsleiter verschiedener Schulabteilungen.

Wie kam es dazu, dass Sie dem Vorsitzenden des Sonderausschusses Walter Mentzel als ständiger Sekretär beigegeben wurden?

Im damals noch dreieinhalb Jahre dauernden Vorbereitungsdienst konnte man eine Reihe von Wahlstationen durchlaufen. Ich habe vier Verwaltungswahlstationen absolviert. Die erste war bei der Kreisverwaltung des ehemaligen Kreises Eckernförde. Dort war ich nicht damit zufrieden, verwaltungsrechtliche Gutachten zu schreiben, sondern bat um „richtige" Verwaltungsarbeit. Ich erhielt als Krankheitsvertretung das Sachgebiet „Naturschutz". Dies und/oder ein Gutachten über die kommunalen Probleme beim geplanten Bau des Marinestützpunktes Olpenitz müssen dem Landrat des Kreises Eckernförde Walter Mentzel aufgefallen sein.

1964 hatten Bund und Länder den Musterentwurf eines Verwaltungsverfahrensgesetzes beschlossen. Innenminister Hartwig Schlegelberger hatte den Ehrgeiz, dass Schleswig-Holstein als erstes Bundesland diesen Musterentwurf in einem Gesetz verwirklichen sollte, und setzte sich damit in seiner Landtagsfraktion durch. Aber

886 Das Gespräch fand am 11.05.2014 statt.

kein Abgeordneter sah seinen Landtagsausschuss als kompetent dafür an. So beschloss man die Einrichtung eines Sonderausschusses und bedrängte den Fraktionsvorsitzenden Walter Mentzel als dem einzigen erfahrenen Verwaltungsbeamten, den Vorsitz zu übernehmen. Dieser willigte ein unter der Bedingung, dass ich dabei sein Assistent würde.

Welche Funktion übernahmen Sie bei der Gesetzesberatung?
Ich wurde als Landesbeamter vorzeitig von den Lehrjahren bei der Stadt Heide abgerufen und verwaltungstechnisch dem Vater des Gesetzes, Hans Joachim Knack, zugeordnet, der damals schon Leiter der Verfassungsschutzabteilung war. Aber ich hatte ein Zimmer in der Nähe von Walter Mentzel in der CDU-Fraktion und durfte sogar an den Fraktionssitzungen teilnehmen. Dadurch lernte ich die Denk-, Rede- und Handlungsweise der Abgeordneten kennen.

Auf welche Art und Weise unterstützten Sie den Vorsitzenden Walter Mentzel im Sonderausschuss?
Als Assistent von Walter Mentzel bereitete ich ihn auf die Sitzungen vor und schrieb seine Reden. Aber ich musste mich natürlich auch inhaltlich in das Gesetz vertiefen, um Walter Mentzel bei der Erörterung im Sonderausschuss zur Seite stehen zu können.

Inwiefern übten die Wegbereiter des Landesverwaltungsgesetzes Einfluss auf die Tätigkeit des Sonderausschusses aus?
Der Erfinder beziehungsweise Vater des Gesetzes war Hans Joachim Knack. Dieser wurde wegen seiner großen Leistungen im Hinblick auf das Landesverwaltungsgesetz nach dessen Verabschiedung zum Abteilungsleiter für Verfassungsschutz befördert. Auf seinem Referat verblieb Jost-Dietrich Busch. Diese Personen haben das Gesetz im Sonderausschuss regelmäßig vertreten. Zu Anfang haben wir uns zu dritt nach jeder Sitzung getroffen, um das weitere Vorgehen zu beraten und die nächsten Paragraphen vorzubereiten.

Welche Bedenken äußerte die SPD-Fraktion gegen das Landesverwaltungsgesetz Schleswig-Holstein?
Für keinen Abgeordneten war das Landesverwaltungsgesetz sein Metier. Ich habe in Erinnerung, dass die Opposition vor allem Paragraphen kritisierte, die Eingriffe für den Bürger bedeuteten. Deshalb forderte sie unter anderem Änderungen des Polizei- und Vollstreckungsrechts. In diesem Zusammenhang schlug sie auch eigene Gesetzesparagraphen vor. An einen dieser von der SPD beantragten neuen Paragraphen erinnere ich mich besonders: Wenn die Verwaltung anfängt, durch Vergabe von Geld zu arbeiten statt durch polizeirechtliche Eingriffe, müssen die Vergaberichtlinien veröffentlicht werden (§ 71 LVwG). Während

mich diese Regelung beeindruckte und ich für deren Aufnahme in das Landesverwaltungsgesetz eintrat, lehnten Hans Joachim Knack und Jost-Dietrich Busch sie entschieden ab.

Was hat Sie dazu bewogen, 1968 einen Kommentar zum Landesverwaltungsgesetz Schleswig-Holstein zu veröffentlichen?[887]

Ich hatte gehört, dass Hans Joachim Knack und Jost-Dietrich Busch an einem Kommentar zum Landesverwaltungsgesetz arbeiteten. Ich bot ihnen meine Mithilfe an. Daran hatten sie kein Interesse. Da ich damals wissenschaftlich am Verwaltungsrecht stark interessiert war, schrieb ich dann einen eigenen Kommentar unter besonderer Berücksichtigung der Beratungen im Sonderausschuss und des Standes der Wissenschaft.

887 *Kuhn*, Landesverwaltungsgesetz mit Ordnungswidrigkeitengesetz, Zivilprozessordnung, Kostenordnung und sämtlichen anderen Nebengesetzen und Ausführungsvorschriften: Kommentar.

RECHTSHISTORISCHE REIHE

Die nachfolgende Liste führt die Titel der "Rechtshistorischen Reihe" ab Band 300 auf.
Eine vollständige Übersicht aller bisher in der Reihe erschienenen Bücher
finden Sie auf www.peterlang.com

Band 300 Jan Kohlmann: Der Marsch zu den Gräbern von Karl und Rosa. Geschichte eines Gedenktages. 2004.

Band 301 Christian Rainer Schlicht: Die kumulative Schuldübernahme in der Rechtsprechung des Reichsgerichts und in der zeitgenössischen Literatur. 2004.

Band 302 Hans Peter Glöckner: Positive Vertragsverletzung. Die Geburt eines Rechtsinstituts. 2006.

Band 303 João Manuel Azevedo Alexandrino Fernandes: Die Theorie der Interpretation des Gesetzes bei Francisco Suárez. 2005.

Band 304 René Funk: Die Wahlprüfung der volksgewählten Abgeordneten der Volksvertretungen im Frühkonstitutionalismus. Eine Untersuchung der Wahlprüfung in den Kammern der Abgeordneten des Großherzogtums Baden, des Königreichs Württemberg und des Großherzogtums Hessen. 2005.

Band 305 Carolin O'Sullivan. Die Ahndung von Rechtsbrüchen der Seeleute im mittelalterlichen hamburgischen und hansischen Seerecht (1301-1482). 2005.

Band 306 Martin Jürgens: Staat und Reich bei Ernst Rudolf Huber. Sein Leben und Werk bis 1945 aus rechtsgeschichtlicher Sicht. 2005.

Band 307 Florian G. Dürselen: Franz Beyerle (1885-1977). Leben, Ära und Werk eines Rechtshistorikers. 2005.

Band 308 Kai Bandilla: Urheberrecht im Kaiserreich. Der Weg zum Gesetz betreffend das Urheberrecht an Werken der Literatur und Tonkunst vom 19. Juni 1901. 2005.

Band 309 Stefan Mieth: Die Entwicklung des Denkmalrechts in Preußen 1701-1947. 2005.

Band 310 Catharina Lodemann: Die Geschichte des französischen *acte de gouvernement*. 2005.

Band 311 Christina Wicke: Kodifikationsbestrebungen und Wissenschaft in Hessen-Darmstadt im vorkonstitutionellen Zeitalter. Zu der Beteiligung der Gießener Rechtsprofessoren an den Gesetzgebungsarbeiten in Hessen-Darmstadt in der Zeit zwischen 1769 und 1820. 2005.

Band 312 Christiane Chlosta: Nur dem Gesetz unterworfen? Eine rechtsgeschichtliche Untersuchung zu Idee und Wirklichkeit richterlicher Gesetzestreue unter besonderer Berücksichtigung der Aufwertungsrechtsprechung und des richterlichen Prüfungsrechts. 2005.

Band 313 Kathrin Dirr: Hoheitsrechtliche Streitigkeiten zwischen den Kölner Erzbischöfen und der Stadt Köln auf Grundlage reichskammergerichtlicher Verfahren des 16. und 17. Jahrhunderts. 2005.

Band 314 Michael Racky: Die Diskussion über Gewaltenteilung und Gewaltentrennung im Vormärz. 2005.

Band 315 Petra Thiemrodt: Die Entstehung des Staatshaftungsgesetzes der DDR. Eine Untersuchung auf der Grundlage von Materialien der DDR-Gesetzgebungsorgane mit zeitgeschichtlichen Bezügen. 2005.

Band 316 Julius F. Reiter: Entstehung und staatsrechtliche Theorie der italienischen *Carta del Lavoro*. 2005.

Band 317 André Book: Die Justizreform in der Frühzeit der Bundesrepublik. Die Beratungen der Kommission zur Vorbereitung einer Reform der Zivilgerichtsbarkeit in den Jahren 1955 bis 1961. 2005.

Band 318 Frank Zentz: Das amerikanische Strafverfahren als Element der Besatzungspolitik in Deutschland. Erziehung zur Demokratie durch den *Court of Appeals* 1948-1955. 2005.

Band 319 Friederike Quaisser: Mietrecht im 19. Jahrhundert. Ein Vergleich der mietrechtlichen Konzeptionen im Allgemeinen Landrecht für die Preußischen Staaten von 1794 und dem gemeinen Recht. 2005.

Band 320 Stefan Burghard: Professor Dr. Wilhelm Kahl – Leben zwischen Wissenschaft und Politik. 2005.

Band 321 Günter Baranowski: Die *Russkaja Pravda* – ein mittelalterliches Rechtsdenkmal. 2005.

Band 322 Christina Schneider: Die SS und das „Recht". Eine Untersuchung anhand ausgewählter Beispiele. 2005.

Band 323 Werner Schubert (Hrsg.): Zivilprozessreform in der Weimarer Zeit. Quellen zur Emminger-Zivilprozessverordnung vom 13.2.1924 und zu den Arbeiten der Zivilprozesskommission des Reichsjustizministeriums (1922-1930). Eingeleitet und herausgegeben von Werner Schubert. 2005.

Band 324 Felix Gaul: Der Jurist Rudolf Isay (1886-1956). Ein verantwortungsbewusster Vermittler im Spannungsfeld zwischen dynamischer Rechtsschöpfung, ökonomischem Wandel und technischem Fortschritt. 2005.

Band 325 Konstanze Braun: Dr. Otto Georg Thierack (1889-1946). 2005.

Band 326 Eckart Klein / Stefan Chr. Saar / Carola Schulze (Hrsg.): Zwischen Rechtsstaat und Diktatur. Deutsche Juristen im 20. Jahrhundert. 2006.

Band 327 Stefan Botor: Das *Berliner Sühneverfahren* – Die letzte Phase der Entnazifizierung. 2006.

Band 328 Andreas Köhler: Die Sorgerechtsregelungen bei Ehescheidung seit 1945. Scheidungsstrafe und verordnete Gemeinsamkeit. 2006

Band 329 Lars Düwel: Die Nichtigkeit und Anfechtbarkeit der Ehe in der Rechtsprechung des Reichsgerichts zwischen 1900 und 1945. 2006.

Band 330 Katalin Polgar: Das Oberappellationsgericht der vier freien Städte Deutschlands (1820-1879) und seine Richterpersönlichkeiten. 2007.

Band 331 Julia Schweitzer: Schiffer und Schiffsmann in den Rôles d'Oléron und im Llibre del Consolat de Mar. Ein Vergleich zweier mittelalterlicher Seerechtsquellen. 2007.

Band 332 Diana-Catharina Kurtz: Das Institut der Adoption im preußischen Allgemeinen Landrecht und im französischen Code civil zwischen Rezeption römisch-rechtlicher Prinzipien und verändertem Familienverständnis. 2006.

Band 333 Dino Joakim Duderstadt: Spiel, Wette und Differenzgeschäft (§§ 762-764 BGB) in der Rechtsprechung des Reichsgerichts und in der zeitgenössischen Literatur. 2007.

Band 334 Ronald Hoffmann: Die Domänenfrage in Thüringen. Über die vermögensrechtlichen Auseinandersetzungen mit den ehemaligen Landesherren in Thüringen nach dem Ersten Weltkrieg. 2006.

Band 335 Joachim Windmüller: *Ohne Zwang kann der Humanismus nicht existieren...* – „Asoziale" in der DDR. 2006.

Band 336 Sven Christian Gläser: Die Mediatisierung der Grafschaft Wertheim. Der juristische Kampf eines kleinen Reichsstandes gegen den Verlust der Landesherrschaft und seine Folgen. 2006.

Band 337 Benjamin Schleyer: Friedrich Wilhelm Bornemann (1798-1864). Eine Juristenkarriere im Preußen des 19. Jahrhunderts. 2006.

Band 338 Die Reform des Ehescheidungsrechts von 1976. Quellen zum Ersten Gesetz vom 14.6.1976 zur Reform des Ehe- und Familienrechts (Parlamentarische Ausschussprotokolle – Anglikanische Denkschrift von 1966 zur Scheidungsrechtsreform – Schlussabstimmung 1969 in der Eherechtskommission des Bundesministeriums der Justiz). Eingeleitet und herausgegeben von Werner Schubert. 2006.

Band 339 Andreas Feld: Das Bayerische Gesetz zum Schutz des Eigentums an Erzeugnissen der Literatur und Kunst gegen Nachdruck vom 15.04.1840. Vorgeschichte und Zustandekommen. 2007.

Band 340 Bernd Wörner: Adelbert Düringers Einfluß als Richter am Reichsgericht in Leipzig auf dem Gebiet des Personengesellschaftsrechts. 2007.

Band 341 Jan Jelle Kähler: Französisches Zivilrecht und französische Justizverfassung in den Hansestädten Hamburg, Lübeck und Bremen (1806-1815). 2007.

Band 342 Jörn Eckert / Pia Letto-Vanamo / Kjell Modéer (Hrsg.): Juristen im Ostseeraum. Dritter Rechtshistorikertag im Ostseeraum 20.-22. Mai 2004. 2007.

Band 343 Ferdinand von Weyhe: A.E. Wassermann. Eine rechtshistorische Fallstudie zur „Arisierung" zweier Privatbanken. 2007.

Band 344 Martin Klaus Römermann: Kündigungen und Kündigungsschutz im Franquismus. 2007.

Band 345 Thomas Hoffmann: Der Landrechtsentwurf David Hilchens von 1599. Ein livländisches Rechtszeugnis polnischer Herrschaft. 2007.

Band 346 Ingo Ullmann: Die rechtliche Behandlung holsteinischer Leibeigener um die Mitte des 18. Jahrhunderts. Dargestellt unter besonderer Berücksichtigung der Schmoeler Leibeigenschaftsprozesse von 1738 bis 1743 sowie von 1767 bis 1777. 2007.

Band 347 Petra Fischer-Langosch: Die Entstehungsgeschichte des Familiengesetzbuches der DDR von 1965. 2007.

Band 348 Lasse O. Johannsen: Die rechtliche Behandlung ausreisewilliger Staatsbürger in der DDR. 2007.

Band 349 Ralf Schlottau: Deutsche Kolonialrechtspflege. Strafrecht und Strafmacht in den deutschen Schutzgebieten 1884 bis 1914. 2007.

Band 350 Hartwig Brandt / Ewald Grothe (Hrsg.): Rheinbündischer Konstitutionalismus. 2007.

Band 351 Nora Lutze: Der Verwandtenunterhalt nach den §§ 1601 bis 1603 und §§ 1610 bis 1612 BGB in der Rechtsprechung des Reichsgerichts. Unter Berücksichtigung der Entstehung des BGB. 2007.

Band 352 Frank Thiäner: Das Verhältnis von Aufsichtsrat und Abschlussprüfern in der rechtshistorischen Entwicklung bis 1937. 2007.

Band 353 Britta Heymann: Ernst Melsheimer (1897-1960). Eine juristische Karriere in verschiedenen staatlichen Systemen. Mitarbeiter im Preußischen Justizministerium in der Weimarer Republik, im Justizministerium Preußens und des Reiches sowie Richter am Kammergericht in der NS-Zeit und Erster Generalstaatsanwalt der Deutschen Demokratischen Republik. 2007.

Band 354 Susanne Adlberger: Wilhelm Kisch – Leben und Wirken (1874-1952). Von der Kaiser-Wilhelms-Universität Straßburg bis zur nationalsozialistischen Akademie für Deutsches Recht. 2007.

Band 355 Moritz Waibel: Josef Berchtold (1833-1894). Ein Leben gegen den Ultramontanismus. 2007.

Band 356 Aline Levin: Erinnerung? Verantwortung? Zukunft? Die Beweggründe für die gemeinsame Entschädigung durch den deutschen Staat und die deutsche Industrie für historisches Unrecht. 2007.

Band 357 Ferdinand Krause: Die hergebrachten Grundsätze des Berufsbeamtentums. Eine rechtshistorische Analyse. 2008.

Band 358 André Tiebel: Die Entstehung der Schutztruppengesetze für die deutschen Schutzgebiete Deutsch-Ostafrika, Deutsch-Südwestafrika und Kamerun (1884-1898). 2008.

Band 359 Holger Ruff: Sittenwidrige Rechtsgeschäfte in der späten Kaiserzeit. Die Entwicklung der reichsgerichtlichen Rechtsprechung zu § 138 BGB von 1900 bis 1914. 2007.

Band 360 Frank Rohrer: Strafjustiz im Dritten Reich und in der SBZ/DDR. Die personelle und organisatorische Neuordnung des Justizapparates in den totalitären Diktaturen (1933-1955) mit ihren Auswirkungen auf die Rechtsprechung zum politischen Strafrecht. 2007.

Band 361 Hans-Georg Knothe / Marc Liebmann (Hrsg.): Gerichtskultur im Ostseeraum. Vierter Rechtshistorikertag im Ostseeraum. 18.-20. Mai 2006 in Greifswald. 2007.

Band 362 Christina Meß: Das Vertragsrecht bei Adam Smith. 2008.

Band 363 Quellen zur dänischen Rechts- und Verfassungsgeschichte (12.-20. Jahrhundert). Herausgegeben von Ditlev Tamm, Werner Schubert und Jens Ulf Jørgensen. 2008.

Band 364 Günter Baranowski: Die Gerichtsurkunde von Pskov. 2008.

Band 365 Mark Spengler: Die Entstehung des Scheckgesetzes vom 11. März 1908. 2008.

Band 366 Ivan Biliarsky / Radu G. Păun (eds./éds.): The Biblical Models of Power and Law. Les modèles bibliques du pouvoir et du droit. Papers of the International Conference, Bucharest, New Europe College 2005. Actes du colloque international, Bucarest, New Europe College 2005. 2008.

Band 367 Thomas A. Roth: Ausgestaltungen der Rechtsfähigkeit im 19. und 20. Jahrhundert. Zur Rechtspersönlichkeit natürlicher Personen in den bedeutenden deutschen Zivilrechtsordnungen. 2008.

Band 368 Björn Alexander Rautenberg: Der Fiskal am Reichskammergericht. Überblick und exemplarische Untersuchungen vorwiegend zum 16. Jahrhundert. 2008.

Band 369 Thorsten Miederhoff: *Man erspare es mir, mein Juristenherz auszuschütten.* Dr. iur. Kurt Tucholsky (1890-1935). Sein juristischer Werdegang und seine Auseinandersetzung mit der Weimarer Strafrechtsreformdebatte am Beispiel der Rechtsprechung durch Laienrichter. 2008.

Band 370 Philipp Nordloh: Kölner Zunftprozesse vor dem Reichskammergericht. 2008.

Band 371 Judith Freund: Die Wechselverpflichtung im 19. Jahrhundert. 2008.

Band 372 Hans-Michael Empell: Gutenberg vor Gericht. Der Mainzer Prozess um die erste gedruckte Bibel. 2008.

Band 373 Rainer Schröder: Die DDR-Ziviljustiz im Gespräch – 26 Zeitzeugeninterviews. 2008.

Band 374 Christian Neschwara: Ein österreichischer Jurist im Vormärz. „Selbstbiographische Skizzen" des Freiherrn Karl Josef Pratobevera (1769-1853). 2009.

Band 375 Stefan Ullrich: Untersuchungen zum Einfluss des lübischen Rechts auf die Rechte von Bergen, Stockholm und Visby. 2008.

Band 376 Johanna Gertrude Schmitzberger: Das nationalsozialistische Nebenstrafrecht 1933 bis 1945. 2008.

Band 377 Christian Brom: Urteilsbegründungen im „Hoge Raad van Holland, Zeeland en West-Friesland" am Beispiel des Kaufrechts im Zeitraum 1704-1787. 2008.

Band 378 Christian Böse: Die Entstehung und Fortbildung des Reichserbhofgesetzes. 2008.

Band 379 Tobias Röhnelt: Timm Kröger. Leben und Werk. 2009.

Band 380 Andrea Elisabeth Sebald: Der Kriminalbiologe Franz Exner (1881-1947). Gratwanderung eines Wissenschaftlers durch die Zeit des Nationalsozialismus. 2008.

Band 381 Angela Kriebisch: Die Spruchkörper Juristenfakultät und Schöppenstuhl zu Jena. Strukturen, Tätigkeit, Bedeutung und eine Analyse ausgewählter Spruchakten. 2008.

Band 382 Nana Ozawa: Louis Adolphe Bridel – Ein Schweizer Professor an der juristischen Fakultät der Tokyo Imperial University. Die geschichtliche Bedeutung der Yatoi zur späten Meijizeit. 2010.

Band 383 Christian Weißhuhn: Alfred Hueck 1889-1975. Sein Leben, sein Wirken, seine Zeit. 2009.

Band 384 Andreas Hunkel: Eduard Dietz (1866-1940) – Richter, Rechtsanwalt und Verfassungsschöpfer. 2009.

Band 385 Meike Guskow: Entstehung und Geschichte der Europäischen Charta der Regional- oder Minderheitensprachen. 2009.

Band 386 Markus J. Jahnel: Das Bodenrecht in „Neudeutschland über See". Erwerb, Vergabe und Nutzung von Land in der Kolonie Deutsch-Südwestafrika 1884-1915. 2009.

Band 387 Matthias Günter Steiner: Die Klöster und ihr Wirken – eine der Wurzeln des Stiftungswesens? 2009.

Band 388 Cornelia Staats: Die Entstehung des Bundes-Immissionsschutzgesetzes vom 15. März 1974. 2009.

Band 389 Cai Niklaas E. Harders: Das Bundesjagdgesetz von 1952 sowie die Novellen von 1961 und 1976. Vorgeschichte, Entstehung des Gesetzes sowie Problemfelder. 2009.

Band 390 Matthias Pohlkamp: Die Entstehung des modernen Wucherrechts und die Wucherrechtsprechung des Reichsgerichts zwischen 1880 und 1933. 2009.

Band 391 Sebastian Baur: *Vor vier Höllenrichtern*... Die Lizentiats- und Doktorpromotionen an der Juristischen Fakultät der Universität Heidelberg. 2009.

Band 392 Christoph Salmen-Everinghoff: Zur *cautio damni infecti*: Die Rückkehr eines römischrechtlichen Rechtsinstituts in das moderne Zivilrecht. 2009.

Band 393 Till Meno Sellschopp: Der Weg zum Revokationsrecht der Ehegatten nach § 1368 BGB. Zugleich ein Beitrag zur Geschichte des ehelichen Güterrechts. 2009.

Band 394 Marc Biermann: Das Staatseigentum an öffentlichen Sachen im Gemeingebrauch in der ersten Hälfte des 19. Jahrhunderts. Die Theorie des reinen Hoheitsrechts an den öffentlichen Sachen von Rudolph von Jhering und Friedrich Ludwig Keller im Zusammenhang mit dem Baseler Schanzenstreit von 1859/62. 2009.

Band 395 Markus Tüxen: Kollegialprinzip oder Einzelrichter. Die Entwicklung des zivilrechtlichen Spruchkörpers bei den Landgerichten sowie den Oberlandesgerichten seit 1879 unter besonderer Berücksichtigung der Reformen von 1974 und 1976. 2009.

Band 396 Adam Polkowski: Die polnische Zivilprozessordnung von 1930/33. Unter Berücksichtigung des deutschen, österreichischen, russischen und französischen Rechts. 2009.

Band 397 Barbara Riedi: Die Porten der Unteren Strasse, ihr Ladungsrecht und der Strassenunterhalt. Rechtshistorische Betrachtungen zur Verkehrs- und Wirtschaftsgeschichte Graubündens. 2009.

Band 398 Stefanie Jessica Loroch: Zeitungsrubrik: Gerichtssaal. Strafprozessberichterstattung in Münster im 19. Jahrhundert (1848-1890). 2009.

Band 399 Dirk Henning Hofer: Karl Konrad Werner Wedemeyer (1870-1934). Ein Juristen- und Gelehrtenleben in drei Reichen. Eine Biographie. 2010.

Band 400 Thomas Simon (Hrsg.): Hundert Jahre allgemeines und gleiches Wahlrecht in Österreich. Modernes Wahlrecht unter den Bedingungen eines Vielvölkerstaates. 2010.

Band 401 Dörte Mentz: Die Beweislastumkehr in der Rechtsprechung des Reichsgerichts. 2010.

Band 402 Werner Schubert (Hrsg.): Oberster Gerichtshof für die Britische Zone (1948-1950). Nachschlagewerk Strafsachen – Nachschlagewerk Zivilsachen. Präjudizienbuch der Zivilsenate. Eingeleitet und herausgegeben von Werner Schubert. 2010.

Band 403 Yong Lei: Auf der Suche nach dem modernen Staat. Die Einflüsse der allgemeinen Staatslehre Johann Caspar Bluntschlis auf das Staatsdenken Liang Qichaos. 2010.

Band 404 Andreas Schwenk: Die Formbestimmung des § 313 BGB a. F. (§ 311 b Abs. 1 BGB n. F.) bei Verträgen über Grundstücke in der Rechtsprechung des Reichsgerichts. 2010

Band 405 René Schorsch: Eberhard Georg Otto Freiherr von Künßberg (1881-1941). Vom Wirken eines Rechtshistorikers. 2010.

Band 406 Ulrike Köbler: Werden, Wandel und Wesen des deutschen Privatrechtswortschatzes. 2010.

Band 407 Björn Florian Faulenbach: Rolle und Bedeutung der Lehre in der Rechtsprechung der Internationalen Gerichtshöfe im zwanzigsten Jahrhundert. 2010.

Band 408 Guangyu Fu: Das Causaproblem im deutschen Bereicherungsrecht. Eine rechtshistorische Untersuchung. 2010.

Band 409 Andreas Kimmelmann: Die Folter im Beweisverfahren der Leges Visigothorum. Chindasvinths Gesetzgebung im Spiegel der westgotischen Rechtsentwicklung. 2010.

Band 410 Jacqueline Schmaltz: Die Entwicklung der Industrie- und Handelskammern. Zwischen Pflicht und Kür. 2010.

Band 411 Hermann Nehlsen: Bayerische Rechtsgeschichte vom frühen Mittelalter bis zum 20. Jahrhundert. 2011.

Band 412 Kathrin Spoerr: Recht und Revolution. Deutsche Ökonomen und ihr Einfluss auf das Recht der Weimarer Republik – eine Zeitschriftenschau 1917-1920. 2011.

Band 413 Moritz von Köckritz: Die deutschen Oberlandesgerichtspräsidenten im Nationalsozialismus (1933-1945). 2011.

Band 414 Annika Lillemor Lara Rabaa: Die Ehe als Rechtsinstitut im Badischen Landrecht von 1810. Unter besonderer Berücksichtigung der gesellschaftlichen Entwicklungen im 19. Jahrhundert. 2011.

Band 415 Christian Hattenhauer / Klaus-Peter Schroeder (Hrsg.): 200 Jahre Badisches Landrecht von 1809/1810. Jubiläumssymposium des Instituts für geschichtliche Rechtswissenschaft der Ruprechts-Karls-Universität Heidelberg und der Heidelberger Rechtshistorischen Gesellschaft vom 23. bis 26. September 2009. 2011.

Band 416 Tobias Alexander Krammerbauer: Die Ministerverantwortlichkeit und die Vorformen sonstiger Verfassungsgerichtsbarkeit in Württemberg zwischen 1815 und 1918. 2011.

Band 417 Werner Schubert (Hrsg.): Quellen zur GmbH-Reform von 1958 bis zum GmbH-Änderungsgesetz von 1980. Eingeleitet und herausgegeben von Werner Schubert. 2011.

Band 418 Gisela Emling: Johannes Heckel. Leben und Wirken (1889-1963). 2011.

Band 419 Jochen Kirschbaum: Die Etablierung der Historischen Rechtsschule an der Ludoviciana (1814-1824). 2011.

Band 420 Sören Koch: Unaufgeforderte Hilfeleistung in Notsituationen. Eine rechtshistorische und rechtsvergleichende Studie zu den zivilrechtlichen Aspekten der Nothilfe mit besonderer Berücksichtigung des Rechts der Geschäftsführung ohne Auftrag. 2011.

Band 421 Friedrich Carl von Savigny: Die Prinzipienfragen in Beziehung auf eine neue Strafprozeß-Ordnung. Ausgearbeitet im Justizministerium für die Gesetzrevision. Eingeleitet und herausgeben von Werner Schubert. 2011.

Band 422 Stephan Faulwetter: Von der Zunft zur Handelskammer. Zur Entwicklung des Gewerberechts in thüringischen Staaten. 2011.

Band 423 Moritz Eisenhardt: Sanierung statt Liquidation. Die Geschichte des Vergleichs zur Abwendung des Konkurses unter besonderer Berücksichtigung der Vergleichsordnung von 1927 und 1935. 2011.

Band 424 Gerd Kleinheyer: Beiträge zur Strafrechtsgeschichte. Herausgeben von Franz Dorn, Mathias Schmoeckel und Jan Schröder. 2011.

Band 425 Ralf Maertens: Das Landgericht Altona (1879-1937) und die Anfänge des Landgerichts Itzehoe (1937-1945). Unter besonderer Berücksichtigung ihrer Tätigkeitsberichte und rechtspolitischen Stellungnahmen. 2011.

Band 426 Mark Friedrich: Ferdinand von Martitz (1839-1921). Rechtshistoriker, Staatsrechtler und Völkerrechtler zwischen dem Ende des Deutschen Bundes und dem Beginn der Weimarer Republik. 2012.

Band 427 Sebastian Krusche: Die Bundesrechtsanwaltsordnung vom 1. August 1959. Vorgeschichte und Entstehung. 2012.

Band 428 Marju Luts-Sootak / Sanita Osipova / Frank L. Schäfer (Hrsg./eds.): Einheit und Vielfalt in der Rechtsgeschichte im Ostseeraum. Unity and Plurality in the Legal History of the Baltic Sea Area. Sechster Rechtshistorikertag im Ostseeraum, 3.-5. Juni 2010 in Tartu (Estland) / Riga (Lettland). 6th Conference in Legal History in the Baltic Sea Area, 3rd-5rd June 2010 Tartu (Estonia) / Riga (Latvia). 2012.

Band 429 Margret R. I. Bootz: Die Hamburger Rechtsprechung zum Arbeitsrecht im Nationalsozialismus bis zum Beginn des 2. Weltkriegs. 2012.

Band 430 Heiko Zech: Die soziale Frage im Konkursrecht 1879-1900. 2012.

Band 431 Jan C. Lorenzen: Das Bundesnaturschutzgesetz vom 20. Dezember 1976. Die Entwicklung des Naturschutzrechtes in Deutschland von den Anfängen bis zur Neukodifikation des Bundesnaturschutzgesetzes von 1976. 2012.

Band 432 Ulrike Ingrid Bernhardt: Geschichte des Weinrechts im Deutschen Kaiserreich (1871-1918). Mit einem Überblick zur Vorgeschichte und Weiterentwicklung bis zur Gegenwart. 2012.

Band 433 Elisabeth Otto: Das Verwaltungsrecht in der SBZ / DDR bis zur Verwaltungsneugliederung im Jahr 1952. 2012.

Band 434 Werner Schubert: Zur Geschichte der Justizverfassung in Schleswig-Holstein im 19. und 20. Jahrhundert. Quellen und Studien. 2012.

Band 435 Stefan Ellenberg: Herrschaft und Reform. Zur Diskussion um die Aktienrechtsreform und den Konzern in der Weimarer Zeit. 2012.

Band 436 Jasmin Sonntag: Gesetzgebung und Verwaltung im Dalbergstaat 1802-1810. 2012.

Band 437 Martin Komusiewicz: Die Diskussion um das Verhältnis von Rechtsanwaltschaft und Notariat seit dem Ende des 18. Jahrhunderts bis zum Erlass der Bundesnotarordnung. 2012.

Band 438 Henriette von Breitenbuch: Karl Neumeyer – Leben und Werk (1869-1941). 2013.

Band 439 Günter Baranowski: Russische Rechtsgeschichte: Texte und Erläuterungen. Teil 1: Von den Anfängen bis 1612/13. 2013.

Band 440 Werner Schubert (Hrsg.): Staatsanwaltschaftsrecht (1934-1982). Quellen zu den Reformprojekten (Organisation – Innerer Dienstbetrieb – Ermittlungsverfahren – Verhältnis der Staatsanwaltschaft zur Polizei) und zur Anordnung über Organisation und Dienstbetrieb der Staatsanwaltschaft (OrgStA). Eingeleitet und herausgegeben von Werner Schubert. 2013.

Band 441 York Zieren: Das Schiedsverfahrensrecht der ZPO (1877-1933) unter Berücksichtigung der Genfer Übereinkommen von 1923 und 1927 sowie der Rechtsprechung des Reichsgerichts. 2013.

Band 442 Stefan Wolf: Das Jenaer Studium der Rechte im Dritten Reich. Zwischen Tradition und nationalsozialistischer Ideologie. 2013.

Band 443 Bernhard Klose: Das Verblassen eines Makels. Das Nichtehelichenrecht der DDR als Teil der gesamtdeutschen Entwicklung. 2013.

Band 444 Peter Opitz-von Bardeleben: Das Generalgouvernement Niederrhein. 2013.

Band 445 Nadine Göppner: Vorgeschichte und Entstehung des Atomgesetzes vom 23.12.1959. 2013.

Band 446 Frank L. Schäfer / Werner Schubert (Hrsg./eds.): Justiz und Justizverfassung / Judiciary and Judical System. Siebter Rechtshistorikertag im Ostseeraum, 3.-5. Mai 2012 Schleswig-Holstein / 7th Conference in Legal History in the Baltic Sea Area, 3rd-5th May 2012 Schleswig-Holstein. 2013.

Band 447 Sandy Schenker: Gegen Täuschungen und Gesundheitsgefährdungen durch schlechte Nahrung. Zur Entwicklung des Nahrungsmittelrechts durch Rechtsprechung und Gesetzgebung zwischen 1871 und 1927. 2013.

Band 448 Youn Seok Choi: Der Besitzerwerb des Erben. Historische Entwicklungen, die Lösung des § 857 BGB und ihre Anwendungsprobleme. 2013.

Band 449 Johannes Kalb: Die innerstädtische Auseinandersetzung in Regensburg am Ende der Reichsunmittelbarkeit. Eine historische und rechtliche Untersuchung. 2014.

Band 450 Thomas Habbe: Lastenausgleich. Die rechtliche Behandlung von Kriegsschäden in Deutschland seit dem 30jährigen Krieg. 2014.

Band 451 Günter Baranowski: Russische Rechtsgeschichte: Texte und Erläuterungen. Teil 2: Von 1613 bis 1682. 2015.

Band 452 Wilhelm Brauneder (Hrsg): Landrechtsentwurf für Österreich unter der Enns 1526. 2015.

Band 453 Maximilian Elsner von der Malsburg: „Arisierung“ von Privatbanken am Beispiel des Bankhauses E. J. Meyer in Berlin. 2015.

Band 454 Tanja Claussen: Johann Julius Wilhelm Planck (1817-1900). Leben und Werk. 2015.

Band 455 Werner Schubert (Hrsg.): Das Reichsjustizministerium und die höheren Justizbehörden in der NS-Zeit (1935-1944). Protokolle und Mitschriften der Arbeitstagungen der Reichsjustizminister mit den Präsidenten der Oberlandesgerichte, des Volksgerichtshofs, des Reichsgerichts sowie mit den Generalstaatsanwälten. Eingeleitet und herausgeben von Werner Schubert. 2015.

Band 456 Christian Vahl: Die gesetzliche Regelung des Seefrachtvertrags im deutschen Recht. Eine rechtshistorische Betrachtung unter besonderer Berücksichtigung der Beratungen des Seerechtsausschusses der Akademie für Deutsches Recht (1934-1942). 2015.

Band 457 Ruomeng Yang: Die Rezeption der europäischen Privatrechte in China und die konfuzianische Tradition. Das Beispiel des Deliktsrechts im frühen 20. Jahrhundert. 2015.

Band 458 Piotr Wittmann: „Der da sein Practic auß Teutschen Tractaten will lernen“. Rechtspraktiker in deutschsprachiger Praktikerliteratur des 16. Jahrhunderts. 2015.

Band 459 Georg Rasche: Richter, Sachverständige, Handelskammern. Preußische Justizverwaltung und kaufmännische Interessen zwischen 1879 und 1907. 2015.

Band 460 Daniel Hupe: Von der Hierarchie zur Egalität in den Zivilrechtskodifikationen des 19. Jahrhunderts vor dem BGB. 2015.

Band 461 Wilhelm Brauneder (Hrsg.): Landrechtsentwurf für Österreich unter der Enns 1573. 2015.

Band 462 Tunay Sürek: Die Verfassungsbestrebungen der Tanzimât-Periode. Das *Kanun-i Esasî* – Die osmanische Verfassung von 1876. 2016.

Band 463 Takashi Izumo: Die Gesetzgebungslehre im Bereich des Privatrechts bei Christian Thomasius. 2016.

Band 464 Werner Schubert (Hrsg.): Quellen zum Bau- und Enteignungsrecht (1940-1958). Entwürfe zu einem Reichsbaugesetz (1940/41) – Vorentwurf zu einem Deutschen Baugesetzbuch von 1942 – Entwürfe zu einem Baugesetzbuch (1949/50) – Baulandbeschaffungsgesetz vom 3.8.1953 – Entwurf zu einem Bundesenteignungsgesetz von 1958. Eingeleitet und herausgegeben von Werner Schubert. 2016.

Band 465 Daniel Bischof: Geschichte der Wald- und Forstgesetzgebung im Bundesland Schleswig-Holstein. Unter Einbeziehung der Entwürfe zu einem Reichsforstgesetz von 1940/42 und der Entstehung des Bundeswaldgesetzes von 1975. 2016.

Band 466 Lena Darabeygi: Die Causa „Blinkfüer“ und die Grundrechtsdogmatik zur Pressefreiheit in Weimar und Bonn. 2017.

Band 467 Werner Schubert (Hrsg.): Quellen zum Aktiengesetz vom 18. Juli 1884. 2017.

Band 468 Manfred Josef Thaler: Die Domkapitel der Reichskirche vom Wiener Konkordat bis zur Säkularisation (1448-1803). Grundzüge ihrer Verfassung im Vergleich. 2017.

Band 469 Philipp Eckert: Entstehung und Bedeutung des Landesverwaltungsgesetzes Schleswig-Holstein. 2017.

www.peterlang.com